政府综合财务报告
改革与财政可持续性
评价创新

杨忠莲 郭宏宇 著

REFORM OF
GOVERNMENTWIDE
COMPREHENSIVE FINANCIAL REPORT
AND INNOVATION OF
FISCAL SUSTAINABILITY EVALUATION

上海人民出版社

本书出版获得上海财经大学
"中央高校建设世界一流大学学科和特色发展引导专项资金"
和"中央高校基本科研业务费"的资助

目　录

第一章
总　论

第一节　研究背景

　　党的十八届三中全会以来,实现国家治理体系、治理能力现代化成为全面深化改革的总目标和全党重大战略目标任务之一,并赋予了权责发生制政府综合财务报告制度改革在实现国家治理体系、治理能力现代化建设进程中的重要角色。为了深入推进政府综合财务报告制度改革,完善权责发生制政府综合财务报告制度被写进我国"十四五"规划并作为2035年的远景目标之一。

　　长期以来,我国政府财务报告制度都采用的是预算主导型的收付实现制会计报告制度,该制度虽然也集中反映了我国政府的经济活动状况,但只是反映了政府预算收支的执行结果,不利于国家、人大、政协、政府以及广大社会民众了解政府的资产、资源的配置和使用情况、债务状况及偿债能力情况、政府运转的成本、费用等受托责任情况,也不能满足国家治理体系、治理能力现代化的需求。因此,建立权责发生制会计制度,是完善我国财政制度,服务推进国家治理体系、治理能力现代化的一项具有重大意义的改革。

　　为了加快建立支撑国家治理体系和治理能力现代化的财政制度,

2014 年国务院批转了财政部《权责发生制政府综合财务报告制度改革方案》,提出了四项任务,目前已取得阶段性进展。2015 年财政部制定发布了《政府财务报告编制办法(试行)》《政府部门财务报告编制操作指南(试行)》和《政府综合财务报告编制操作指南(试行)》三项制度,初步构建了政府综合财务报告制度框架体系,为开展政府综合财务报告编制试点工作提供了基本规范,为进一步推进政府综合财务报告制度改革奠定了基础;2019 年 1 月 1 日起,我国政府单位已全面执行新的政府会计准则制度,有 40 个中央部门和 36 个地方政府开始试点编制政府财务报告,并有 12 个地方政府试点编制政府综合财务报告;2020 年度的政府财务报告已全面正式编报。

政府综合财务报告呈现了各级政府部门的财政财务管理情况以及财政持续运转状况等综合信息,随着我国政府会计的改革深入,政府综合财务报告不仅是国家、人大、政协、政府以及广大社会民众了解和监督政府受托责任履行情况的一个重要介质,也是评价各级政府的绩效和受托责任,预测和控制债务风险以及制定国家财政中长期规划的重要依据。

2021 年国际公共部门会计准则理事会(IPSASB)对其 2013 年发布的《推荐实务指南 1 号——实体的财政长期可持续性报告》(RPG1—Reporting on the Long-term Sustainability of an Entity Finances,RPG♯1)进行了修订,该指南对财政长期可持续性报告的目标、范围、时间、维度、原则和方法以及相关披露等方面做出了明确要求,其中在披露维度方面提出了服务维度、收入维度和债务维度。每个维度都有两个方面,即能力和易受其他因素影响的脆弱性。能力是政府改变或影响该维度的能力,脆弱性是政府对其控制或影响之外的因素的依赖程度。政府可以使用指标来表示长期财政可持续性的维度,并根据相关性来选择指标,如总债务、净债务、总资产、净资产、财政缺口、跨期预算限制、净债务与收入比等。服务维度主要关注政府维持或改变提供服务或交付福利项目的数量和质量的能力;债务关注的重点是政府履行其财政承诺的能力,或在必要时进行再融资或增加债务的能力。收入主要关注的是一个政府改变现有税收水平或其他收入来源或引入新的收入来源的能力。该指南还指出财政长期可持续性报告可以作为单独的报告或其他报告的一部分发布,也可以与政府基于通用目的的财务报告同时发布,或在不同时间发布。该指南为世界各国政府在披露财政可持续性信息方面提供了引领和指导,也说明政府长期财政可持续性对一国政府发展的重要性,该信息是对政府财务报告的重要补充。

当前我国政府综合财务报告由三部分构成:政府综合财务报表(资产负债表、收入费用表和会计报表附注)、政府财政经济分析、政府财政财务管理情况。政府财政经济分析中包含了政府财务状况分析、政府运行情况分析和财政中长期可持续性分析三类,并给予每类分析参考指标。财政中长期可持续性分析的指标有 5 个,分别是:负债率、税收收入弹性、固定资产成新率、公共基础设施成新率和保障性住房成新率。基于当前政府财政财务状况和运行情况,结合本地区经济形势、重点产业发展趋势、财政体制、财税政策、社会保障政策、通货膨胀率等,可以全面分析政府未来中长期收入支出变化趋势、预测财政收支缺口以及相关负债占国内生产总值(GDP)比重等,但未给出各指标的明确标准。也就是说,按照编制要求,各级政府可以参考这些指标,采取比率分析法、比较分析法、结构分析法和趋势分析法等方法进行各自的财政中长期可持续性分析。实质上,评价财政中长期可持续性更多依赖的是预测信息,政府综合财务报告中的财务信息是历史信息,所以,如何利用政府综合财务报告历史信息做好我国财政可持续性评价值得深入研究。本书试图依据财政财务状况和财政运行情况相关指标,结合影响政府财政可持续性的多层原因和多种因素,从驱动因素和风险因素两方面(驱动因素是指能促进和推动财政可持续性发展的因素;风险因素是指对财政可持续发展带来威胁和压力的因素),构建一套比较全面、科学的评价财政可持续性的框架和指标体系,并据此计算可持续性评价综合指数,对各级财政可持续性进行评价,同时,探索政府综合财务报告财政可持续性审计评价模式和审计成果报告方式。本书试图推动我国政府综合财务报告进一步改革,以提升政府综合财务报告的信息质量和信息含量,使政府综合财务报告切实能发挥解除政府公共受托责任的作用,并能为国家出台财政政策、编制预算、合理配置资源提供有用的信息。本书还试图推动政府财务报告审计制度进一步完善和政府报告审计准则的尽快出台,以健全我国财务报告的监督体系。

第二节　研　究　意　义

目前我国政府综合财务报告尚在试编阶段,随着政府财务报告制度改革的全面推进,政府综合财务报告的编制也已步入提质定型新阶段,因此本书选题有理论意义和实践意义。

一、理论意义

本书的学术理论价值体现以下方面:(1)学术视角独到、新颖:目前学术界不乏研究政府综合财务报告制度和政府财务报告分析体系的,但少有研究如何构建财政可持续性评价指标体系的。本书创新性地构建了政府综合财务报告财政可持续性评价指标体系,并采用实证方法进行验证;(2)研究方法科学:本书采用德尔菲专家问卷调查打分法、运筹学和实证方法构建了基于政府综合财务报告评价体系改进的财政可持续性评价指标体系,并对目前中央和地方财政可持续性进行综合评价,所形成的可持续性评价指数通过经验实证假说,得以验证,体现了学术研究的严谨性和可行性;(3)制度创新推动理论发展:本书对我国政府综合财务报告披露制度进行创新性研究,可以推动政府会计理论和财政理论的发展。

二、实践意义

本书紧扣时代主题和改革方向,聚焦国家治理效能提升,具有以下实践意义:(1)具有完善国家制度的参考价值。本书研究的财政可持续性评价体系,实际上是对政府综合财务报告披露制度的创新,可以作为国家完善权责发生制政府综合财务报告制度改革的参考,为实现国家"十四五"规划和2035年远景目标作出贡献。此外,本书前瞻性地提出了政府综合财务报告财政可持续性审计模式和审计成果报告方式,对推动我国未来政府财务报告审计制度完善或出台政府报告审计准则具有一定的作用。(2)具有促进我国财政可持续性发展的价值。本书构建了财政可持续性评价框架和评价体系,并通过分析影响财政可持续性的驱动因素和风险因素,发现促进和阻碍我国财政可持续性的各种因素,从而发挥"以评促建"的作用,促进我国财政持续性发展。(3)具有提升政府综合财务报告质量的价值。本书构建的财政可持续性分析评价的逻辑框架,如果能被各级政府分析财政可持续性时参考采纳或改进后采纳,将能提高政府综合财务报告的分析质量。(4)具有学术参考价值。本书在以下方面具有学术参考价值:①对大量学者的文献进行梳理、综述以及对相关理论进行归纳;②对确认因素分析的权重统计方法进行比较归纳;③对国际公共部门会计准则的发展现状和全球运用情况,以及对国际先进国家的政府财务报告财政可持续性评价指标和财政可持续性报告进行引进和介绍,希望起到他山之石可以攻玉之功效。

第三节 研究思路、内容与方法

一、研究思路

本书在梳理以前学者在政府综合财务报告分析、财政可持续性评价等方面研究的基础上,确定了本书的研究内容和方向。同时,以新公共财政理论、公共受托责任理论、可持续发展理论、财政可持续发展理论、系统论、财政分配"三元"悖论为基础,在分析我国目前财政可持续发展现状及其影响因素后,借鉴国际经验,构建了我国政府综合财务报告中财政可持续性评价框架和指标体系,并将评价框架分为目标层、准则层、次准则层和指标层。通过德尔菲专家问卷调查评分法,确定了准则层和次准则层的评价权重,然后通过 AHP 层次分析法得出指标层的分值,再使用熵值法、功效系数法、加权平均法得出全国财政可持续性指标的分值,据以评价国家财政可持续性的驱动因素和风险因素。为了验证本书所构建的财政可持续性指标以及所用方法评价财政可持续性的有效性,本书又采用同样的方法,以全国 31 个省市自治区地方政府的数据为样本,采用同样的方法,得出 31 个省市自治区财政可持续性评价指数,采用实证研究法,验证该指数与地方土地财政中的土地出让金收入依存度的关系。研究表明,本书构建的指标体系用于评价财政可持续性是有效的。本书的研究思路如图1.1所示。

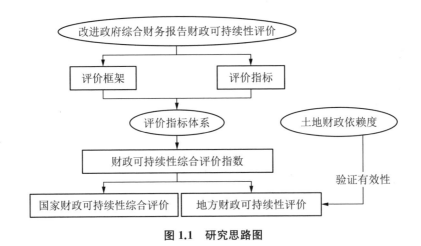

图 1.1　研究思路图

资料来源:笔者自制。

二、研究内容

本书共十章,各章具体内容如下:

第一章是总论。该章阐述了本书研究背景、研究意义、研究思路、研究内容、研究重点、难点和创新之处。

第二章是文献综述、相关概念界定和理论基础,本章首先对政府财务报告研究、财政可持续性研究、基于政府财务报告视角的财政可持续性评价研究和政府财务报告审计研究进行国内外文献综述,然后界定了本书研究所使用的相关概念,最后论述了作为本书研究基础的相关理论。

第三章是国际公共部门会计准则与推荐实务指南。该章对国际公共部门会计准则的制定背景、发展现状和准则体系、各国运用情况和运用程度的影响因素进行了介绍和分析,并对国际公共部门有关财政可持续性报告推荐实务 1 号指南的内容和要求进行了介绍。

第四章是政府综合财务报告财政可持续性评价国际经验,本章对政府综合财务报告分析进行了国际比较,主要比较了美国、英国和日本三个国家的政府财务报告的构成和分析内容;还对政府综合财务报告财政可持续性分析指标进行了国际比较,重点比较了美国、加拿大、澳大利亚、英国、日本5 个国家在分析财政可持续性时所用的指标;最后介绍了澳大利亚的代际公告、新西兰的长期财政状况报告、英国的长期公共财政报告和财政可持续报告以及美国政府综合长期财政预测报告。

第五章是财政可持续性评价需求的理论分析。该章首先从国民经济增长、财政支出与赤字、债券发行、偿还及余额情况方面、公共服务产品和服务支出方面分析了我国财政可持续性现状,进而基于国家政策、财政分配"三元"悖论、公共受托责任、国际接轨等方面对财政可持续性评价进行了需求分析。

第六章对我国政府综合财务报告改革进程及存在的问题进行分析。本章重点介绍了我国政府会计改革的背景、政府综合财务报告改革及进程、目前政府综合财务报告编制试点情况及突出问题,以及政府综合财务报告财政可持续性评价指标存在的不足。

第七章是政府综合财务报告财政可持续性评价体系创新。该章创新性地构建了政府综合财务报告可持续性评价三层体系框架,并选取了财政可持续性指标,采用 AHP 层次分析法确定了评价框架各维度、各层次的权重。

第八章是政府综合财务报告财政可持续性综合评价实证研究。本章使用全国及各地方相关数据,采用熵值法和功效系数法确定全国及分地区财政可持续性综合评价指数,并对全国和地方 31 个省市自治区的财政可持续性进行了综合评价。为了验证本书财政可持续性评价综合指标的有效性,选取土地财政中土地出让金收入依赖度与财政可持续性的关系进行经验实证研究。

第九章是政府综合财务报告财政可持续性审计评价创新。本章前瞻性探索了政府综合财务报告财政可持续性审计本质、政府综合财务报告财政可持续性审计目标和主体、政府综合财务报告财政可持续性审计创新模式和政府综合财务报告财政可持续审计结果创新报告。

第十章是研究结论、政策建议和研究展望。本章对本书的研究进行总结,得出研究结论,并为我国政府综合财务报告评价体系构建和财政可持续性发展提出将来可改进的政策建议,最后指出本书的研究不足,并对未来的研究改进予以展望。

本书的研究内容和框架见下页图1.2。

三、研究方法

（一）规范研究法

本书在开题和写作过程中查阅了大量相关国内外文献,从这些文献中了解了相关研究的国内外现状,利用规范分析法进行文献综述及理论推导,为本书的研究提供了理论支持,也为本书的写作打下了坚实基础。规范分析

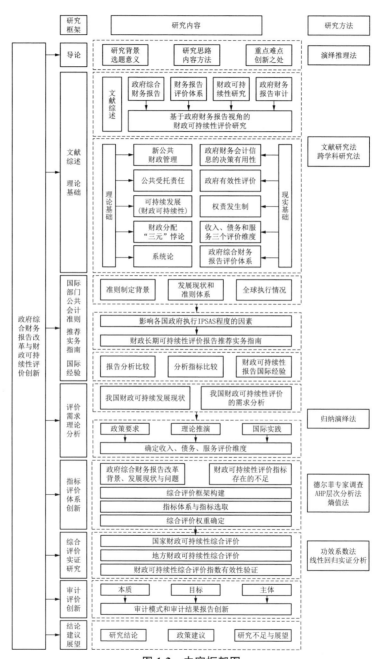

图 1.2 内容框架图

资料来源:笔者自制。

法,通常有归纳分析和演绎分析。本书一方面通过对财政可持续性的相关理论进行归纳,形成文献综述,找到可以研究的角度和空间,并初步构建了研究框架;另一方面,在归纳的基础上进行演绎,以新财政管理理论、可持续发展理论、财政可持续性理论、公共受托责任理论、财政分配"三元"悖论、系统论为基础,对我国政府综合财务报告中财政中长期分析指标进行演绎推理,并构建了更加契合上述理论的财政可持续性分析框架和指标体系。

（二）定量分析法

本书在构建的财政可持续性评价体系中,采用 AHP 层次分析法、熵值法分别确定准则层、次准则层和各指标的权重,并用功能系数法对财政可持续性进行定量分析。

（三）实证研究法

本书选取了 31 个省市自治区及相关变量,采用手工与数据库相结合的方式搜集相关数据,并构建了回归研究模型,对本书确定的财政可持续性综合评价指数的有效性进行验证,通过财政可持续综合评价指数与地方财政中土地出让金收入的依存度之间的关系的实证结果表明,本书构建的财政可持续性分析框架及指标体系是有效的,并据此提出相关政策建议。

第四节　研究的重点与难点、创新之处

一、研究的重点与难点

本书的研究重点是在政府综合财务报告中构建财政可持续性评价框架和指标体系。难点是如何使得构建的评价框架和选取的指标更加科学并具有可操作性。在选取指标过程中由于受相关数据获得的限制,不得不寻找相似指标进行替代,这样可能会影响到评价结果。这就是本书为何最后通过实证对指标体系的有效性进行检验的原因。

二、创新之处

（一）选题视角较新

以本书"政府综合财务报告分析评价""财政可持续性分析评价"作为关键词在中国知网网站进行搜索，未发现相同或类似主题的研究。有单独研究政府财务报告分析的文章，也有可持续性财政分析评价的研究，但未见从政府综合财务报告角度分析财政可持续性的研究。单独对政府综合财务报告分析的研究，虽然也涉及财政可持续性分析，但由于研究重点不是财政可持续性分析，所以研究比较简单。脱离政府综合财务报告研究财政可持续性或可持续性财政的研究，则更多从宏观角度，如社会、经济和环境方面进行研究的较多。虽然政府综合财务报告分析的文章屈指可数，但还是可以为本书的研究提供借鉴。因此，本书试图采用新的视角推动政府综合财务报告和财政可持续性领域的研究和发展。

（二）构建的评价框架和指标体系具有独创性

本书虽然在研究过程中参考了不少国内外文献，但从收入、债务和服务三个维度，从影响财政可持续性的驱动因素和风险因素出发寻找相关指标并形成评价指标体系，具有独创性。

（三）研究方法独特，思路较缜密

本书在研究过程中，运用了数学、统计学方法进行定量分析和实证研究，将会计和财政进行学科交叉研究，定量定性分析相结合，方法独特。在研究中，不仅构建了财政可持续性评价框架和指标体系，而且对其运用到国家整体层面和地方层面进行综合评价，并通过实证方法加以验证，且对涉及的实证模型做了多角度的稳健性检验，体现出了本项研究的科学性和严密性。

第二章
文献综述、相关概念界定和理论基础

第一节　国内外文献综述

一、政府财务报告研究文献综述

（一）政府财务报告的目标

从世界各国财务报告编制的经验来看，由于国情不同，各国在政府财务报告目标的选择上存在一定的差异。美国政府会计准则委员会（The Government Accounting Standards Board，GASB）在其第一个概念公告《财务报告目标》中指出，政府财务报告目标由经济、法律、社会和政治环境共同决定，并随环境而变化。国际会计师联合会（International Federation of Accountants，IFAC）在《公立单位委员会研究报告第 1 号——中央政府财务报告》中指出，主体的运营环境影响了财务报告的目标。近年来，随着构建中国政府财务报告的现实需求日益增长，许多学者对中国政府财务报告的目标选择进行了研究，主要形成了以下三种观点。

1. 以解除公共受托责任为目标

关于政府财务报告的目标，IPSASB 认为，公共部门主体财务报告的目标是：为一般目的财务报告的使用者提供有关报告主体的信息，这些信息有助于评价报告主体的受托责任，并进行决策。乔治梅森大学学者约翰·萨科(John F.Sacco)在其著作中指出,反映政府在履行受托责任方面所作的努力是政府财务报告的主要目标。IFAC 下属的公共部门委员会(IFAC Public Sector Commission,IFAC-PSC)认为,提供用来评价公共受托责任履行情况的信息是政府财务报告的最高目标。GASB 在其第 1 号概念公告《财务报告的目标》中同样指出受托责任是所有政府财务报告的基础。张琦(2007)认为,公共受托责任不同于企业受托责任。它具有授权关系层次结构复杂、授权方与被授权方多样化、信息披露内容和方式多样化等特点。政府财务报告的目标应该是提供可以用货币计量的相关信息。刘笑霞(2007)认为,中国政府财务报告应从服务预算管理转变为向公众提供反映公共受托责任履行情况的信息。王建新(2008)认为,现阶段政府财务报告的首要目标应该是反映预算收支的合规性和财政管理的要求,长期目标应该是反映政府的公共受托责任。常丽(2008)认为,政府财务报告的总体目标应该是反映政府的公共受托责任的履行情况,而不是强调决策的有用性。

2. 以提供决策有用信息为目标

陈小悦(2005)认为,政府财务报告的目标是全面反映政府的经济行为及其对资源的现实后果和未来影响,从而帮助政府作为内部用户了解自己的现状,评估自己的行为,为未来的资源配置决策和政府行为的改变提供依据。张国生(2006)提出改进中国现行资产负债表的局限性,增加偿付能力表、资本资产表、或有资产负债表和大量统计信息,以满足中国财政管理的实际需要。于国旺(2007)认为,中国政府财务报告的目的是为内部相关部门和人员提供预算执行信息,以便进行预算资源配置决策。

3. 政府财务报告目标的多元论

多元论认为政府财务报告目标的选择既体现决策有用观,又体现受托责任观。赵合云、陈纪瑜(2008)认为,中国政府财务报告的目标水平还有待进一步提高。其直接目标应该是为绩效评价提供有用的信息,帮助评价政府公共部门的绩效,反映政府公共财政受托责任。李兰、景宏军(2008)认为,中国政府财务报告的总体目标应该是反映政府的受托责任和决策。中央政府层面应强调"受托责任",地方政府层面应强调"决策有用性"。

(二)政府综合财务报告的内容和编制范围研究

政府综合财务报告是政府会计信息的重要载体,可以全面反映政府财务状况和业绩表现,是社会公众了解和评价政府公共受托责任履行状况的综合性财务报告。政府综合财务报告一般是由政府综合财务报表、附注和其他对政府运行和评价的信息构成。IPSASB(2004)认为,一套完整政府财务报表应当包括:财务状况表(Statement of Financial Position)、财务业绩表(Statement of Financial Performance)、现金流量表(Statement of Cash Flow)和净资产变动表(Statement of Changes in Net Assets)。如果政府已公布批准的预算,还应独立编制有关预算与实际发生额两者比较的财务报表,或者在财务报表中专设预算栏予以列报,以及包括关键会计政策的采用和对财务报表中的数据进行解释和注释的财务报表附注。从强调外部受托责任的英美法系下的各国政府综合财务报告来看,通常包括财务状况表、财务业绩表、现金流量表、报表附注、政府财务运行情况等信息。就报告框架而言,除了报告政府财务运行情况外,往往还包括诸如会计管理当局的责任声明、政府当局的治理声明、薪酬及员工情况、经审计长签字的审计报告等非财务信息;而强调内部决策有用的大陆法系如德国、日本、法国等国家,通常只包含政府财务报表、附属明细表等财务信息。就财务报表而言,各国根据业务活动需要建立不同层面的报表,如美国除了传统财务层面的财务状况表、财务业绩表、现金流量表,还包括基金层面,如政府基金、权益性基金和信托基金的财务状况表、财务业绩表、基金净资产变动表和现金流量表等。英国政府综合财务报告由年度财务报表及附注、年度工作总结、内部控制报告、审计报告四部分构成。其中,年度财务报表又包括经议会审核并批准的财务状况表、资源会计报表、财务业绩表、现金流量表和运营成本表等。法国政府综合财务报告分为政府部门层面财务报告和政府整体综合财务报告两个层次。综合财务报告中的财务报表包含综合资产负债表、净收支结余表、现金流量表和财务报表附注等。净收支结余表又包括净收入表、净支出和费用表和净营运结余表三个明细报表。就报告框架而言,国际上政府综合财务报告的内容结构一般也大致包括年度基本财务报表、重要会计政策说明和财务报表注解及附注、政府财政财务状况和财政经济运行情况等内容。

我国虽在 2010 年底已启动权责发生制政府综合财务报告的试点试编工作,但至今仍未将其全面推广。从我国财政部 2019 年颁布的《政府综合财务报告编制操作指南》(试行)得知,我国政府综合财务报告以权责发生制为基础,主要反映政府整体财务状况、运行情况和财政中长期可持续性等信息,具体包括政府综合财务报表、政府财政经济分析和政府财政财务管理情况。政府综合财务报表包括会计报表和报表附注;会计报表包括资产负债表和收入费用表。而理论界学者更早已纷纷开始借鉴发达国家(地区)编制政府综合财务报告的经验,重点研究如何编制适合中国国情的政府综合财务报告。刘笑霞(2008)认为,借鉴美国政府会计准则委员会(GASB,1999)第 34 号公告的建议,扩大政府财务报告的构成,可以从政府和基金两个层面对政府会计信息分别给予报告。荆新、何淼(2015)提出,为了完整反映政府资源、负债以及各项活动信息,可借鉴中国香港特区政府财务报告,实行会计和预算"两制"并行、互为补充的报告模式。李建发、张国清(2015)提出,应延伸"政府整体"的概念,使其涵盖各级政府及其附属实体,扩大报告范围是满足信息使用者所需信息的前提。贾凯、王海霞、刘占双、那琳(2021)认为,现阶段提升政府综合财务报告编制工作的质量、推进实施权责发生制政府综合财务报告,成为有效贯彻实施财政改革工作的关键要素。王成春(2021)通过对编制权责发生制的政府综合财务报告分析发现,由于存在各种各样的问题,编制权责发生制政府综合财务报告尚存在一定难度,报告的整体价值尚难以保证,这就需要及时改进并不断提升政府综合财务报告编制工作的质量。

（三）政府财务报告财务评价体系研究

政府综合财务报告财务评价是以政府财务报告提供的信息为基础,利用科学系统的分析手段和方法,对政府财政财务管理状况、财政运行情况和财政中长期可持续发展状况做出的一种综合性评价。政府综合财务报告评价体系应服务于政府综合财务报告,是对政府综合财务报告的进一步的诠释。从各国政府综合财务报告评价应用的评价框架和指标体系来看,财务综合报告评价体系因使用人及功能定位的不同而有所不同。总体来看,各国主要从宏观经济指标、政府财务状况、政府运行情况、政府财政可持续性这四个维度来分析,但分析的侧重点会因国情不同而有所不同。美国基于当局与选民的委托代理关系主要从三方面评价政府当局,在财政状况方面,主要是对资产、负债、净资产做基本分析;在财政能力方面,主要是对政府运用资源产生收入、费用及到期偿还债务能力做比率分析;中长期可持续性分析方面,主要对政府持续提高资源的服务能力进行分析。英国基于"整体政府"理念重视对财务报表结构及各要素的变动状况进行全面分析,描述财务报表要素的占比及趋势,分析变化动因。日本由于人口老龄化,造成社会保障支出的增加,所以在政府综合财务分析时,更注重债务风险的控制与中长期可持续性的预测,如通过计算投资收益率、工资增长率测算不同人口出生率、人均寿命、养老保险制度的支付方式及其对财源的需求,然后再与债务水平进行比对,以测算财政可持续性。

由于我国政府会计改革起步时间较晚,政府综合财务报告编制试点工作尚未完成,对于政府综合财务报告分析评价体系的研究期限还较短,数量尚有限。张曾莲、曹敏(2007)借鉴国外政府财务报告和我国企业财务报告的评价方法,提出可以采用比率分析法,对资产变现能力比率、债务保障能力比率、盈利能力、内部风险和内部增长能力、代际公平等方面对政府综合财务报告进行分析评价。另外,他们提出,除了对财务报表和相关比率进行分析,还要结合财务报表附注等非财务方面的信息进行深度分析和评价。李建发、肖华(2017)认为,对政府财务报告的分析评价,不仅应对政府拥有的相关资产和承担的相关负债进行财务状况分析,还应关注政府的运行成本、费用开支等方面的信息。袁泉(2018)构建了政府综合财务报告财务评价指标体系,并对我国政府综合财务报告反映的财务信息进行了量化分析和评价。陈越(2021)认为,政府工作的性质特点决定了政府综合财务报告更应注重国家财政资金的使用效果和当地经济运行情况。但由于我国开展政府综合财务报告编制尚在试点中,对其研究还不够深入,一部分分析指标只是借用了企业决策的分析指标,比如流动比率、资产负债率、现金比率等,但忽略了政府与企业决策信息需求的不同。另一部分分析指标虽然选取了政府财务运行指标,比如税收比重、收入费用率、政府自给率等,但没有建立相应的分析框架和指标评价体系,政府综合财务报告分析工作还浮于表面,指标的应用分析较为简单,尚无法直观地反映当地政府经济运行情况,造成对政府综合财务报告的分析尚缺乏深入和针对性,因此,难以满足政府决策需要。

二、财政可持续性研究文献综述

关于财政可持续性的论述最早可追溯到凯恩斯(Keynes,1923),从公共债务对国家经济的影响角度对财政可持续性进行了界定,认为如果政府发行新债所需的费用没有足够的财政收入予以支付,财政可持续性将面临风险。比特和明德福德(Buiter and Mindford,1985)首先提出了"财政可持续性"概念,并将财政可持续性解释为是指国家财政的一种有序运行的能力,这种能力决定了国家财政是否可以存续。同时认为财政可持续性研究,也是政府对到期债务是否具有偿付能力问题的研究,即政府如果具有清偿到期债务的能力,则说明财政是可持续的,否则财政为不可持续。布兰查德和戴蒙德(Blanchard and Diamond,1990)从维持政府财政收支平衡的角度出发,认为如果政府具有能使政府的净债务水平占 GDP 的比例在债务期内保持稳定,甚至降低的能力,那么说明财政具有可持续性。之后,国外其他学者如巴恩希尔和科平次(Barnhill and Kopits,2003)、门多萨(Mendoza,2004)、伯恩赛德(Burnside,2005)对财政可持续性研究也主要集中在政府对到期债务的清偿能力方面。希克(Schick,2005)扩展并深化了财政持续性的内涵,认为财政可持续性不仅应包括政府偿还到期债务能力,还应包括税收收入稳定、经济增长和代际公平方面的能力。CICA(2009)、CSIS(2010)、USAID(2011)、EC(2011)、EU(2012a,2012b)、IFAC(2012,2014)认为财政的可持续性是由地方政府在长期财政规划期间管理预期财务风险和冲击的能力所决定,无需引入大量或破坏性收入(和支出)调整。所以,世界环境与发展委员会(World Commission on Environment and Development,WCED)(1987),认为财政可持续性的一个关键性问题是代际公平(intergenerational equity),或佩扎和托曼(Pezzy and Toman,2002)以及 IFAC(2014)认为的跨期公平(inter-period equity)。IPSASB(2009)发布的《公共财政长期可持续性报告》认为,财政长期可持续性不仅取决于政府清偿债务的能力,还取决于政府能够为公共产品和公共服务提供持续财政资源的能力。因此,IPSASB 将财政长期可持续性定义为:政府财政具有清偿债务的能力并能满足当期及未来公共产品和公共服务所需支出的能力。IPSASB(2021)对其发布的第 1 号推荐实务指南(RPG♯1)进行修订,提出了长期财政可持续性评价,包括相互关联的三个维度:服务维度、收入维度和债务维度。美国政府会计标准委员会(GASB,2009),将财政可持续性定义为:政府拥有的财政资源不仅具有承担支付当期承付款、履行到期偿还债务的义务,而且具有转嫁当期债务到未来期间的能力。法国学者尤里·比昂迪(Yuri Biondi,2016)研究了中央政府的债务能力和财政可持续性,认为政府财政的可持续性和相关供资方式取决于宪章规定的权力分配。政府的债务能力的根源在于公共行政的具体背景,即再分配的目的。

自 20 世纪 90 年代开始,一些国内学者将可持续性发展和财政结合一起进行研究。郭代模等(1999)提出了"可持续发展财政"的概念,将财政可持续性定义为:既能尽可能满足国家主导的财政分配的实际需要,又能避免损害未来财政继承的需要和子孙后代的利益,使整个财政运作有利于政治、经济和社会的可持续发展。邓力平(2008)提出"可持续公共财政"的概念,可持续财政的核心要义是公共产品和服务能够可持续提供;可持续财政的关键是能够保持经济发展的可持续性。杨志宏(2010)对可持续财政进行了分析,认为可持续性财政是包括国家财政、公共财政(民生财政)和生态财政的三位一体体系,其中国家财政解决人与社会关系中的财政在人与人之间分配的问题;公共财政是解决人与社会的关系中人与物(产品和服务)的关系问题;生态财政则是解决人与自然之间的关系问题,简言之,可持续性财政就是解决人与社会、自然的关系问题。陈建奇(2012)针对财政可持续性分析框架存在的先天不足,创新性地构建了随机动态分析模型。研究表明:如果经济是动态且无效的,而且财政的初始政策处于可持续状态,那么继续在未来实施赤字财政政策,不仅不会影响到财政可持续性,反而可能会实现帕累托最优,从而可以提高社会的福利水平。邓晓兰(2013)对财政可持续性提出的研究结论是:是指在一定规则、制度的约束下,促使政府的财政收入和支出能够合理地在一定期间达到一种均衡,从而可以持续发展。朱军、聂群(2014)基于跨期预算约束条件构建了适合我国国情的计量模型,研究了跨期预算条件约束下中国财政可持续性问题,研究表明:我国目前政府整体以及省级地方政府层面的财政状况具有可持续性特征。然而省级以下地方政府的财政状况的可持续性不容乐观,需要特别关注,并对该层级地方政府采取加强公共投资项目的预算管理、建立绩效评价机制、建立政府债务管理体制,以及需要建立跨期财政预警性指标等具体措施。王学凯(2016)研究表明,如果用政府财政实际负债率高低衡量财政的可持续性,目前中国政府财政的实际负债率尚未超过理论负债率的上限,因此,中国政府财政具有可持续性。孙正(2017)研究认为,财政可持续性的真正含义应该是"长期"可持续的,即财政的过程是长期可持续的。也就是说,从财政收入应对财政支出来看,不会发生入不敷出或资不抵债的情况,从财政收入应对到期或未来债务来看,在满足当前预算约束的情况下,未来任何时间基本盈余的现值都应大于当前债务的现值,则表明财政长期可持续。陈宝东(2017)通过实证分析发现:由于我国财政赤字率和债务率不断上升,新常态后的财政可持续性表现更弱,中国经济发展的财政依赖度已超出合理预期,因此,总体来看,我国财政可持续发展不容乐观。尹杰(2019)对我国地方政府的财政可持续性问题展开了研究,并从财政收入、支出、债务、地区间平衡、体制政策合理性等方面对地方政府财政可持续性的影响,提出了制定财政整顿策略、加强并完善现代财税治理体系建设、促进地方经济发展三方面的政策建议。张绘(2019)基于对东北经济的特征的研究,提出可以通过优化支出结构来促进地方政府财政的可持续发展,在合理调整中央政府和地方政府财政支出比重的同时,地方政府应多方筹集资金,重点保障民生工程和基本生活支出,确保地方政府财政经济良性运转。曹斯蔚(2020)从政府收支出发,结合短期内减税降费、疫情冲击与长期框架下人口老龄化等影响我国财政可持续问题所面临的新形势,发现我国目前财政可持续性受到如下问题的困扰:税制存在隐性税负不匹配问题、土地出让金收入存在无法持续问题、政府债务结构存在失衡问题、基础设施投资存在动能难以转换问题、社保统筹调剂存在内在激励不相容问题、生态支出存在投入压力过大等等问题,并提出相应的政策建议。刘群洋(2020)研究表明,我国地方公共财政由于受政策冲击较大,存在较弱的可持续性,地区间呈现较大的异质性。为了缓解地方政府财政可持续性压力,必须加快对税制进行结构化改革、引入财政政策竞争性评估机制、加快完成中央政府和地方政府分领域事权责任的划分,确保地方政府财权与事权相匹配、推动和提高地方政府债务公开和透明度、加大支持中西部地区财政的力度,增强中西部地区地方政府财政的可持续性。闫坤、于树一(2021)研究了在新发展格局下,我国政府财政的可持续性发展,提出探索新发展格局下的财政可持续发展需要统筹发展,要提高警惕政府财政的债务风险,为了推动债务可持续发展,需要建立低成本、高效率的管理政府债务的长效机制,改进政府债务风险定价机制,锁定风险的可控制范围。赵玉洁、武彬(2022)研究了减税降费下,地方财政债务与可持续性问题,他们认为:随着经济下行,财政收入增速变缓和政府财政刚性支出持续增长带来的收支矛盾,必然会影响我国财政可持续性,并提出继续推进减税降费、开源节流和完善地方财税体系等手段以实现财政的可持续性。

三、基于政府财务报告视角的财政可持续性评价研究文献综述

国外理论界,对政府财务报告分析方法和指标体系的研究起步相对较早,文献较丰富,但基于政府财务报告对财政性可持续性评价的文献很有限。早期国外研究公共财政分析主要集中在财务状况和财务困境等方面,财务状况分析主要聚焦在偿付能力方面(Groves et al.,1981;Xiaohu Wang et al.,2007;Nollenberger,2009),具体而言,使用一些财务指标分析政府的偿付能力,用来表明政府的持续性、灵活性和脆弱性。然而这些指标试图检查公共行政部门履行财务职责的财务能力(Cabaleiro,2013),但是这些指标提供的信息有用性是有限的,由于无法获取公共服务部门广泛的财务信息,因此无法评估公共服务部门公共服务运行和活动的能力。国际机构,例如 EC(2011),欧盟(2012a,2012b),IFAC(2012,2013),NAO(2013)和先前的研究(Navarro,Alcaraz and Ortiz,2010;Williams,Wilm-shurst and Clift,2011;Rodríguez-Bolívar et al.,2014)都认同政府财务报表在评价财政可持续性方面的有用性。IFAC(2012)指出,特别是收支表提供了较有用的信息,以评估政府在维持其服务质量的同时继续提供相同服务的未来能力,这是长期财政可持续性的主要特征。根据 IFAC(2013)的资料,公共部门政府财务的长期可持续性由三个相互关联的维度组成:服务、

收入和债务。艾利森(Allisonr，2010)、卡巴雷诺和瓦蒙德(Cabaleiro and Vaamonde，2013)认为，债务的到期时间和来源可能或影响到财政可持续性。西班牙学者博利瓦等人(M.P. Rodríguez Bolívar et al.，2015)采用实证研究的方法对地方政府财政持续性的风险因素和驱动因素进行了研究，发现失业和年龄在 16 岁以下的人口是财政可持续性的风险因素，预算结果是财政可持续性的驱动因素。西班牙学者加勒拉等人(A. Navarro-Galera et. al.，2016)对衡量地方政府财政可持续性的影响因素进行了研究，以政府的收支表为基础，选取了收入维度的四个指标，即外部收入、内部收入、资本性收入和经营性收入，负债维度选取了人均债务净额(债务总额－应收账款－货币资金)，并区分长期性债务、短期性债务、商业性债务和金融性债务，服务维度选取了政府支出、工资支出、财务支出、资本性支出和经营性支出作为影响财政可持续性指标，研究认为收支表可以用来衡量财政可持续性，无论是正面还是负面评价，所以收支表在确认和评价财政可持续性影响因素方面是一个有效的工具。

由于我国政府会计改革与西方发达国家和地区相比，起步比较晚，2014 年 12 月国务院批转了财政部《权责发生制政府综合财务报告制度改革方案》，政府综合财务报告编制才被提到日程，2015 年 12 月财政部正式印发《政府综合财务报告编制操作指南(试行)》后，对政府综合财务报告财务分析体系的研究开始逐渐增多。然而，在现有研究中，对政府财务报告或政府综合财务报告分析体系的研究相对较多，但是单独研究基于政府综合财务报告的财政可持续性研究十分缺乏。

丁鑫、荆新(2015)从财政可持续性视角研究了我国政府财务报告的改进，提出引入权责发生制会计制度，建立健全政府财务会计二元系统，并在我国政府财务报告中构建财政可持续性财务报表，用以全面反映我国财政的可持续能力的建议。海南省财政厅课题组(2016)在中长期可持续性分析指标上，使用了税收弹性和负债率两个指标，与《政府综合财务报告编制操作指南(试行)》中的指标相同。广东省财政厅课题组(2016)通过对政府综合财务报告应用需求分析,并结合考虑政府职能,认为政府综合财务分析指标体系可以考虑选取与财务稳健性、跨期公平性、资金绩效性、服务能力、调控能力相关的指标,用以全面评价和分析政府财务综合财务报告。苑雪芳(2017)从政府财务报告的视角,分析了财政长期可持续性,提出一套较为系统的综合评价模型,同时给出了一系列财务分析指标。把我国政府财政长期可持续性的影响因素归类为环境影响因素、组织影响因素和财务影响因素,并重点从财务状况、收入稳定性、支出刚性、资金储备能力和固定资产状态等财务方面,探讨了影响财政可持续性因素的分析指标。万敏(2019)对我国政府综合财务报告分析应用体系构建,进行了综述性研究,认为政府会计改革后,预算会计和财务会计二元系统同步运行,财务报表也有两套:预算会计下的预算报表和财务会计下的财务报表。对政府运行情况和中长期可持续性的分析,不应仅限于对财务会计的报表分析,应将财务会计报表与预算会计报表相结合进行分析,将存量信息与流量信息进行同步分析,同时还可以运用国家财政统计等表外数据,全面评价政府的财务状况和运行状况。李定清、廖洪斌、江雪真、刘怡(2020)借用哈佛分析框架研究了我国政府财务报告分析理论框架构建,认为分析政府的财政能力,可以设计税收收入占 GDP 的比率、税收收入增长率、税收收入弹性(税收收入增长率与GDP 增长率的比值)、债务负担率(净负债与当期 GDP 比值)、国债依存度(国债发行总额与财政支出总额的比值)、债务占收入的比重等指标。武龙,张静(2021)在研究政府综合财务报告的国际比较与启示中,认为评估财政可持续能力是评价政府财务报告的保障,应结合近年财政状况与未来经济走势,预测中长期发展。朱义令(2021)基于需求导向研究构建政府综合财务报告分析应用体系,指出可持续发展能力可以从收入的稳定性和发展的持续性两方面来评价。收入的稳定性是指政府收入增长稳定,收入盈余较好,说明政府财政环境良好,可以应对环境变化的影响,可用收入增长率、收入盈余率等指标来分析评价；发展的持续性是指政府具有雄厚的财力，能应对不确定的外部环境给财政支出带来的冲击，可用净资产增长率、净资产保障系数、养老金结余变动率等指标来分析评价。

四、政府财务报告审计研究文献综述

在政府综合财务报告审计框架中，审计目标是逻辑起点，审计环境是政府综合财务报告审计的实践土壤，审计主体和审计对象分别是政府财务报告审计的实施者和作用对象，审计法律责任是审计规制的边界，审计质量是衡量政府财务报告审计成效的标尺和准绳，审计报告是通过"三位一体"的审计监督模式形成的结论性文件（尹启华，2017；郑石桥，2021）。对政府财务报告实施审计可以梳理公共权力运行的轨迹，进而有助于强化对公共权力运行的监督与制约，引导、威慑与规范政府行使公共权力的行为，抑制潜在的机会主义倾向。可见，政府财务报告审计源于对公共权力进行监督与制约的现实需求，是可供国家治理主体选择的治理工具之一（周曙光，陈志斌，2019）。政府会计改革进入全面实施的新阶段，应当建立国家审计主导的政府财务报告审计制度。国家审计主导政府财务报告审计，包括国家审计确定政府财务报告审计规则、组织政府财务报告审计、开展政府财务信息分析、强化政府财务报告审计质量等主要内容（陆晓晖，2020）。

五、文献评述

国内外文献的相关研究为本书的进一步研究提供了良好的文献参考和理论基础。然而，现有对政府综合财务报告分析的研究仍然比较匮乏，特别是对如何构建我国政府综合报告分析框架和评价指标体系，以便全面评价我国财政可持续性的研究，学术界尚未足够重视，这可能与目前我国权责发生制政府会计改革尚未达到深入程度、政府综合财务报告仍处在试编阶段有关。随着我国政府会计改革的进程的不断推进，构建政府综合财务报告分析框架和指标体系,更好地评价财政可持续性,不仅具有促进我国财政可持续性发展的现实需求,而且对构建中国特色的政府会计准则体系以及权责发生制政府综合财务报告制度尤为重要。显然,目前的研究难以满足这些需求。

由于目前政府财务报告涉及财政可持续性评价的指标非常有限,尚未形成体系,不利于广大社会公众和其他信息使用者对政府受托责任的全面评价。本书企图通过创新研究,全面构建基于财政可持续性评价需求的政府综合财务报告分析框架和指标体系,包括审计评价,希望不仅能丰富理论研究,更重要的是能促进政府综合财务报告分析体系的进一步完善,为中国政府会计改革贡献学术力量。

本书所研究的政府综合财务报告评价指标体系的改进是基于财政可持续性评价的需求,所以从分析程序来看,对财政可持续性分析评价应置于政府综合财务报告分析体系之后,然而,财政可持续性评价框架构建和指标体系研究的前置,不仅有利于对政府综合财务报告的分析框架进行改进,更有利于信息使用者对政府财政状况的全面了解,甚至可以提高政府会计改革效率。本书研究的政府综合财务报告财政可持续性审计评价具有前瞻性和探索性。

第二节 相关概念界定

一、政府综合财务报告概念界定

(一)政府综合财务报告的构成

政府综合财务报告是以权责发生制为基础,以政府财务信息为主要内容,全面反映各级政府整体财务状况、运行成果和受托责任履行情况等的综合性财务报告。我国政府综合财务报可以分为全国政府综合财务报告、中央政府综合财务报告和地方政府综合财务报告三大层面。从国际上几个代表性国家来看,美国有联邦政府和州政府综合财务报告,加拿大有联邦政府、省政府和市政府综合财务报告,澳大利亚有联邦、州和市政府综合财务报告,而英国除了编制中央、郡、市政府财务报告外,还独创性地编制了政府整体综合财务报告(Whole of Government Accounts,WGA),将超过 1 万个政府相关会计主体经审计的会计报表(截至 2022 年 6 月)合并纳入该报告,是世界上唯一一个有如此高度全面的政府整体综合财务报告的国家。

我国政府财务报告包括政府部门财务报告和政府综合财务报告两种报告形式。政府部门财务报告由政府部门编制,反映本部门(单位)的财务状况和运行情况;政府综合财务报告,是以权责发生制为基础,由政府各级财政部门编制,综合反映各级政府整体的资产负债和成本费用等财务状况和运行情况、财务状况、中长期可持续性的报告。因此,政府综合财务报告是各级政府对其所属各政府部门财务报告的综合反映。政府综合财务报告包括财务报表和其他应当在财务报告中披露的与政府运行有关的信息和资料,通常由财务报表、财政经济分析和政府财政财务管理情况说明三部分组成,见图 2.1。

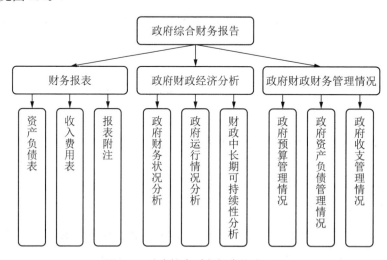

图 2.1 政府综合财务报告构成图示

资料来源:笔者根据 2019 年《政府综合财务报告编制操作指南》整理绘制。

政府综合财务报表实际就是各级政府所属各政府部门财务报表的合并财务报表。编制政府综合财务报告可以为强化政府资产管理、降低行政运行成本、提高运行效率、防范和控制财政风险、促进财政可持续发展等提供信息支持。

政府综合财务的分析指标主要集中在对政府的财政经济分析报告中，其中涉及政府财务状况分析的指标有 9 个，分别是：资产负债率、流动比率、现金比率、金融资产负债率、总负债变动率、主要负债占比、单位负债占比、流动负债占比、净资产变动率；涉及政府运行情况分析指标有 6 个：收入费用率、政府自给率、税收收入比重、税收依存度、利息保障倍数、人均工资福利费用；涉及财政中长期可持续性分析指标有 5 个：负债率、税收收入弹性、固定资产成新率、公共基础设施成新率、保障性住房成新率。这些指标虽然归为三类，但都与政府的可持续性息息相关，如何将这些指标进行整合并进行改进，从评价政府财政可持续性需求进行重新设计和构建，是本书研究的重点，通过本书的研究，设想政府综合财务报告能够在运用历史数据分析政府财务状况和运行情况的基础上，对政府财政可持续性进行总体评价，包括目前和中长期的财政可持续性评价，同时依据预测信息对政府长期可持续性进行分析评价。

（二）政府综合财务报告核算内容

《政府会计准则——基本准则》指出，政府财务会计要素包括资产、负债、净资产、收入和费用。会计报表至少应当包括资产负债表、收入费用表和现金流量表，其中资产负债表是反映政府会计主体在某一特定日期的财务状况的报表，包含符合资产定义和资产确认条件的项目、符合负债定义和负债确认条件的项目以及净资产项目；收入费用表是反映政府会计主体在一定会计期间运行情况的报表，包含符合收入定义和收入确认条件的项目以及符合费用定义和费用确认条件的项目。在政府综合财务报告中，会计主体为"政府"，收入中不包含社保基金等"基金"类会计要素；出于收付实现制和权责发生制对费用确认原则上的不一致,以及财务会计中部分支出资本化等原因,财务费用与预算支出也不尽相同。在权责发生制为基础的政府财务会计核算中,政府综合财务报告在资产负债的披露方面具有先天的优势。

1. 政府综合财务报告中的资产核算

在不同的经济环境和政府治理理念的影响下,国际上对资产的定义和分类不尽相同,比如:在资本主义私有经济为主导的美国,联邦会计准则咨询委员会(Federal Accounting Standards Advisory Boards, FASAB)认为能够纳入政府资产核算的是必须由政府控制的、可以用来满足未来需求的经济利益或服务资源,包括房屋、厂房和设备、现金等货币资产,存货,应收账款等,但不包括自然资源;澳大利亚在会计研究基金会(Australian Accounting Research Foundation,AARF)第 4 号会计概念公告《财务报告要素的定义与确认》中,将资产定义为实体由于过去的交易或事项形成的、可以控制的、能够导致未来经济利益流入的经济资源或服务潜能。英国等国家未明确资产定义,基本上沿用 IPSASB 的概念,即资产是由过去事项所形成的,由主体控制的,预期会给主体带来未来经济利益或服务潜能的资源,最显著的资产包括不动产、厂房和设备,用权益法核算的投资、金融资产、存货、应收账款等,不含自然资源。

我国社会主义制度的基本特征之一是以公有制为主体,许多国有公共经济资源并非源于交换性交易,而是通过依法占有、征收、接受捐赠等方式取得,所以资产的形成来源不仅局限于交易业务,还包括经济事项;政府是为公众提供公共产品和服务的物质载体,资产所带来的效益不仅局限于给会计核算主体带来可货币化计量的经济效益,也包括提升履行政府职能的潜在能力。因此,资产核算不仅包括可以带来经济收益的经营性资产,也包括带来服务潜力的非经营性资产;与国际通行模式相似的是,我国实际采用了以"基金"(如社会保障基金和国有资本经营基金)和"组织"(如政府和行政事业单位)为"双会计主体"的核算模式,政府资产既可以是政府单位拥有的资产,也可以是基金主体控制的资产。

综合以上因素,在我国的《政府会计准则——基本准则》中指出,资产是政府会计主体过去的经济业务或者事项形成的,由政府会计主体控制的,预期能够产生服务潜力或者带来经济利益流入的经济资源。只有服务潜力和经济利益在很可能实现或流入主体,并且能够可靠计量的时候,才能被确认为资产。

与企业资产核算类似,按照资产转换为现金的难易程度,政府资产也被区分为流动资产和非流动资产。由于我国的特殊经济制度背景,国家与企业之间的关系是投资人与被投资人的关系,企业资产不属于政府。政府拥有的国有企业股权有可能给政府带来经济利益,属于政府持有的金融资产的一部分,纳入流动资产中的短期投资等科目以及非流动资产中的长期投资来核算。

会计学与经济学理论对资产的判定有不同的标准,会计学强调生产要素投入到生产经营活动中后能够带来的在货币形态上可计量的收益,经济学则强调效用价值。本书主要从会计角度界定资产的范围。

2. 政府综合财务报告中的债务核算

从会计角度看,政府作为一类特殊的会计主体,因其受托责任所承担的债务不仅包括由法律确认生效的义务,还包括政府迫于公众期望或政治压力所必须承担的未经法律确认的义务。世界银行的高级顾问汉纳·普拉科瓦(Hana Polackova)在2002年提出了著名的"财政风险矩阵"(Fiscal Risk Matrix),从法律责任和道义责任的角度将政府负债划分为"显性负债"和"隐性负债",从债务责任确定性和非确定性的角度将政府负债划分为"直接负债"和"间接负债"。在我国,政府直接债务包括通过政府融资平台公司和事业单位举借的明确由财政行政性资金偿还的直接显性债务,以及公共养老金缺口等政府迫于社会压力需要偿还的直接隐性债务;或有债务主要体现为通过融资平台公司和事业单位举借的未明确由财政行政性资金偿还的或有显性债务,以及通过融资平台公司和事业单位为公益性(基础性)项目建设举借或担保的,未由政府确认承担直接还款责任的或有隐性债务。

从各国政府对债务确认的会计处理来看,基本都涉及三个要素的判断:一是负债是由过去的交易或事项引起的现时义务,二是负债预期会导致资源流出政府单位,三是是否能够可靠计量。我国的《政府会计准则——基本准则》规定负债是指政府会计主体过去的经济业务或者事项形成的,预期会导致经济资源流出政府会计主体的现时义务,既包括偿还时间与金额基本确定的负债,也包括由或有事项形成的预计负债。偿还时间与金额基本确定的负债是在任何条件下都存在,并且由法律和合约明确规定应由政府承担的债务。这种债务不依附于任何事件,可以根据某些特定的因素来预测和控制,按政府会计主体的业务性质及风险程度,分为融资活动形成的举借债务及其应付利息、运营活动形成的应付及预收款项和暂收性负债。除政府会计主体通过签订借款合同取得的国债本息以外,还包括欠发财政供养人员工资(应付职工薪酬)、政府采购或其他交易行为的应付(预收)账款、由于国家责任保险制度而转化为政府债务的公务员养老金、应缴财政款等。预计负债常见的原因形式有未决诉讼或未决仲裁、对外国政府或国际经济组织的贷款担保、承诺(补贴、代偿)、自然灾害或公共事件的救助等或有事项。预计负债应当按照履行相关现时义务所需支出的最佳估计数进行初始计量,如第三方予以补偿,只有在基本确定能够收到时才能作为资产单独确认。

作为政府最典型的直接隐性债务,公共养老金缺口并未作为法律明确规定的财政义务而纳入显性债务,但是当其出现巨大赤字无法弥补的时候,政府出于社会压力可能会用财政资金予以支撑。按照现行制度,社会保险基金按照基金类型设置会计账目,其投资活动委托给国务院授权的投资机构运营,并向人力资源和社会保障部、财政部报告。可见,社会保险基金会计主体为社会保险基金,政府仅作为受托人,通过社会保险经办机构加以管理,其资产投资负债与资金收支都与政府财政有所区分,不属于政府财政业务活动,政府并非该账目的会计主体。另外,社会保险基金的未来义务资金缺口金额受到参保和退休人口数、人口出生率和预期寿命等各类因素而变动,并不能够可靠的计量,使其按照负债的确认标准难以作为负债披露于资产负债表中,包括 FASAB 在内的各国也基本上未将其列入政府财务报告,仅采用表外的方式予以披露。

在或有负债的确认计量方面,英国、澳大利亚、加拿大等国政府会计准则与 IPASAB 的观点趋同,即因过去交易或事项而产生的潜在义务经不由会计主体完全控制的未来事项证实,就被认为是或有负债,而对现时义务来讲则不要求资源流出主体或能被计量;美国则认为必须是过去的交易事项已经发生并且很可能导致能够可靠计量的未来利益流出,才在资产负债表中予以确认或有负债,该负债带来的预期损失应在报表附注中披露。可见,国际普遍承认或有负债并尽量在资产负债表或政府财务报告附注中予以披露,但往往出于其"或有"的因素导致证实资源流出的不确定性或难以达到可计量条件,而无法确认为负债。我国政府会计主体对不具备负债确认条件的或有事项不确认负债,仅对其相关义务进行披露。值得注意的是,我国的或有负债集中表现为地方政府举借的可能会由政府承担偿债义务或承担担保责任的隐性债务,在国务院出台《地方政府性债务风险应急处置预案》后,确定债权人、债务人依法分担债务风险,中央实行不救助的原则,进一步明确了地方政府的偿债责任。随着再融资债券的逐步推广发行,地方政府开始逐渐将此类隐性债务替换为显性债务,使其纳入资产负债表内。

综上所述,出于以养老金资金缺口为主的直接隐性债务以及各类或有负债在政府综合财务报告中很难达到负债的确认条件,本书主要从直接显性负债的角度,即以政府确定应承担偿债义务的负债界定负债的范围。

3. 政府综合财务报告中的收入核算

《政府会计准则——基本准则》规定，收入是指报告期内导致政府会计主体净资产增加的、含有服务潜力或者经济利益的经济资源的流入。政府不以营利为目的，政府财务会计中的收入是政府为弥补提供公共产品和服务的成本。从定义上看，收入的取得带来了净资产的增加（即资产的增加或负债的减少），原预算会计理念中使用的债务收入的概念导致了负债的增加，不属于财务会计中的收入。在财务会计中占主体的税收收入是政府依法强制从纳税单位取得的，具有强制性、无偿性和固定性。所谓强制性是政府凭借政治权力依法征收、纳税主体不得违抗的义务；无偿性是指政府征税后无需向纳税主体支付任何报酬，固定性是指通过法律形式确定征纳双方共同遵守的征收标准。税收收入是政府公共财政最主要的收入形式，是最稳定、可依赖的政府收入来源，相对税收收入来讲，非税收入则因其灵活性和特定性而不够稳定，体现为非税收入往往收费形式和标准不固定，甚至随着管理行为的消失而弱化，常常仅向特定管理对象征收并专项用于补偿该管理活动的成本；我国的社会保险基金采用统筹的方式管理，全国统一计划安排，基本采用以收定支或收大于支的原则实现当期或跨期的平衡或积累；政府性基金收入虽然有"准税收"之称，具有强制、无偿的特征，但是由于其具有专款专用的特征和临时性的特点，仅在政府财政资金不足时，用于支持特定公共事业发展，因此也不具备稳定性；国有资本经营收入虽然是政府所有的国有资本收益，但其相对总体财政收入来讲占比较小，在总体收入中不具备显著性。

本书出于税收收入的稳定性，将其判断为最重要的财政可持续性的影响要素。出于谨慎的原则，由于社会保险基金的相对封闭性，以土地出让金收入和行政收费为主的政府性基金收入的不确定性，以及国有资本经营收入占财政收入的比例较小，都不作为本书评估财政可持续性的因素考虑。

4. 政府综合财务报告中的费用核算

《政府会计准则——基本准则》将费用定义为报告期内导致政府会计主

体净资产减少的、含有服务潜力或者经济利益的经济资源的流出。费用不仅是由交易业务产生的,同时也产生于非交易性交换。政府在付出商品或服务时,取得等值的商品或服务作为交换,或出于履行经济责任的缘由,通过转移支付实施赠与、补贴、社会福利等财富再分配活动,由此导致可计量的净资产减少(即资产的减少或负债的增加),都将产生费用。在我国,政府费用与政府履职范围一致,是为了提供公共产品和服务而发生的。与预算会计中的支出不等同,财务会计中的费用不仅包括消费型的经常性支出,直接作为政府提供公共产品过程中的一种耗费投入到政权建设领域或公共事业发展领域,表现为当期资产的减损;也包括将公益性的公共投资成本资本化纳入资产净值反映或偿还负债本金的资本性支出,体现为未来多个期间的资产增值或负债减值;还有可能是为了实现地方财政能力均等化和扶持欠发达地区、产业引导或社会保障补贴而实施的再分配性转移支出。

二、土地财政依赖度概念界定

土地财政是政府利用土地所有权或土地使用权的出租出让等方式获取预算内或预算外收入的行为,土地相关的出让和税收收入是地方财政收入,尤其是政府性基金的重要组成部分。广义的土地财政包括出让土地获得土地出让金收入;以优惠价格转让工业用地招商引资,吸引外资企业税收收入;通过城建扩张、土地占用和房产开发获取税收收入;通过土地储备中心、政府背景公司和开发区等载体向金融机构进行土地抵押融资等方式;狭义的土地财政则主要指地方政府依靠出让土地使用权获取财政收入的方式。

土地财政依赖度,也称土地财政依存度,是指地方政府财政收入中对土地财政中土地使用权出让金收入和其他收入的依赖程度。考虑到数据可得性,本书所用的土地依存度概念,主要是狭义的土地财政依赖度,计算中未包含土地财政产生的其他收入,如税费收入、融资收入等。衡量土地财政依赖依存度的指标公式为:土地出让金收入/一般公共预算收入。

我国政府公共财政收入主要包括三部分：一般财政预算收入、政府性基金收入和转移性收入。其中在政府性基金收入中，财政土地出让使用权收入占比最高，也是土地财政收入的主要来源。我国财政土地出让使用权收入（简称"土地出让金收入"）在中国分税改革后成为地方政府重要的收入来源。国家财政部最近公布的 2021 年财政收支情况显示：2021 年全年国有土地使用权出让收入 87 051 亿元，同比增长 3.5％。从财政部公布的数据来看，2021 年土地出让收入金额创下历史新高，然而，与历年土地出让收入涨幅相比，增幅趋势明显放缓，参见表 2.1。

表 2.1　我国土地出让收入及涨幅情况表

年度(年)	土地出让收入(亿元)	同比涨幅(％)
2021	87 051	3.5
2020	84 142	15.9
2019	72 516	11.4
2018	65 096	25
2017	52 059	40.7
2016	37 457	15.1

资料来源：财政部网站，2022。

三、代际公平概念界定

代际公平（Generational Equity）是与可持续发展相关的概念，按照美国学者佩基（T.R. Page, 1988）提出的，其本意是"假如当前决策的后果将影响到好几代人的利益，那么，上述后果应该在各代人之间进行公平的分配"。本书涉及的代际公平主要用于债务融资的代际公平对财政持续性的影响上，也就是说债务融资的代际公平是影响财政可持续性的因素之一。这是因为政府债务具有代际分配的特征，即当代人所借债务往往可能需要后代人来偿还。如果后代承担的偿债成本大于他们从债务支出中获得的收益的话，就会产生代际负担，造成不公平的现象。政府举债以支持财政公共支出,一般可分为两种用途,一种是消费型,一种是投资型。消费型支出不形成资产,在当期全部消耗,一般来讲其收益是即期的,不会递延到未来,偿债来源应该也是当期以税收为主的财政收入,如果偿债筹资由后代来完成,那么当期对债务的使用,就是提前透支了后代的收入;投资型支出包括基础设施建设、教育就业等事业性支出,其收益可部分由当代享受,部分由后代享受。理想状态下,其偿债主体应该按照受益分布恰当择期课税征收。

为了缓释偿债压力,国家采用置换债券或再融资债券等方式,对到期债务进行展期。这种方式实质是缓解偿债压力,延缓还本时间,没有从根本上消除债务,而是在财政收入或项目收益具备完全还本能力的等待期,以税收收入等日常财政收入支付利息的权宜之计。这种借新还旧的方式会导致国债规模不降反增,债务出借人必须对政府能够永续偿还利息具备信心,实际上是透支了后代的信用额度,当期偿债风险转移到了后代身上。一旦这种预期在客观上难以维系或者主观上遭到破坏,将出现展期困难、不再续借的融资风险,落入"庞氏"困局。如遇这种情况,后代只能以加强征税力度等方式,向市场大量索取用于偿债,这样一来对涵养税源极其不利,市场不振经济下滑,形成恶性循环。所以,政府债务的可持续性是评价代际公平和财政可持续性的重要指标。

第三节　理　论　基　础

一、新公共管理理论

新公共财政管理(New Public Financial Management,NPFM)改革于20世纪70年代至80年代引入,是在制度、程序、组织和法律方面为获取和有效利用公共财政资源而进行的改革,旨在对公共部门组织结构和流程进行有意识的改变,使传统的新公共管理模式(New Public Management,

NPM)更加现代化,使其(在某种意义上)更加符合政治理念和社会管理的发展,从而运行得更好(Pollitt and Bouckaert,2000)。改革全面涵盖了公共预算、会计、内部和外部控制、财务报告背景下的收入、支出和债务,以期影响公共政策的实施,以寻求更高的效率、更好的效果、更佳的质量、更透明的披露、更精准的问责和更良好的治理。金融危机、政治变革、金融犯罪等事件的冲击往往会危及公共财政资源提供公共产品(服务)的能力,进一步加大有限的资金来源与不断增加的公共需求之间的矛盾。公共资源的提供方,即公民,期望能从公共资源中获取最大利益,资源的有限性和公民需求的增加促使公共部门寻求更有效的公共资金用途,助推其更好地从多方面改善财政资源的管理方式,推动其预算编制、组织架构、会计管理和法律制度等方面的改革。这些改革统称为 NPFM 改革。

财务管理(Finance Management,FM)特指"私有财务"的管理,是指管理资金资源以实现组织目标的方式。美国华盛顿大学教授罗伯特·C.所罗门 1963 年提出的经典定义认为它与资本基金的有效使用有关,海因斯(W.W. Haynes)和马西(J.L. Massie)在 1961 年合著的《管理:基础·概念·分析》(*Management:Analysis,Concept and Cases*)中将财政管理描述为一种获得并有效运营资金的商业活动。从财务角度以最小成本实现组织基本目标的最大可能性,即利润最大化和长期生存,是确保私有财务实现"资金最优"使用的根本目标。与 FM 目标完全不同的是,公共财务管理(Public Financial Management,PFM)则具备了"公共"的特征("P"代表公共),包括:

1. 根本目标是实现公众利益,而不是利润最大化;

2. 体制基于公民,而不是客户;

3. 资源基于税收,公民更加关注税收资源的使用;

4. 资源获取不存在市场竞争,公共服务提供者是唯一的资源接受方;

5. 政治环境会影响政治目标和行政效率。

NPM 模式曾广泛参考了源自私营部门的组织架构和绩效管理模式
（"do better, spend lesser"，即"做得更好，花更少的钱"）。特别是大胆将公
共企业私有化、创建具有法人资格的新实体提供公共服务（将政府管理职能
分权），以及通过外部化或外包的方式将公共行政部门的服务外包给私营部
门，并将责任和权限下放给其他级别的政府、机构、部门或实体，建立控制和
监督机制来管控公共活动等（Ferlie et al.，1996；Osborne and Gaebler，
1993；Pollitt and Bouckaert，2000）。NPFM 改革则基于并包含于 NPM 模
式之中，专注于财政（"F"代表财务，即财政）（Broadbent and Laughlin，
2013），即管理理念、效率、效益、公平、透明度、响应性和问责机制等 NPM
理念在财政资源分配中的实施（Guthrie et al.，1999），是一种融入了管理
学、组织学和法学的具有跨学科特征的复杂概念，如图 2.2。

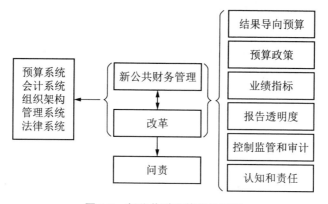

图 2.2　新公共财政管理关系图

资料来源：Isabel-Maria Garcia-Sanchez and Beatriz Cuadrado，"New Public Financial Manage-
ment，"Global Encyclopedia of Public Administration, Public Policy, and Governance，2016：2。

NPFM 改革一度很难在旧的低效率和严重等级僵化（Pierre and Guy，
2000）的官僚公共行政管理中执行。英国保守党政府代表玛格丽特·撒切
尔（Margaret Thatcher）于 1979 年上台时，冲破政治、经济、社会、人口等方
面的重重困难阻碍，第一个实施了 NPFM 改革。澳大利亚是 20 世纪 80 年

代初第一批与英国和新西兰同时引入 NPFM 改革的国家之一,被称为"白厅"(Whitehall,又音译为"怀特霍尔",英国街道名称)模式,该模式向公共部门引入了管理主义的思想。财政方面的变化始于 1983 年的"财政管理改进计划"(Financial Management Improvement Program,FMIP),该计划加强了财政的中期计划,规范公共财务管理规则,改善了对产出和结果的控制,目的是提高政府效率和有效性,为管理改革赋予了更多的灵活性和自由度,并从中央机构开始层层权力下放。完善精准预算,并根据预算制定产量计划,为此要确定绩效指标,从而形成结果(产出)与预算考核挂钩的机制。1987 年,澳大利亚将各部委合并为一个综合部门,并在 90 年代初期将越来越多的公共活动公司化并最终私有化。1994 年至 1995 年间,采用权责发生制出具政府财务报告,并在 1999 年提出了基于权责发生制的预算制度,从而以结果导向呈现公共服务的全部真实成本并改善资产负债管理。

随着类似的变化从澳大利亚、英国和新西兰扩展至加拿大、瑞典、荷兰和美国,NPFM 改革最终成为一场通过改善业务流程和建立更有效率效益的公共管理系统而实现公共管理现代化的国际运动。英国著名的行政学者克里斯托夫·胡德(Christopher Hood)于 1991 年提出,新的 NPFM 包括亲力亲为的创业管理、明确的绩效衡量标准和产出控制、消除种族隔离和权力下放、引入公共服务领域竞争机制、借鉴私营部门管理风格,以及资源分配的自律和节俭原则。从胡德的观点可以看出,通过计量绩效和产出控制对财务资源的使用进行约束,是 NPFM 的特征。格思里等(Guthrie et al.,1999)将 NPFM 改革进一步归纳为如下五大特征:

1. 变革财务报告系统:推广权责发生制财务报表并制定专业会计准则;

2. 发展以市场为导向的管理体制:模仿市场机制,通过引入内部、外部收费/定价和外包协议提供公共服务;

3. 开发绩效衡量指标:引入财务和非财务指标,进行产出控制并确定标准;

4. 预算的放权、分权或授权:将预算与财务和非财务报告信息联系起来;

5. 变革内部和外部公共审计制度:注重对公共服务开展监督和控制,对其有效性进行审查和评估。

依据上述特征,表 2.2 汇总了引入 NPFM 后,各国具有显著成效的范例。

表 2.2　世界各国新公共财政改革范例

国家	财务报告制度	面向市场的管理制度	业绩衡量	预算的放权、分权或授权	控制和审计制度
澳大利亚	1994 年,财务报告从现金制向权责发生制转换;1999 年采用权责发生制预算	20 世纪 80 年代,公司化和私有化	20 世纪 80 年代初期,在预算中引入业绩指标,形成成果/产出预算考核结构	20 世纪 80 年代机构职能分权;2004 年重回集权	2007 年,健全风险管理,加强内部控制
加拿大	2003 年现金制和权责发生制的混合	20 世纪 80 年代,合同外包和私有化	1997 年基于结果的预算和会计	1984 年至 1993 年,民间服务规模下降	2006 年内部控制、审计和独立监督部门
法国	2001 年引入权责发生制会计制度,预算也采用现金制;2004 年发布了第一套公共会计准则	2007 年,某些服务公共服务交付合同外包	1989 年业绩指标用于评价服务质量和公职人员;2001 年,面见业绩的预算和成本法	20 世纪 80 年代,地方政府权利分权	20 世纪 90 年代,控制地方政府开支
德国	1998 年在联邦管理中引入权责发生制会计制度;2010 年采用权责发生制预算;2011 年部分弃用	从 20 世纪 90 年代初到中期,公共服务交付合同外包	1998 年,产出导向的预算和某些服务部门的服务基准	1998 年不同层次政府与私人部门合作	1998 年在预算领域全面质量管理和内部控制;2006 年信息技术改进透明

续　表

国家	财务报告制度	面向市场的管理制度	业绩衡量	预算的放权、分权或授权	控制和审计制度
意大利	2009年混合的现金制和权责发生制；2011年权责发生制	20世纪90年代，私有化运动	21世纪早期，业绩导向的预算制	20世纪90年代，增强地方政府权利，减少地方团体	20世纪90年代，控制公共开支，国家审计署加大审计力度
新西兰	1989年公共财政法案引入权责发生制；1992年首个权责发生制国家财务报表	20世纪80年代到90年代，强推私有化运动	1989年，公共财政法案出台，注重产出和成果导向获取资金；2012年，公共财政支出向多部门拨付目标导向款项	20世纪90年代中期，中央行政管理向国有企业放权	
挪威	2003年某些政府部门使用权责发生制会计，但没在预算中使用	2002年部分公共服务交付合同外包	20世纪90年代中期，公共财政系统进行业绩管理		20世纪90年代早期规范机构和监管部门

资料来源：Isabel-Maria Garcia-Sanchez and Beatriz Cuadrado，"New Public Financial Management，" Global Encyclopedia of Public Administration，Public Policy，and Governance，2016：5—6。

世界银行(2015)给出公共财政管理的定义为：财政管理是指预算、会计、内部控制、资金流动、财务报告和审计安排，通过它们收取资金、分配资金并记录使用的资金。可见，公共管理的核心特征有：有效地使用公共资金、服务多种角色身份（政府、政府机构、出资政府、民间社会、私营部门、媒体等）、为公民提供重要的公共服务、保持财政约束、确保良好财务状况。管理行为涵盖全部预算要素（如支出、收入、赤字、债务）和整个预算周期（如管理、报告、控制、审计和监管）。

我国《政府会计准则——基本准则》规定，政府会计由预算会计和财务会计构成，预算会计实行收付实现制，财务会计实行权责发生制。政府会计主体应当编制决算报告和财务报告。决算报告的目标是向决算报告使用者提供与政府预算执行情况有关的信息,综合反映政府会计主体预算收支的年度执行结果,有助于决算报告使用者进行监督和管理,并为编制后续年度预算提供参考和依据。财务报告的目标是向财务报告使用者提供与政府的财务状况、运行情况(含运行成本)和现金流量等有关信息,这些要求与NPFM改革的特征趋于一致。一方面,我国政府综合财务报告通过披露决算报表,以收付实现制为基础对政府会计主体预算执行过程中发生的全部预算收入、支出及其结余进行会计核算,综合反映和监督政府会计主体年度预算收支执行结果;另一方面,全面反映政府资产负债信息以及净资产的增减变动情况,以权责发生制的会计核算基础,提供关于政府收入费用流量和运行业绩信息,将费用与成本相联系和比较,从而以新的绩效评价指标来衡量政府提供公共产品和服务的效率。

二、公共受托责任理论

受托责任观和决策有用观是目前会计学界关于政府综合财务报告理论来源的两种主流观点。在受托责任观下,会计目标是向资源委托者提供信息;在决策有用观下,会计的目标是向信息使用者提供有用的信息,不但向资源委托者,而且还包括债权人、政府等和企业有密切关系的信息使用者提供决策有用的信息。

公共受托责任是指公共部门的受托责任,产生于民主社会制度中的委托代理关系。美国审计总署(GAO)将公共受托责任定义为:有权使用公共资源的政府实体向社会公众说明其受托管理全部活动情况的义务。将此定义对应到政府实体可定义为:公共受托人,即政府实体对社会公众委托管理的公共财政资源负有受托管理责任,并须定期向委托方报告其责任履行情况的一种义务。

史密斯(Smith,1980)将受托责任划分为九类,虽然没有明确区分公共受托责任的范围,但是地方分权受托责任应属于公共受托责任的一种;希尔德(Heald,1983)又将九类受托责任归并为三类,将地方分权受托责任归为一种政治受托责任;米希尼和霍华德(Micinny and Howard,1998)将公共受托责任按照法律受托、财务受托、项目受托、可持续性受托划分为六类受托责任。参照这种分类方式,按公共受托责任内容和性质,可划分为公共受托财务管理责任和公共受托管理责任。公共受托财务管理责任是指公共受托人,即政府机构要遵守财经法规,确保公共部门的财政财务收支合规、合法,资产安全完整、内部控制有效、风险可控,遵照国家颁布的政府会计准则编制财务报告并及时公布。这就是受托人在财务管理方面对委托人应承担的受托责任和义务。公共受托管理责任是指公共受托人,即政府机构在使用公共资金运行时,要尽到有效运营、公平使用,要按照经济性(Economy)、效率性(Efficiency)、效果性(Effectiveness)、公平性(Equity)和环保性(Environmentalism)来使用和管理受托财产,旨在推动社会经济发展、保护环境,促进社会福利。

为了说明公共受托责任的履行情况,政府通过财务信息披露来满足社会公众对政府受托责任履职情况的评判,政府财务信息的披露程度和方式由一个国家民主政治制度和公共受托责任方式所决定,如果在一个民主政治中,委托人没有意愿了解政府的受托责任,或者说没有信息需求,政府一般也不会主动披露财务信息。为了明确受托责任,政府一般需要提供如下信息:

(1) 财务状况的信息,通常通过财务状况表来提供政府在某截止日(如年末)的资产、负债和相关净资产的情况,据此信息,社会公众可以了解政府资产的规模和服务能力等情况,可以了解政府的债务情况以及偿债能力等情况。

(2) 当期业绩情况,通常通过财务收支业绩表来提供当期财务收支及结余情况。据此信息,社会公众可以了解政府当期收入来源和类型的信息、资源分配和使用的信息,以及收入补偿日常业务开支的程度等情况。

（3）现金流量情况，通常通过现金流量表来提供当期现金从哪来，到哪去的情况，特别是采用权责发生制会计后，现金流量的信息显得更为重要，如果说财务状况的信息和业绩信息是反映政府对资产、负债管理以及运行业绩情况方面的受托责任的话，那么现金流量信息更能反映政府的可持续经营的能力，这是公共受托责任得以实现的重要保障。

上述信息反映的是财务和定量化信息，除此之外，还须有非财务、非经济和非定量方面的信息，社会公众才能对政府履行公共受托责任的情况进行综合的评价。这正是政府会计为什么要求编制政府综合财务报告的原因，这也是为什么我国政府综合财务报告不仅要提供财务报表的信息，还要提供政府财政经济分析和政府财政财务管理情况的原因。

公共受托责任是政府会计的基石，政府财务报告及相关经济分析不应受到任何利益方的操纵。值得注意的是，政府机构在履行公共受托责任过程中包括多层级代理受托责任，不同层级受托责任所需要的信息有所不同，但评价不同受托责任的信息应该能够相互兼容。同时，政府编制财务报告时，须特别注意重点应放在哪一层受托责任上，并能对重点受托责任予以完整的反映。

对于公共受托责任的评价标准，通常有经济性、效率性和效果性，即称为"3E"标准，后来又有人将其扩展为经济性、效率性、效果性、环境保护和生态保护的"5E"标准。然而，美国当代著名的公共行政学家、美国著名公共行政学术期刊《公共行政理论与实践》主编乔治·弗雷德里克森（H.George Frederickson）在1971年指出，把效率和经济作为衡量公共受托责任的指导方针是必要的，但仅此是不够的，必须将社会公平加入该评价体系中，以回应社会公众的需要。因此，以后很多学者在构建公共受托责任评价体系时，将社会公平也作为考虑因素之一。如刘秋明（2006）构建了除"3E"外，又增加了安全性、质量性、环保性和公平性四个标准。

基于以上论述，作为委托人的会计信息使用者（包括社会公众、立法机关和监督团体、现时投资者和债权人、评级机构等)为了了解政府履职情况,需要获取和阅读政府综合财务报告的数据信息。但除了与政府具有现时"利害关系"的委托人外,其他报告阅读者(包括潜在投资者或债权人、其他政府或国际组织、内部管理者等)并非因委托代理关系而产生获取财务信息的兴趣,他们也同样出于各自的目的而对财务报告产生信息需求,以便做出相应决策:潜在投资者或债权人希望通过已知的会计信息预测政府的履约能力,在产生受托责任前决定是否将资源委托给政府;其他政府和国际组织希望通过分析主权国家财政财务活动的性质、范围和规模等考察其对世界和区域经济的影响,出台政治、经济决策;政府内部管理者、政策制定者希望通过政府会计信息为政策制定和执行提供参考依据。受托责任观从监督角度考虑,主要是为了监督受托者的受托责任;决策有用观侧重于信号角度,即会计信息能够传递信号,即向会计信息的外部使用者提供决策有用的信息。两者之间相互联系、相互补充,都暗含了"会计信息观",即会计目标是提供信息。在委托人和受托人的委托代理关系明确时更加注重受托责任观,随着资本市场的完善,政府会计目标逐渐转向决策有用观。

我国政府与企业不同,其存在的目的是提供具有非竞争性和非排他性的公共产品和服务,受众广泛;取得收入的方式以税收收入为主,还包含各类非税收入、事业收入、经营收入等,来源多元;支出的形式和范围包括资源配置、二次分配等诸多宏观经济调控手段。《政府会计准则——基本准则》规定,财务报告的目标是向财务报告使用者提供与政府的财务状况、运行情况(含运行成本)和现金流量等有关信息,反映政府会计主体公共受托责任履行情况,有助于财务报告使用者作出决策或者进行监督和管理。政府财务报告使用者包括各级人民代表大会常务委员会、债权人、各级政府及其有关部门、政府会计主体自身和其他利益相关者。可见,政府财务报告不仅体现了受托责任观,同时也从最广泛的利益相关者的角度体现了决策有用观的内涵。

三、财政可持续发展理论

《我们共同的未来》(*Our Common Future*)一书(WCED，1987)全面阐述了人类共同关心的环境与发展问题，自该书出版以来，可持续发展概念的相关研究被联合国、世界银行、亚洲开发银行等国际组织极力推动，成为世界性的课题。该报告将可持续发展理论(Sustainable Development Theory)定义为既满足当代人的需求，又不损害后代人满足其需求能力的发展。它具有三个基本特征：公平性、可持续性和共同性。可持续发展理论的最终目标是实现共同、协调、公平、高效、多维的发展，旨在促进人与人之间的和谐和人类与自然之间的和谐战略。这一定义受到世界各国政府的高度重视，得到了普遍认可。

可持续发展的具体内容涉及经济、生态和社会的可持续发展。它要求这三个方面的协调统一，要求人类在发展中注重经济效率、生态和谐和社会公平，最终实现人类的全面发展。这说明可持续发展已将环境问题与发展问题有机地结合起来，成为一项关系到社会和经济发展的综合性战略。

在经济发展方面：可持续发展不排斥经济增长，甚至鼓励经济增长。环境保护和经济增长并不矛盾。只有发展经济，才能增强国力，增加社会财富，才能更好地保护环境。然而，可持续发展追求的不是经济增长的数量，而是经济发展的质量。经济增长不应以牺牲人类赖以生存的环境为代价。因此，必须改变传统的"高投入、高消耗、高污染"的生产消费方式，借助高新技术，实现清洁生产、文明消费，提高经济发展效率，节约资源，减少污染。从某种意义上讲，集约型经济增长方式是经济可持续发展中可持续发展的一种体现。

在生态发展方面：可持续发展要求在保护和改善地球生态环境下谋求经济建设和社会发展与自然环境的和谐。发展的同时，要以可持续的方式利用自然资源和环境代价，使人类的发展不超出地球的承受能力。所以说，可持续发展强调了发展的有限性和约束性。也就是说要在保护环境下谋求发展,这样才能使生态可持续发展,人类的发展才能从根本上实现真正的可持续。

在社会发展方面:社会发展的本质和核心是改善人类生活质量、提高人类健康水平,并牢记这一点——创造一个社会环境,保证平等、自由、教育、人权和免于暴力。在人类可持续发展体系中,生态可持续发展是基础,经济可持续发展是条件,社会可持续发展是目标。未来人类应该追求以人为本的经济—社会—自然三位一体系统的稳定、持续和健康发展。

可持续发展是一个综合性、交叉性很强的研究领域,涉及的学科众多。可以从不同的学科或领域进行重点研究。本书所研究的可持续性财政就是将可持续发展运用到公共财政学科,财政可持续性又是可持续性财政的一个分支。评价可持续性财政就应包括可持续发展的要素,即要从财政对经济可持续性的保障、财政对社会可持续性的保障以及财政对生态可持续性的保障方面进行评价。评价财政可持续性重点是评价财政的收支平衡,是可持续性财政最基本的保障。

四、财政可持续性理论

(一)财政可持续性定义

财政可持续性是一种时间判断,不是仅根据一两年的财政状况做出的判断,而是基于对历史、当前和未来较长时期财政状况的综合考虑、衡量和分析。比特(Buiter,1985)明确提出"财政可持续性"概念后,政府会计准则委员会(GASB,2009)在其研究项目《经济状况报告》(Economic Status Report)中对财政可持续性的定义是:政府拥有的资源能够履行服务承付、偿还到期债务的义务,并有能力将债务转移到未来期间。郭代模等(1999)提出的"可持续发展财政"概念中融入了一定的代际公平理念;邓力平(2008)提出的"可持续公共财政"的概念又在可持续中融入了财政公共产品的属性;丁鑫、荆新(2015)认为,财政可持续性的内涵应包括以下含义:从长期来看,政府能够维持财政平衡;政府可以继续提供公共服务,偿还当前和未来的债务,并履行其他承诺,同时保持现行税收等政策不变;代际公平是指每一代人获得的利益与支付的成本之间的公平。

西方财政学的财政平衡理论主要包括年度财政平衡理论、功能财政理论和周期财政平衡理论等。年度财政平衡理论是以古典经济学派为代表的学者在自由资本主义时期的主要主张,它认为政府作为"小政府",应以节俭为主要运行原则,每一个财政年度都应该达到财政的收支平衡,赤字会带来浪费或向市场索要资源,破坏经济发展;功能财政理论认为政府预算不应满足于自身平衡,还应该以实现充分就业和稳定物价为目标,而因此产生的赤字则以举借公债或发行货币予以弥补;周期财政平衡理论则提出财政收支平衡不以特定财政年度为限,而随着经济周期规律波动,实现整个经济周期的相对长期平稳。

尽管不同的学者和组织对财政可持续性有不同的定义,但可以理解为,财政可持续性是指在一定的规则和制度约束下,促进政府的收支行为达到合理均衡的发展态势。财政可持续性是面向未来的,强调政府当前的财政政策在未来是可持续的,是一个时期,不能仅由一到两年的财政状况来决定,而是根据历史、现在和未来很长一段时间的财政状况综合考虑衡量分析。财政可持续性还应注意政府收入和支出的跨期影响,即强调代际公平。这里需要强调的是财政的可持续性,而不是可持续财政。可持续财政强调政府的可持续发展。虽然两者有一定的联系,但政府的可持续发展更宏观,考虑的因素也更多,通常考虑经济、社会和生态的平衡。财政可持续发展主要强调政府当前的财政政策路径在未来是可持续的,而财政可持续主要研究的是收支平衡。

综上,本书研究的财政可持续性,是基于政府综合财务报告报告分析框架中有关财政可持续性的评价,相对于可持续发展理念来讲是一个狭隘的概念,研究目的仅局限于对政府综合财务报告有关财政可持续性评价体系的改进,侧重于经济评价,兼有一定程度上的社会发展因素,而不包含可持续发展理念中的生态环境方面。基于"周期财政平衡观",本书认为财政不局限于对某个财政年度的衡量与判断,而是一个周期的财政平衡,包括短、中、长期甚至是无限期的动态平衡,以此来判断财政的可持续性,引入财政赤字率等指标并将其作为风险因素是由于财政赤字连年不断且数额较大是比较危险的(贾康,2001),且由于弥补赤字主要靠公债弥补,较大的赤字可能导致更大规模的负债,而公债需要严格控制发行标准且要防止其过度代际转移,因此将判断债务的债务负担率等标准同样作为财政可持续性的风险因素考量。

(二)财政赤字与财政可持续性

与财政平衡理论相对应的是,随着经济和理论发展的不同时期变化,产生了对于财政赤字的不同看法:以亚当·斯密为代表的西方古典经济学家认为财政赤字是政府加大非生产性支出的后果,结果将使政府滥发货币,导致通货膨胀等恶劣影响,最终破坏经济发展;凯恩斯则认为赤字财政是在经济萧条时期"逆经济周期"扩大支出刺激的财政政策工具,能够带动经济发展。马克思、恩格斯主张财政平衡、反对财政赤字,因此我国在计划经济时期也长期回避财政赤字,采取量入为出的政策,谨慎地维持财政平衡。随着以邓子基为代表的学者提出现代财政平衡理论以来,我们习惯了相对财政平衡和绝对不平衡的周期性运动,而将财政收支矛盾导致的财政赤字视作一种常态。

(三)财政公债与财政可持续性

自 20 世纪 90 年代以来,我国主要通过发行国债来弥补财政赤字。在发行公债方面也存在多种理论观点:

1. 公债有害论。20 世纪 30 年代以前,古典经济学家认为公债有害于社会经济的发展,亚当·斯密在《国富论》中指出,公债是政府违反节俭原则的结果,只能削弱资产,导致社会物质和劳动力的无谓浪费,国家只能通过导致通货膨胀的方式来缓解偿债压力;让·巴蒂斯特·萨伊(Jean Baptiste Say)认为公债会使资本的生产性用途消失。

2. 公债有益论。20世纪30年代的资本主义经济危机催生了"公债有益论",凯恩斯在《就业、利息和货币通论》中指出,在解决经济危机的对策中,政府可以通过发行公债来筹措资金,扩大财政的消费型支出和投资型支出,以刺激有效需求,带动经济增长。萨缪尔森(Samuelson)认为公债兼有利弊,在特定条件下能起到预期的良好作用,而在任由其随意增长的情况下则是有危害的,不过他对政府利用公债作为财政政策工具刺激经济的做法予以肯定。邓子基认为公债会拉动经济增长,但是要严格控制公债发行标准以防范债务危机,可以通过债务负担率、财政赤字率等指标来判断公债风险。

3. 公共选择理论。公共选择理论的奠基人布坎南(Buchanan)从公共选择理论出发对凯恩斯等人的公债有益论进行了抨击,认为公债会使人们盲目扩大债务规模和由此导致的公共支出,导致决策成本不断加大,同时会产生财政幻觉,不断加大对债务而非税收所带来的用于支撑公共支出的资源依赖。以弗里德曼(Friedman)为首的货币学派也反对公债,认为其会致使货币供应增加,产生通货膨胀。

(四)财政可持续性的影响因素及其评估

1. 政府收入能力的影响因素及其评估

政府收入能力是决定政府财政可持续性的关键因素,直接决定着政府的偿债能力。从最严格的定义上来说,财政可持续性是指政府未来的(无限期)财政收入能够负担当前及未来所有的债务,即是说只要政府未来所有财政收入的折现值等于未来所有财政支出的折现值加上当前债务余额,满足政府的跨期预算约束(Inter temporal Budget Constraint,IBC条件),财政即是可持续的。由此可见,严格定义上财政可持续性必要条件是财政收支对等,即实现财政平衡,因此财政平衡既是财政可持续的基本要求,又是它的最终目标。但是根据周期财政平衡的原则,并不要求财政收支在每个时点都处于平衡状态,也不可能实现绝对的某一时点上的财政平衡,因此应考虑的是一个周期的财政平衡状况。另一方面,财政平衡是相对静态的表述,暗含了政府能用财政收入偿清全部债务,但实际上财政可持续并不必要要求政府偿还全部债务、消除债务或者债务率一直稳定在一个水平不变,而只要政府一直保持一定的清偿能力,政府始终能获取债权人的信任实现再融资,财政可持续性就可实现。

在政府偿债不违约的情况下,财政收支平衡的波动状况是决定政府融资能力的重要因素:在经济稳定或繁荣时期,政府的融资能力取决于政府的征税能力;然而,在经济萧条时期,由于税收的不稳定,相对于政府的征税能力来说,政府减少支出的意愿(能力)更能决定政府的融资能力(Mendoza and Oviedo,2004)。减少支出意味着降低赤字风险,从这一论断上来看,政府的融资能力隐含着两个要素,既包括收入,也包括由收支不平衡造成的赤字因素。与代际核算(Generational Accounting)的概念非常相近的是,通过衡量政府预计支出责任(财政支出和政府未偿付的债务)现值与政府未来预计收入(税收和其他收入,包括由政府当前拥有的金融资产的未来收益)现值的差额,即财政缺口(Fiscal Gap),可以一定程度上衡量财政平衡,目标期内财政缺口越大,财政越不可持续。

只要政府能够具备足够的财政汲取能力,从而及时获得资金,就有可能降低财政赤字风险,从而减轻对债务的依赖,及时偿还债务本息,不会陷入债务违约,增强财政可持续性。政府的收入能力最主要的则是增加税收,因为税收是政府最主要的收入来源,税收因其强制性、固定性和无偿性而能给政府带来相对稳定、持续与大规模的财政收入,是保持政府持续和及时清偿能力的最佳选择。税收是否增加取决于经济增长能力和政府征税能力,生产力发展、宏观经济增长和企业与国民收入的增加是税收增长的主要动力因素。政府的征税能力一方面取决于政府能否通过合理的税收政策的调整,扩大征税权,获得新的税源,扩大税基,增加税收;另一方面取决于税务机关的征管能力。如果政府在面临未来财政风险加大境况时,能及时地进行宏观经济调整,促进经济增长,配合以合理的税收政策调整,严格税收稽核与征管,则税收将增加,政府的偿债能力将增强。不过,经济增长与税收政策调整都不是短期内能实现的,在财政危机逼近、短期财政将不可持续时,增税是不现实的,因此只能适用于未来长期的财政可持续发展中。

2. 政府债务负担的影响因素及其评估

财政可持续性的终极体现是债务的可持续性,即政府在保持当前的财政政策不变的情况下,可以将债务水平维持在一个稳定不变的水平上。财政可持续性强调债务负担在政府间的代际公平。债务负担在政府间的代际转移主要是指当代政府在任期内产生的债务在其任期结束前,没有全部偿还,而积累至后代政府,由后代政府负担偿还而给后代政府带来的财政压力与经济负担。当然由于长期债务的存在,政府始终既有前代政府转移来的债务,又会有转移到后代政府的债务,但是当这种政府代际间的转移不会导致后代政府因清偿能力受损而无法保证财政职能的正常发挥,不会因此而陷入财政危机时,则称财政是可持续的。通过发行新债偿还到期债务,即"借新还旧",是现代政府偿还债务、缓解偿债压力的重要手段。公债的投资人极可能大部分都是旧债的投资人,这是因为公债不仅是债,还带有很强的投资性特征,只要政府不出现严重的债务危机、财政危机、经济危机,有能力的投资人就会在利益的驱动下持续投资,政府得以持续借新还旧。但是这种方式是否能够维持,取决于社会应债能力与应债意愿。影响社会公众应债能力的直接因素是其手中可供自由支配的收入和储蓄存款余额,同时也受到当期社会投资渠道竞争、社会投资偏好的影响;应债意愿是相对主观的因素,它涉及公众对公债的心理承受能力,即对政府能否到期足额还债的信心,这种信心来自公众(潜在债权人)对政府调控发展经济能力、政府履职能力与政府治理能力的信任,但是这种信任会随着政府对社会公共事务、公共突发事件的处理得当的程度等因素而产生波动,进而影响政府借新还旧的能力。虽然每代政府都可以凭借其政权从公民(个体和企业)处取得财政收入及向其发行债务,表面上看似是可再生且源源不断的,但是实际上这种财政资源的取得并非无条件与无限的,无穷无节制的索取与积累终会带来巨大的风险,而且时间越向后推,风险会越积越大。一旦经济发展减速或停滞,国民收入下降,则政府财政收入能力势必下降,同时公众应债能力和意愿也会下降,后代政府会独尝恶果,当代政府对后代政府是无法进行补偿的。

3. 政府服务水平的影响因素及其评估

财政可持续性不能局限于财政本身的可持续性,如财政收支大体平衡,财政作为现代市场经济体制的一个重要组成部分,其保证经济社会稳定与发展的服务功能是财政赖以存在和发展的基本,因此,必须跳出财政自身循环本身,从经济层面去考虑其可持续性问题,财政可持续性必须以有助于实现经济可持续性为最终目标。从推动实现我国经济可持续性增长的角度看,财政应该兼具公共性和发展性。财政的公共性主要指财政要支持市场为主配置资源和弥补市场失灵,通过提供公共产品和服务以满足人民群众需求来实现。财政的发展性则是指在我国初级阶段的经济社会发展中,财政要能够有效充当社会先行资本的作用。

综上所述,我国财政可持续性应表现为财政公共性职能与发展性职能的可持续,强调以合理的水平可持续地提供公共产品和服务。这与"功能财政理论"中财政可持续性不仅要注重自身平衡,更要注重维持充分就业和稳定物价等公共功能的理论依据契合,也与 IPSASB 将维持或改变服务和福利的能力作为评测财政可持续性的一个维度的出发点相似,即无论财政的收入、赤字和负债情况如何,政府应始终具备维持或改变所提供的公共服务或交付福利项目的数量和质量的能力。在我国,公共财政支出的人民属性更加突出,政府管理以人民对美好生活的向往为奋斗目标,则更应该围绕稳步提升公共产品和服务的数量和质量来平衡财政收支债务等因素,确保财政可持续。因此本书选择城镇失业率和恩格尔系数分别衡量以就业和物价水平为代表的公共产品和服务供给能力。

五、财政分配的"三元悖论"

搭建一个系统的财政可持续性评价指标体系,应首先假设在一个相对稳定的财政周期内,财政收入、支出和债务呈现一种静态的均衡关系,即:财政收入(税负)+新增政府债务=财政支出。比照美国经济学家保罗·克鲁格曼(Paul R. Krugman)在罗伯特·蒙代尔(Robert A. Mundell)的蒙代尔—弗莱明模型(Mundell-Flemming Model,M-F Model)和"不可能三角"(Impossible Trinity)理论基础上提出的"三元悖论"(Mundellian Trilemma),以贾康为代表的我国财政学家提出了财政分配的"三元悖论",即以"减少税收""增加公共福利支出"和"控制政府债务及赤字水平"为目标的财政分配的"不可能三角"模型,见图2.3。可见,财政存在内在制约,"增支"(增加财政支出以刺激经济)、"减收"(减税降费以降低实体经济负担)、"控债"(控制政府债务以防范风险)这三大目标,至多只能同时实现其中两项,而不可能全部同时实现。

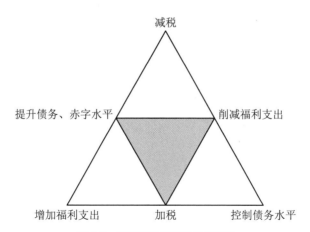

图 2.3 财政"三元悖论"示意图

资料来源:笔者根据理论定义自制。

　　"三元悖论"的内在逻辑在欧债危机时期得到突出体现,而在美国的世界货币霸权下则略显失灵。为缓解欧元区债务危机,希腊、意大利等国只能减少税收以刺激经济、削减赤字及控制债务规模以降低违约风险,收入和债务双降导致政府财政收入无法维持公共福利,牺牲民众的直接和短期利益,引起了社会动荡和多轮罢工事件;反观次贷危机时期的美国,则一方面减少税收,一方面维持原有公共福利标准,同时还放宽债务及赤字控制。美国之所以能够打破"不可能三角"的内在制约,是因为其利用在全球经济中的货币霸主地位将风险转嫁给全球,强制性的通过多轮量化宽松(QE)获取大量货币发行收入,来维持本国稳定。

　　有效缓解财政分配"三元悖论"制约的途径是:切实提高财政支出管理水平,提高财政支出的成本效益;有效降低政府行政成本,提升政府提供公共服务和维持低成本运转的能力;扩大政府举债资金融资乘数,实现债务低成本高收益;实质性地转变政府职能类型,合理分配央地事权和完善资金分配协调机制,增收节支,分散风险。

　　财政分配"三元悖论"是基于一种静态的周期假设,没有引入代际的概念,由于财政平衡是相对的,不平衡是绝对的,因此现实中并不存在一个恰当的理想状态,使得财政状况完美的符合财政收入、支出和债务之间的均衡关系。因此本书在该理论的基础上将模型进一步优化,引入"服务"这一概念替换"支出",本质上是将原"支出"的概念区分为消费型支出和投资型支出,分别分析其对收入和债务的影响,从而将服务—收入、收入—债务、债务—服务之间的关系转换为一个动态的持续的循环,更加符合现实中的"周期财政平衡"理念。

六、系统论

　　系统论是美国生物学家伯特兰菲(Von Bertalanffy)于 1937 年提出的,是指由若干要素以一定的结构形式组成的具有一定功能的有机整体。这一定义中有四个概念：系统、要素、结构和功能，表示要素与要素、要素与系统、系统与环境的关系。与其他系统一样，系统论具有组织性、整体性、相关性、层次性、动态平衡性和时序性等特征。系统论的这些特点，不仅体现了系统论是符合客观规律的理论，而且是一种科学的方法论。系统论的核心思想是系统的整体观，也就是说系统的每一个要素都不是孤立的，每一个要素在系统中都有相应的位置，并起着特定的作用，各要素相互联系，构成一个不可分割的有机整体。系统论的主要任务不仅是了解系统的特征和规律，而且是利用这些特征和规律来管理、控制、改造或创建一个满足人们需要的系统。换句话说，系统论的目的就是调整系统结构，协调各要素之间的关系，使系统能够按照人们的意图达到优化的目的。系统论不仅反映了现代科学的发展趋势，而且反映了现代规模化社会化大生产的特点及其复杂性，因此其理论和方法被广泛应用于政治、经济、军事、科学、文化等领域。会计系统论是一种具有科学方法论性质的现代化管理方法，指运用系统论的原理来研究经营管理过程中出现的问题，以实现计划与控制最优化的会计理论。它同样遵循系统论的相关原则，引申为基于会计信息而建立的分析指标不能够孤立发挥作用，而应该形成相互牵制和关联的系统要素，共同发挥作用。

　　本书之所以可以运用系统论的思想构建我国财政可持续评价指标体系，是因为财政可持续性评价涉及多层次、多因素、多指标，它们之间不是孤立的，需要通过科学的系统方法将它们有机地联系起来，形成一个整体，用于对我国财政可持续性的综合分析和评价，通过系统的分析，可以找出哪些因素是可以推动我国财政可持续性，哪些因素构成对我国财政可持续性的威胁，系统论为本书的研究提供了一种分析方法和手段。

　　以上对本书相关理论进行了介绍，这些理论为本书的研究奠定了基础，本书研究运用理论进行研究的逻辑关系可图示如 2.4。

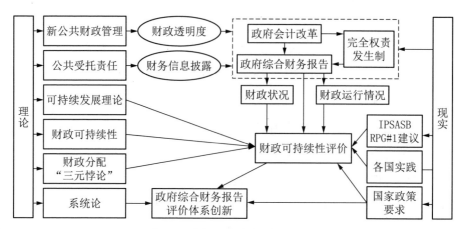

图 2.4　本书理论研究逻辑关系图

第三章
国际公共部门会计准则与推荐实务指南

第一节　国际公共部门会计准则制定背景

20 世纪 70 年代末 80 年代初。西方政府为了走出财政危机和信任危机掀起了"重塑政府""再造公共管理部门"的"新公共管理运动",强调政府应当高效、廉洁、善治并注重政府绩效,恪守公众受托责任,因此,政府不仅要提供财政资金使用方面的信息,更要提供政府在高效管理和决策服务方面的信息。然而,传统的以预算为导向并以收付实现制为核算基础的政府会计,由于过分注重预算执行,所提供的会计信息主要以收支为重心,未能全面反映政府活动中的财务状况和政府受托责任的履行情况,财务信息缺少透明,已无法满足新公共管理下政府进行自身财务管理,提高资源绩效的需求,也不能向社会公众及其他利益相关者报告政府绩效及其受托责任履行情况等方面的信息。于是许多西方国家政府开始谋求政府会计改革,引入与政府受托责任相契合的权责发生制会计核算。新西兰是世界上第一个在政府会计中全面实施权责发生制会计核算的国家。为了促进各国政府会计改革,增强各国政府会计信息的透明度和可比性,帮助利益相关者评价各国政府受托责任的履行情况并做出相关决策,国际公共部门会计准则应运而生。

国际公共部门会计准则(IPSAS),是由国际公共部门会计准则理事会

（IPSASB,其前身为 IFAC 于 1986 年成立的公共部门委员会,即 PSC）于 2000 前后着手制定的适用于全球公共部门并与国际财务报告准则（IFRS）高度趋同的会计规范性文件。该准则基于完全权责发生制,立足于服务公共利益,以促进各国公共部门编制一套与国际趋同的、通用的、高品质财务报告为目标,帮助各国政府提高会计信息透明度,提升公共财务管理水平,增强受托责任,改善治理,增强政府财政的可持续性。

IPSAS 得到广泛的国际支持,经济合作与发展组织（OECD）、联合国（UN）、北大西洋公约组织（NATO）等国际组织已遵循 IPSAS 编制财务报告,世界银行也要求其债务国遵照 IPSAS 编制财务报告。国际货币基金组织认为,权责发生制财务报表提供了一套更丰富的信息,既可以分析财政政策的可持续性和财政决策的质量,也可以打击腐败和防治管理不善,特别是在资产管理方面（IMF,2001;Sutcliffe,2003）。金融市场和信用评级机构对融资和支出政策的可持续性也特别关注（IMF,2001 年）。例如,美国国际开发署（USAID,1999 年）为各国政府制定了一个管理系统概念框架,其中公共部门会计系统使用的就是《公共部门会计准则》。上述多边组织认为《公共部门会计准则》是绝对必要的,因为在财务管理、控制和审计领域都需要利用它提供的信息进行决策,还可以将它作为防治管理不善和打击腐败的一种方式。

采用 IPSAS 的优势可以归纳如下:

1. 提高问责制和透明度。IPSAS 依据权责发生制编制的财务报告能够充分反映政府资产和负债情况以及财务收支的业绩情况,可以提高问责制和透明度,进而在遏制舞弊和腐败方面具有举足轻重的作用。

2. 改善决策。充分的财务信息可以使报表使用者对即将实施的政策措施所带来的财务影响,做出应有的决策和规划。

3. 提高效率。IPSAS 在提高公共部门财务报告和审计的效率和效力方面发挥着不可或缺的作用。与此同时,标准化的改善促进了更有效的审计,有助于降低重大错报的风险。IPSAS 的采用有助于将重要的财务和非财务资料更密切地联系起来，从而更全面地了解公共部门行为者的真实表现。公共部门会计准则简化了标准的报告程序，并支持合并政府部门及其附属机构的所有活动和账目，以提供有价值的审计报告。合并报表为获得更好的信息以做出更好的决策提供了坚实的基础。

4. 提高数据的标准化水平。IPSAS 可以提高报告过程及其所包含数据的标准化水平，这意味着有更多机会分析数据和改进决策。最高审计机构可以获得通过采用 IPSAS 产生的标准化信息，并通过应用数据分析工具等技术做出有意义的判断和比较。

5. 健全财务管理。IPSAS 的采用有助于推动和改善公共部门财务管理实务，为内部报告提供强有力的平台，促进财务能力及其附加值的提升。此外，它还可以为预算控制、成本核算、财务绩效管理、战略投资规划和预测等关键财务管理实务提供更有效的支持。

6. 提高会计人员的专业化水平。IPSAS 的应用对提高公共部门会计人员专业化水平方面具有重要作用。一方面，它可以提高财务部门影响力；另一方面，它能充分利用公共部门年轻专业人员的技能，确保公共部门成为职业会计师的理想职业选择。

7. 帮助取得广泛的经济和社会优势。采用公共部门会计准则的一个关键因素是需要吸引外部投资到公共部门，特别是在新兴经济国家。根据国际公共部门会计准则编制的财务报告可以在国际范围内提高投资者的信心和国际可比性。这些投资很可能在就业、福利和社会改善方面给经济带来许多好处。

第二节　国际公共部门会计准则发展现状及准则体系

一、IPSAS 发展现状

从 1996 年下半年开始，为了促进世界范围内政府和其他公共部门主体会计和财务报告标准的协调,国际公共部门具体会计准则的制定工作全面启动(张曾莲,2011)。2000 年发布了第一份权责发生制为基础的 IPSAS,2004 年 PSC 正式更名为 IPSASB 后,开始推进制定了一系列规范性的公共部门会计准则和相关实务指南,经过不懈努力,从 2002 年的 20 项具体准则,到 2006 年的 24 项和 2014 年的 32 项具体准则,再到目前的 44 项具体准则,经历了如下阶段。

(一)第一阶段(1996—2002 年),借鉴国际会计准则阶段

这一时期是 IPSAS 制定的起步阶段,主要以参考了 1997 年 8 月以来国际会计准则委员会(IASC)制定或修订的国际会计准则(IAS)为基础,"仿造"了基本适合公共部门的会计准则。截至 2002 年,共制定了 20 个准则。其中第一批 8 个准则于 2000 年 5 月份出台,第二批 9 个准则于 2001 年出台,第三批 3 个准则于 2002 年出台,详见表 3.1。

表 3.1 2000—2002 年国际公共部门会计准则列表

准则编号	准则名称	首次发布年份	修订年份
IPSAS 1	财务报表列报 (Presentation of Financial Statements)	2000	2006
IPSAS 2	现金流量表 (Cash Flow Statements)	2000	—
IPSAS 3	会计政策、会计估计变更与会计差错 (Accounting Policies, Changes in Accounting Estimates and Errors)	2000	2006
IPSAS 4	汇率变动影响 (The Effects of Changes in Foreign Exchange Rates)	2000	2008
IPSAS 5	借款费用 (Borrowing Costs)	2000	—
IPSAS 6	合并财务报表与单独财务会计 (Consolidate and Separate Financial Statements, Superseded by IPSAS 34)	2000	2015[1]
IPSAS 7	对联营主体投资会计 (Investments in Associates, Superseded by IPSAS 36)	2000	2015[2]

续　表

准则编号	准则名称	首次发布年份	修订年份
IPSAS 8	合营中权益的财务报告 (Interest in Joint Ventures, Superseded by IPSAS 37)	2000	2015[3]
IPSAS 9	交换性交易收入 (Revenue from Exchange Transactions)	2001	—
IPSAS 10	恶性通货膨胀中的财务报告 (Financial Reporting in Hyperinflationary Economics)	2001	—
IPSAS 11	建造合同 (Construction Contracts)	2001	—
IPSAS 12	存货 (Inventories)	2001	2006
IPSAS 13	租赁 (Leases)	2001	2006
IPSAS 14	财务报告日后事项 (Events After the Reporting Date)	2001	2006
IPSAS 15	金融工具 (Financial Instruments, Superseded by IPSAS28, 29, 30)	2001	2010[4]
IPSAS 16	投资性房地产 (Investments Property)	2001	2006
IPSAS 17	不动产、厂场与设备 (Property, Plant and Equipment)	2001	2006
IPSAS 18	分部报告 (Segment Reporting)	2002	—
IPSAS 19	预计负债、或有负债和或有资产 (Provisions, Contingent Liabilities and Contingent Assets)	2002	—
IPSAS 20	关联方披露 (Related Party Disclosures)	2002	—

注:1 被 IPSAS 34 替代,更名为 Separate Financial Statements。

2 被 IPSAS 36 替代,更名为 Investments in Associates and Joint Ventures。

3 被 IPSAS 37 替代,更名为 Joint Arrangements。

4 被 IPSAS 28,29,30 替代,分别更名为:Financial Instruments: Presentation(IPSAS 28), Financial Instruments: Recognition and Measurement(IPSAS 29), Financial Instruments: Disclosures。

　　此阶段颁布的准则主要是 IPSASB 的前身 PSC 取得的工作成果,主要还是将用于私营部门的准则用于公共部门。由于公共部门特质被考虑较少,PSC 采用国际财务报告准则作为发布 IPSAS 各项准则的基准也受到不少学者的批评。比昂迪(Biondi,2012)认为,国际财务报告准则是为实现公司价值最大化为目标的实体设计的,但它对试图实现旨在满足社会需求和实现集体福祉运营目标的政府来说,则会失去意义。公共部门问责和决策所需要的有用信息不一定与投资者和提供融资方所需的信息相同(Sunder,2002);政府的征税权、政府财产的范畴等也未被涉及(Chan,2005)。

　　(二)第二阶段(2003—2014 年),公共部门财务报告概念框架研究与发布阶段

　　2004 年 IPSASB 取代了 PSC,也开始逐步研究适用公共部门的会计准则,从这个阶段发布的会计准则(见表 3.2)可以看出,IPSAS 开始涉及公共部门的特有问题,如非现金产生资产的减值、非交换交易收入、财务报表中预算信息的列报、服务让渡安排:让与方等准则,都是公共部门独有的业务,IFRS 没有涉及。

表 3.2　2003—2014 年国际公共部门会计准则列表

准则编号	准则名称	首次发布年份
IPSAS 21	非现金产生的资产减值 (Impairment of Non-Cash Generating Assets)	2004
IPSAS 22	一般公共部门信息披露 (Disclosure of Information About the General Government Sector)	2006
IPSAS 23	非交换交易收入 Revenue from Non-exchange Transactions(Taxes and Transfers)	2006
IPSAS 24	财务报表中预算信息的列报 (Presentation of Budget Information in Financial Statements)	2006
IPSAS 25	员工福利 (Employee Benefits)[1]	2006

续　表

准则编号	准则名称	首次发布年份
IPSAS 26	现金产生的资产减值 (Impairment of Cash Generating Assets)	2008
IPSAS 27	农业 （Agriculture）	2009
IPSAS 28	金融工具:列报 (Financial Instruments：Presentation)	2010
IPSAS 29	金融工具:确认和计量 (Financial Instruments：Recognition and Measurement)	2010
IPSAS 30	金融工具:披露 (Financial Instruments：Disclosures)	2010
IPSAS 31	无形资产 (Intangible Assets)	2011
IPSAS 32	服务让步安排:让与方 (Service Concession Arrangements：Grantor)	2011

注:1 该准则被 2016 年颁布的 IPSAS 39 所代替。

　　为了制定全球适用的更加符合公共部门特征的会计准则,2006 年 11 月 IPSASB 正式通过了公共部门会计概念框架项目大纲,并拟于 2007—2012 年利用 6 年时间,研究制定体现公共部门需求和特点的国际公共部门会计概念框架。该项目分四个阶段:第一个阶段是研究"财务报告目标""财务报告范围""财务信息质量特征"和"报告主体";第二阶段研究"财务报表要素的定义和确认";第三阶段是研究"财务要素的计量问题";第四阶段研究"财务报告列报"问题。自 2010 年 11 月至 2012 年 12 月,历经两年多时间 IPSASB 完成并批准了四个阶段的征求意见稿。后续分三步完成了概念框架的颁布工作。第一步,2013 年 1 月,IPSASB 正式颁布了概念框架的第 1—4 章。第 1 章为概念框架的作用和权威性;第 2 章为一般目的财务报告的目标和使用者;第 3 章为质量特征;第 4 章为报告实体。第二步,2013 年

7月,IPSASB 审核了"公共部门一般目的财务报告概念框架"的前言部分。该前言主要内容包括:公共部门的定义、含非自愿转移在内的非交换交易的数量和财务意义、核定预算的重要性、公共部门资产的性质和目的、公共部门持续时间和公共部门项目的性质、公共部门实体的监管作用和与统计报告的关系。第三步,2014 年 10 月,IPSASB 颁布了前言和概念框架的第 5—8 章。第 5 章为财务报表要素;第 6 章为财务报表的确认;第 7 章为财务报表资产和负债的计量;第 8 章为一般目的财务报告的列报。概念框架历经 8年,共向社会发布了 4 份咨询稿和 5 份征求意见稿,具体见表 3.3。

表 3.3　概念框架发布过程

标　题	发布日期	征询意见结束期
公共部门会计概念框架项目大纲	2006 年 11 月	
咨询稿:财务报告目标、财务报告范围、一般目的财务报告信息质量特征、报告主体	2008 年 9 月 30 日	2009 年 3 月 30 日
咨询稿:财务报表要素和确认	2010 年 12 月 15 日	2011 年 6 月 14 日
咨询稿:财务报表资产和负债计量	2010 年 12 月 15 日	2011 年 6 月 14 日
征求意见稿:作用、权威和范围;目标和使用者、质量特征和报告实体	2010 年 12 月 15 日	2011 年 6 月 14 日
征求意见稿:公共部门财务报告潜在意义的关键特征	2011 年 4 月 29 日	2011 年 8 月 31 日
咨询稿:一般目的财务报告列报	2012 年 1 月 29 日	2012 年 5 月 31 日
征求意见稿:财务报告要素和确认	2012 年 11 月 7 日	2013 年 4 月 30 日
征求意见稿:财务报表资产和负债的计量	2012 年 11 月 7 日	2013 年 4 月 30 日
征求意见稿:一般目的财务报告列报	2013 年 4 月 17 日	2013 年 8 月 15 日

公共部门财务报告概念框架的发布为 IPSAS 定了基调,更加明确了公共部门财务报告的目标和特征。在此阶段,IPSASB 仅颁布了 7 个准则,2012—2014 年 3 年是准则的空窗期,也是 IPSASB 全力以赴研究和制定概念框架的时期。

（三）第三阶段（2015—2018 年），推广权责发生制 IPSAS 和高质量财务报告准则阶段

在这个阶段，由于人们对权责发生制 IPSAS 财务管理认识的提高，也相应提高了对高质量准则以及如何运用和实施这些准则的需求，因此促使IPSASB 把制定高质量公共部门财务报告准则、开发出版其他宣传媒介，如推荐实务指南，进一步提高全球公共部门对权责发生制 IPSAS 以及对采用IPSAS 益处的认识，作为该阶段的战略目标。

采用权责发生制会计是政府改善其财务报告和公共财务管理的一个基本步骤。基于权责发生制的会计实务可以提供公共实体的财务状况的全貌。实施高质量的权责发生制会计准则可以提高为所有利益相关者提供财务信息的质量和有用性，从而有助于加强公共财政管理。高质量的权责发生制会计准则通过为广泛的国内和国际用户提供忠实、可理解和可比的信息，强化了财政透明度和问责；还可以降低财务报告造假的风险。所以，制定高质量权责发生制会计准则将成为 IPSASB 今后努力的方向。

此外，为了满足利益攸关方强烈希望 IPSASB 将重点放在公共部门特定项目上的需求，IPSAS 对现有准则进行重新评估，并开始计划制定《公共部门测定》《遗产资产》《基础设施资产》《交换和非交换收入》《非交换费用》《现金制财务报告的限定范围审查》（现金制 IPSAS）《IPSAS 25，员工福利限定范围审查》，以及对概念框架第 1—4 章的系列修订，并承诺按照 IASB 制定租赁准则等。

在此阶段，IPSASB 将准则的制定重心转移到对公共部门来说比较重要的、急需的和弥补以前准则的不足上，并继续与 IFRS 趋同的同时，尽可能减少准则与政府统计报表的差异。截至 2018 年 IPSASB 已制定颁布了 42个具体准则，此阶段颁布的准则列表见表 3.4。

表 3.4 2015—2018 年国际公共部门会计准则列表

准则编号	准则名称	首次发布年份
IPSAS 33	首次采纳权责发生制 IPSAS (First Time Adoption of Accrual Basis IPSASs)	2015
IPSAS 34	单独财务报表 (Separate Financial Statements)	2015
IPSAS 35	合并财务报表 (Consolidate Financial Statements)	2015
IPSAS 36	联营和合营企业投资 (Investments in Associates and Joint Ventures)	2015
IPSAS 37	合营安排 （Joint Arrangements)	2015
IPSAS 38	其他实体的权益披露 (Disclosures in Interests in Other Entities)	2015
IPSAS 39	员工福利 (Employee Benefits)	2016
IPSAS 40	公共部门合并 (Public Sector Combinations)	2017
IPSAS 41	金融工具 (Financial Instruments)	2018

（四）第四阶段(2019—2023 年)，推进全球公共部门财政管理阶段

从广泛意义上来说，公共财政管理（Public Financial Management，PFM)是指在公共部门实体内部或外部对财政资源进行规划、指导和控制的系统，以促使公共服务目标有效和高效交付。IPSASB 致力于为公共部门制定高质量的会计准则，这些准则将服务于公共部门实体的财务报告目标，提供符合公众利益的可信和透明的财务报告，并能潜在改善公共部门的决策，促进政府向公众负责，增强全球财政的稳定性和可持续性。

为了加强全球财政管理，IPSASB 需要继续在推广权责发生制 IPSAS全球采用方面做出努力。为此，需要保持现有的准则并制定其他高质量的政府财务报告指南；继续在全球提升对公共部门采用 IPSAS 和采用权责发

生制 IPSAS 所受惠益的认识。为了实现上述战略目标,IPSAB 在此阶段需要聚焦如下任务。

1. 制定和解决公共部门特定问题的准则

作为全球公共部门会计准则的制定者,为公众利益服务,IPSASB 将把主要精力集中放在解决公共部门会计准则尚未解决的关键问题上。概念框架将作为处理这些具有挑战性的公共部门问题的基础。此外,IPSASB 仍要致力于减少与政府财政统计报表(GFS)的不必要差异上,并认为这是它可以增加价值的主要领域,因为这一主题下的问题没有被其他标准制定者解决,并且对公共部门财务报表的使用者来说很重要。2019—2022 年制定了 3 个准则见表 3.5。

表 3.5　2019—2022 年国际公共部门会计准则列表

准则编号	准则名称	首次发布年份
IPSAS 42	社会福利 (Social Benefits)	2019
IPSAS 43	租赁 (Leases)	2022
IPSAS 44	持有出售的非流动资产和中止经营 (Non-current Assets Held for Sale and Discontinued Operations)	2022

这一时期工作重点继续放在解决公共部门特定问题的准则上,主要的工作计划有:根据 IFAS15 号(客户合同收入准则)修订 IPSAS 9 号(交换性收入准则)、IPSAS 11 号(建造合同准则),以及 IPSAS 23 号(非交换性交易收入准则);制定公共部门交易较多并对财务影响重大的"非交换性费用"准则,以弥补由于准则的缺失而造成的报告信息的不一致,从而损害公众利益;将概念框架中有关公共部门计量的原则转化为更为详细的指南,确保信息的一致性和可比性,提高信息的质量,以便更好地评估公共部门资产和负债管理的资金价值;制定有关文物资产的准则,在财务报表中提供有关文物

资产的信息不仅符合公众利益,而且有助于为子孙后代有效地管理和保存文物;制定基础设施资产准则,基础设施资产是被公民依赖的最广泛的公共部门资产,由于缺乏关于确认和计量这些资产的具体指南,给编报者(特别是正在采用国际公共部门会计准则的编报者)造成实际困难。除了继续完成上述工作计划外,还新增工作计划:制定有关自然资源的会计准则。公共部门自然资源核算问题在许多司法管辖区普遍存在。在自然资源被开采之前,政府往往对其货币价值知之甚少。然而,开采这些资源的权利往往事先授予第三方,然后第三方从开采中获利。从公共利益的角度来看,这是一个重要的问题,特别是在资源基础和资源丰富的经济辖区,因为对这些资产的确认和计量影响到它们的管理以及公民从开采中获得的利益。该项目的确定范围阶段不仅要考虑采掘资源,还将考虑是否可能包括更广泛的自然资源,如水、自然现象和生物物种;审查概念框架的有限范围。IPSASB 制定了自己的概念框架,作为其未来准则制定活动的主要基础。在 2014 年 9 月最终确定其概念框架时,它借鉴了当时 IASB 的财务报告概念框架(IASB 概念框架)的相关部分。然而,最近 IASB 概念框架做了修订,IPSASB 考虑是否应修订自己的概念框架。因此,此项目计划将评估 IASB 概念框架的变化及其与公共部门的相关性。与这项工作相联系的是,IPSASB 还将根据 IPSASB 概念框架关于财务报表要素和确认的章节,评估对相关准则进行修改的必要性。

2. 保持与 IFRS 的同步

自 1997 年国际财务报告准则制定以来,与国际会计准则接轨一直是国际会计准则制定的一个关键支柱。在许多情况下,政府活动与企业活动是相同的,因此,在适当的情况下,使用国际财务报告准则报告这些活动,对公众来说是有好处的。IPSASB 使用 IASB 的相关文献可以有效地制定准则,满足公共部门使用者的需求。关于减少与政府财政统计报表(GFS)之间不必要的差异,也是此任务下的目标之一。

3. 制定指南,满足用户对财务报告更广泛的需求

IPSASB 认识到,公共部门的特点意味着仅凭财务报表不一定总能满足用户的需求。因此,当特定的公共利益需求明确时,IPSASB 制定了更广泛的财务报告指南(推荐实务指南 1—3 号)。IPSASB 将继续在这个更广泛的财务报告空间内监测用户需求和新出现的问题。

4. 促进 IPSAS 的采用和实施

从公众利益出发,促进并鼓励采用和实施 IPSAS,因为它可以改进全球公共部门财务报告,通过提供更加透明和更好的决策信息,让使用者受益。为实现此目标任务,IPSASB 积极开展外联活动,就采用和实施 IPSAS 与全球政府机构进行对话。

5. 倡导权责发生制在强化 PFM 中的益处

IPSASB 认为使用权责发生制信息可以为 PFM 提供强有力的基础。为了推进其战略目标的实现,IPSASB 与其他专业团体、区域机构和赞助组织合作,帮助各国政府理解采用 IPSAS 在提高透明度、问责制和决策方面为 PFM 带来的好处。

二、IPSAS 准则体系

根据前述 IPSAS 的发展过程可以看出,IPSAS 目前的准则体系是由国际财务报告准则前言、公共部门实体一般目的财务报告概念框架、国际公共部门会计准则 1—44 号、现金制 IPSAS(现金制会计财务报告,2017 年发布)、推荐实务指南 1—3 号和权责发生制 IPSAS(2022 年 1 月 31 日发布)组成,见图 3.1。

需要说明的是,在现有 44 个具体准则中,绝大部分自 2001 年至 2019 年已陆续生效,但 41 号准则(Financial Instruments)和 42 号准则(Social benefits)将于 2023 年 1 月 1 日生效,43 号准则(Leases)、44 号准则(non-current assets held for sale and discontinued operations),将于 2025 年 1 月 1 日生效。

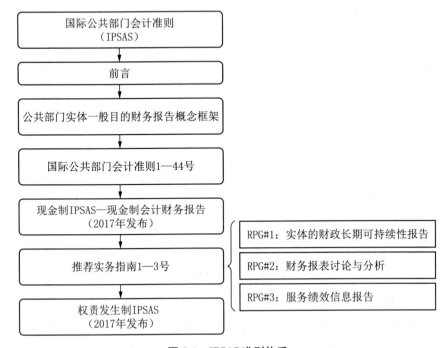

图 3.1　IPSAS 准则体系

第三节　国际公共部门会计准则全球执行情况

一、总体执行情况

从 IFAC 发布的有关《国际准则：2019 年全球状况报告》得知，在公共部门，52%（67 个）的辖区采用了 IPSAS，这表明 IPSAS 取得了进展，得到全球的认可。然而，由于影响政府决策的国家政治和经济现实的原因，不同国家采用 IPSAS 的方法往往不同，具体地说，不同国家政府采用 IPSAS 的方式有以下几种：

1. 直接使用：不做任何修改直接使用 IPSAS，并从合适的准则中选择。

2. 间接使用：通过国家认可程序实施 IPSAS，并针对国家本土特有环境进行修改。

3. 参考使用：以 IPSAS 为指导，制定国家本土准则。

许多国家倾向于采用循序渐进的方法，逐步过渡到权责发生制 IPSAS。根据 IFAC 和公共财政和会计特许协会（CIPFA）联合发布的《国际公共部门财务问责指数——2021 状况报告》得知，该报告调查了 2020 年 165 个国家或地区执行 IPSAS 的情况，其中 49 个（30%）已采用权责发生制会计，28 个（40%）已部分采用权责发生制，尚有 30% 采用现金制。在 49 个使用权责发生制的国家或地区中，其中有 4 个直接采用 IPSAS，未作任何修正；8 个根据当地的情况进行修正后采用 IPSAS；还有 16 个是根据 IPSAS 制定了本国的准则，其余未采用 IPSAS，但有 3 个是根据 IFRS 制定的本国准则，还有 18 个用的是本国准则，具体见图 3.2 所示。

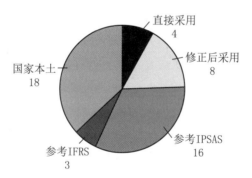

图 3.2　49 个国家或地区 IPSAS 执行情况

此外，该报告预测，到 2025 年，将有 61 个国家或地区采用权责发生制 IPSAS，其中 16 个国家或地区将会直接采用 IPSAS、16 个国家或地区将会修正后采用、29 个国家或地区将会参考使用。到 2030 年，将有 97 个国家或地区采用权责发生制 IPSAS，其中 31 个国家或地区将会直接采用 IPSAS、27 个国家或地区将会修正后采用、39 个国家或地区将会参考使用。

二、西方代表性国家执行情况

西方民主国家盛行的三种公共管理和会计传统体制:盎格鲁—撒克逊、北欧和欧洲大陆(Kickert,1997)。本节对 22 个国家执行 IPSAS 的情况进行了调查,其中 5 个属于盎格鲁—撒克逊会计传统,4 个属于北欧,7 个属于欧洲大陆,还有 6 个属于发展中国家组成的南方共同市场国家。由于这些国家有些是发达国家有些是发展中国家,因此,它们分别代表了不同的发展水平。以下就这些国家会计改革或执行 IPSAS 的情况进行介绍。

(一)盎格鲁—撒克逊国家

在 20 世纪 80 年代,盎格鲁—撒克逊国家(澳大利亚、加拿大、新西兰、英国和美国)在公共部门引入了一种强调公共管理的效率、有效性和物有所值的管理方式。这些国家引入市场机制,竞争力的概念,并试图使公共服务更能响应其用户或公众的需求(Sanderson,1996,2001)。所有这些国家都采取了重要的权力下放措施,并将私营部门的经验用于公共部门,以下是这些国家会计改革和执行 IPSAS 的现状。

1. 澳大利亚

澳大利亚公共部门实体的财务报告是基于澳大利亚会计准则委员会(AASB,澳大利亚一个独立的政府机构)采用的澳大利亚会计准则。澳大利亚会计准则遵守国际财务报告准则(IFRS)和公共部门会计具体准则,并编制政府合并财务报表。AASB 在会计事务中保持中立策略,意味着所有实体都以相同的方式处理类似的事务或事件。目前 AASB 正在寻求咨询并建议将 IFRS 转变为国际公共部门会计准则(IPSAS),并将其作为澳大利亚非营利性公共部门会计的基础。因此,就执行 IPSAS 来看,澳大利亚尚处在进程中。

然而,澳大利亚作为全球最早进行政府会计改革的国家之一,其改革的范围和深度都走在世界前列。在 20 世纪 80 年代澳大利亚就要求采用权责发生制核算基础,其改革的动因也是出于增加财政政策和预算的透明度,提高政府运作效率,强化政府部门的受托责任。澳大利亚政府会计改革不仅改革权责发生制会计基础,而且改革权责发生制预算,非常值得学习和借鉴。

权责发生制预算改革以澳大利亚实施的其他财政改革为基础,用以支持改善财政管理制度,包括向各部门下放更多的资源管理权力和受托责任,而且可以获得资源的全部成本。因此,可以提供关于公共部门业务收支更准确的成本信息。

在权责发生制预算法下,是基于财务收支在其发生期的总收入和总支出进行编制预算,无论是否发生现金交易。如在预算税收收入时,政府可以在应税业务发生时确认应计税收收入。如果相关税收规定表明纳税人有义务支付一定数额的税款,或者如果澳大利亚税务局和海关已经评估了应纳税额,那么应确认应计税款收入。权责发生制下对于公共债务利息考虑的是当期应计的利息,而不是实际支付的利息。权责发生制下对于养恤金,不论是否已设立养恤金负债基金,权责发生制预算都确认应计的养恤金费用。在某一年度的经营业绩表中,养恤金费用等于当年计提的应付给在职职工的养恤金加上养恤金负债的利息。在计算未设立养恤金基金的负债余额的变动时,会考虑职工的人数及工资增加、通货膨胀和预期投资回报等有关因素。

权责发生制预算为财务管理提出了更高的要求,特别需要加强成本管理、资产管理和现金流管理。成本管理的目的是确保预算期间的总成本能够与总收入进行配比,要能按照其发生的期间进行全额记录。资产管理的目的是将其成本与其使用相匹配,鼓励处置未充分利用的资产。为了促进资产的使用效率,澳大利亚政府向各部门按照其净资产成本的12%收取资产资源使用费,这样可以保证澳大利亚政府向部门提供的资源能够得以回报,也可以保证澳大利亚的公共部门和私营部门在商品、服务提供方面能够有更激烈的竞争。现金流管理是有效的财务管理的重要组成部分,它可以保证充足的现金供应,支付需要的商品、服务和员工工资,不会出现现金短缺。

在权责发生制下,澳大利亚联邦政府的财务目标和财政政策关注的是财政结余,财政结余是在权责发生制基础上计算的,是通过调整会计准则计算的经营成果而得到的。公式如下:

经营业绩+(资产和负债)重估-资本性调整=财政余额

财政结余不同于现金结余。在权责发生制下,如果联邦政府发生了一项不需要立即支付现金的费用,例如应计的养老金负债,它会显示为财政结余的减少,但现金结余可以保持不变;如果联邦政府用现金支付应归属于上一时期的费用,如养老金支付,该业务导致现金结余减少,但对财政结余没有影响。

2. 加拿大

加拿大公共部门会计准则委员会(PSAB)为政府和其他公共部门建立会计和报告准则及相关指南。PSAB 准则是一种完全权责发生制准则,与国际公共部门会计准则很类似。加拿大联邦政府和所有省、市和政府非营利组织都适用该准则。在 2020 年,PSAB 决定改变其制定准则的方式。具体而言,PSAB 决定,从 2021 年 4 月 1 日起,任何正在制定的新标准都将以现有的 IPSAS 各种准则为起点。所以,加拿大执行 IPSAS 已指日可待。

加拿大目前在联邦政府、省及大区政府层面都建立了权责发生制合并财务报告制度。由于加拿大实行联邦政体,联邦政府在编制合并财务报告时并不合并各省及大区政府的财务报告,但联邦政府、各省及大区政府均编制合并其自身各个部门以及其所控制的政府机构的合并财务报告。

3. 新西兰

1991 年 12 月,新西兰整个政府的财务报告改为权责发生制。从 1994 年开始,政府的整个财务管理系统都实现了完全权责发生制。这项政策的制定和实施花了八年时间。新西兰是第一个对政府财务报告进行全面权责发生制改革的国家,也是改革较为成功的国家,在政府会计核算和预算执行方面都采用权责发生制。

在权责发生制预算模式下,政府部门从强调投入转为重视产出。各政府部门每年需要将拟完成的工作通过确定产出予以量化,由财政部部长决定该项产出水平是否恰当,再决定拨付多少经费。同时,在"公共财政法"下,公共领域部分引入了市场定价机制,使得公共部门的资源运用效率得到较大提升。

虽然目前其会计准则尚未完全执行 IPSAS,但是新西兰权责发生制改革的实施相对顺利,引入权责发生制后,新西兰政府解决了财政赤字问题,增加了财政透明度,取得了良好的效果。究其原因主要有:政府管理职能改革与权责发生制改革同步进行、有相应的法律保护措施、有政府领导者与议会的支持、有相关的技术和人才的支持等。

4. 英国

在权责发生制政府会计改革方面,英国采取的改革措施比较激进,也一直走在世界前列。英国中央政府于 2000 年开始实行权责发生制会计,2001—2002 年中央部门预算会计中开始采用权责发生制。2006—2007 年英国地方政府开始采用完全的权责发生制。虽然英国政府部门没有采用 IPSAS,但是 2009—2010 年英国中央政府部门的会计开始与国际会计准则接轨(IFRS),2010—2011 年,英国地方政府部门开始按照 IFRS 编制报表。

5. 美国

20 世纪 90 年代初以来,为全面核算和反映政府资产负债和运营成本,强化政府的公共受托责任,加强政府成本和绩效管理,提高政府财务管理水平,联邦政府在传统预算会计的基础上,建立了权责发生制政府会计制度。联邦政府财务会计准则的权责发生制是由独立于联邦预算的联邦会计准则顾问委员会(FASAB)制定的。即不规定预算的概念和标准,而是规定政府财务会计的概念和标准。

（二）北欧国家

丹麦、芬兰、瑞典和荷兰也属于以满足公民需求为主题的公共管理风格，这种公共管理风格源于 20 世纪六七十年代在英国改革的基础上进行的改革（Dente and Kjellberg，1988，USGAO，2000a）。他们有谈判和协商的传统（Lane，1997；Sanderson，2001；John，2001）。在这四个国家，机构都采用权责发生制会计，因为权责发生制被认为有助于促进以结果为导向的管理，尽管丹麦和荷兰仍在中央层面维持传统的现金会计。

1. 丹麦

负责采用公共部门会计准则的丹麦财政部尚未在丹麦采用《公共部门会计准则》，也没有采用该准则的时间表。公共部门机构按权责发生制编制财务报表（IFAC，CIPFA 2018）。尽管如此，由来自各部委、国家审计署和丹麦审计师协会修订机构的代表组成的中央政府会计理事会（Central Government Accounts Council）负责监督其他欧盟成员国国际公共部门会计准则的制定和标准的使用情况。IPSAS 尚未被译成丹麦语。

2. 芬兰

在芬兰，中央政府会计规则遵循《预算法》（423/1988）和其他法规的规定，而地方政府会计规则遵循《地方政府会计法》（410/2015）的规定。财政部下属的司库负责制定公共部门的会计规定，而就业和经济部会计委员会的地方政府分委会负责为地方政府制定具体会计规则。根据芬兰审计署（Suomen Tilintarkastajatry，ST）报道，芬兰目前的公共部门会计准则是基于权责发生制的会计，特别是在市政方面。ST 还报道称，芬兰政府支持采用欧洲公共部门会计准则（EPSASs），但没有报道称将计划采用国际公共部门会计准则（IPSASs）。

3. 瑞典

瑞典公共部门会计规则由两个实体决定：地方政府会计标准委员会（Rådet för Kommunal redovisning）和瑞典中央政府国家财政管理当局

(Ekonomistyrningsverket，ESV)。该司法管辖区尚未采用国际公共部门会计准则，目前尚不清楚瑞典政府是否已制定时间表，目标是将国家准则与国际公共部门会计准则接轨。尽管如此，在 2011 年，瑞典政府委托 ESV 对瑞典中央政府应用的会计规则和条例与国际公共会计准则进行了比较。根据这项研究的结果，政府部门使用的会计规则在涉及基本原则和定义方面与权责发生制国际公共部门会计准则基本一致。瑞典的会计专业协会发布的专业报告认为政府会计准则是基于权责发生制的会计。

4. *荷兰*

荷兰财政部负责制定中央政府一级的公共部门会计准则，而内务部有权为地方政府制定会计准则。中央政府正在使用现金和付款承诺记账系统，但有两个例外：部门机构采用权责发生制，中央政府债务利息支付相关支出采用权责发生制。截至目前，荷兰还没有采用权责发生制公共部门会计准则的明确计划。

（三）欧洲大陆国家

欧洲大陆国家（比利时、法国、德国、希腊、葡萄牙、西班牙和瑞士）受继承以行政法为基础的官僚、等级公共行政结构的影响。公民传统上被认为是一个"主体"，尽管这种观点正在改变。除瑞士外，所有这些国家都属于"欧元区"，都受《马斯特里赫特条约》(Treaty of Maastricht)的约束，该条约规定了赤字和借款的严格要求（分别不超过国民生产总值的 3％和 60％）。

1. *比利时*

比利时中央政府遵守联邦会计和预算法，包括 2003 年 5 月 22 日关于预算和政府会计组织的法律和 2003 年 5 月 22 日关于执行会计图表法的皇家法令。中央政府层面的会计制度是权责发生制，瓦隆和布鲁塞尔(Walloon and Brussels)地方政府的财务报表（现金流量表除外）的每个组成部分都是权责发生制。在弗拉芒(Flemish)地方政府一级也是如此，除了按修正的权责发生制记录的净资产变化，比利时注册审计师协会(IBR-IRE)

报告称,比利时地方当局于 2010 年 6 月通过了一项法规,该法规采用了基于国际公共会计准则的会计系统。

2. 法国

IPSAS 尚未在法国被采用,法国公共会计标准化委员会(CNOCP)在 2014 年进行分析后得出结论,法国不会采用 IPSAS。但是,虽然中央政府、地方政府和社会保障机构的准则不同,但都是基于权责发生制的准则。法国审计师协会(CNCC)和法国会计师协会(CSOEC)在其 SMO 行动计划中报告,他们已经协助 CNOCP 翻译了 2015 年国际公共部门会计准则手册。《2018 年国际公共部门会计公告手册》也提供法语版本,该版本由 CNOCP 翻译。

3. 德国

根据德国法定会计师公会(Institutder Wirtschaftsprüfer, IDW)报告称,德国联邦、州和市在采用权责发生制或修正权责发生制会计方面都取得了进展。然而,这主要遵循德国商法典规定的私人公司会计要求,而不是国际财务报告准则或 IPSAS。与此同时,德国中央政府继续使用以现金为基础的单一会计。欧盟公共部门会计准则(EPSAS)以 IPSAS 基础,但为欧盟的应用量身定制,目前尚不清楚德国是否计划正式采用 IPSAS。

4. 希腊

希腊政府负责发布公共部门会计和报告准则。第 3429/2005 号法律规定了适用的公共部门会计准则,并要求所有公共实体在编制财务报表时使用国际财务报告准则。根据希腊注册会计师协会的报告,希腊是否决定采用《公共部门会计准则》取决于欧盟一级的发展情况。国际公共部门会计准则尚未译成希腊文。截至目前,希腊还没有采用《公共部门会计准则》的计划或时间表。

5. 葡萄牙

葡萄牙财政部于 2015 年批准基于公共部门会计准则的公共部门会计

框架及实施手册,虽然该手册是基于 2014 年 IPSAS 的版本编制的,但葡萄牙政府决定于 2019 年按照最新版 IPSAS 进行修订。

6. 西班牙

西班牙财政部(MoF)负责建立公共部门会计准则。2010 年,财政部对所有公共部门实体采用了基于权责发生制国际公共部门会计准则的《国家公共部门会计准则》。但使用的是 IPSAS 的哪个版本,目前尚不得而知。

7. 瑞士

瑞士联邦财政管理局(FFA)在联邦财政部的授权下,负责为联邦政府采用公共部门会计准则,而州政府或州政府负责在其管辖范围内采用公共标准。瑞士已通过《财政预算条例》引用 IPSAS。

(四)南方共同市场国家

南方共同市场是 1991 年由阿根廷、巴西、巴拉圭和乌拉圭在高度负债的情况下建立的一个经济一体化区域,以吸引外国投资和支持以金融自由化和参与全球经济为重点的市场政策(Bowles,1999)。这些国家同享有联属地位的玻利维亚和智利一起组成南方共同市场。根据诺布斯和帕克(Nobes and Parker,1995)以及阿图科罗拉和里德(Athukorala and Reid,2003)的研究,南方共同市场地区的国家继承了大部分欧洲大陆的公共行政法律传统,会计制度基于账目图表。西班牙和葡萄牙与南方共同市场国家保持着密切的联系,并在 1986 年之后加入了欧洲共同体,为欧盟在南美洲的行动主义的新阶段做出了贡献(Grugel,2002)。

在相当不同的背景下,许多国家正在其政府会计制度中从现金制转向权责发生制。现金和完全权责发生制会计代表了一系列可能的会计和财务报告基础的两个端点。完全权责发生制可以修正,例如,只报告金融资产和负债而不报告折旧等期间分配(IFAC,1998)。

1. 阿根廷

1992 年阿根廷第 24.156 号法律授权国家会计办公室(CGN)制定公共

部门会计准则。要求国有企业在编制财务报表时采用阿根廷公认的会计准则——权责发生制。

虽然阿根廷政府部门尚未采用国际公共部门会计准则,但据报道,已开始制定与权责发生制国际公共部门会计准则相协调的公共部门会计准则。目前还不清楚这项法案的实施时间。

2. 巴西

巴西于2009年颁布了一项透明度法案,迫使该国的会计准则与国际公共会计准则(IPSAS)趋同(Cardosa et al., 2014)。巴西于2014年公布了其国民会计表,并计划到2020年逐步全面实施国际公共部门会计准则。然而,在实施该准则方面存在许多挑战,部分原因是巴西的规模和复杂性,巴西有一个联邦政府、26个州和5 564个地方政府,很难设定统一实施的时间表。巴西在实施IPSAS的同时,还需要改进公共财政管理程序,增加资源和加强工作人员能力。巴西的预算报告采用现金收付制,但财务报告采用权责发生制。因此,预算报告和权责发生制会计应该建立两套账簿。具体的会计问题涉及基础设施资产、无形资产、金融工具、社会福利和非汇兑交易收入。

3. 巴拉圭

巴拉圭1999年第1539号金融管理法和2000年第8127号管理法令确立了公共部门会计准则。财政部通过公共会计指南(DGCP)为公共部门制定会计准则。现行公共部门会计准则的性质(现金制、权责发生制或修正的权责发生制)不明确。据报道,海关总署已采用一套综合财务管理系统。根据巴拉圭学院的消息,DGCP计划在2017—2018年采用国际公共部门会计准则。

4. 乌拉圭

根据乌拉圭宪法,会计法庭(TCR)是负责制定公共部门实体会计准则的机构。TCR采用了由2002年第81号条例(经2017年第89号条例修订)

发布并翻译成西班牙语的《公共部门会计准则》。截至目前,《国际公共部门会计准则 2020》手册已翻译成西班牙语,其适用范围被定义为"一个管理公共资金的自治实体,根据法律,有义务向 TCR 提交财务报表"。

5. 玻利维亚

政府行政 1990 年第 1178 号控制法和 1992 年第 23215 号最高法令规定玻利维亚总审计长为公共部门的会计标准制定者。总审计长制定了部分权责发生制基础上的国家准则。根据 IFAC/CIPFA《2020 年国际公共部门财务问责制指数》,到 2025 年,国家准则将参照国际公共部门会计准则,采用权责发生制。

6. 智利

《智利宪法》和第 10.336 号法律规定智利共和国总审计长(CGRCH)为公共部门的会计标准制定者。CGRCH 通过 2015 年第 16 号决议制定了适合当地情况的权责发生制公共部门会计准则(2013 年版),自 2016 年 1 月 1 日起生效。

第四节　影响各国政府执行 IPSAS 程度的因素

一、政府会计模式选择类型

从目前世界各国公共财政部门所采用的会计模式来看,可以分为以下四类。

(一)完全权责发生制

完全权责发生制是交易和事件在发生时以权利和责任的发生来决定归属期的一种会计记账基础。也就是说凡是在财政年度内由已履行责任所得到的收入和已形成权力所应当负担的费用,不论其款项是否收到或支出,都应作为本财政年度的收入和费用处理;反之,凡是责任未履行或权利未形成,即使款项在本财政年度收到或付出,也不应作为本财政年度的收入和费用处理。因此,这种方法是以取得收到现金的权利或支付现金的责任权责的发生为标志来确认本期收入和费用及债权和债务。在这种方法下,政府财务报告可以达到真实、完整、透明、问责的目的。

(二)修正的权责发生制

修正的权责发生制是对权责发生制的修正,在该模式下,交易或事项基本上遵循的是权责发生制,但并不完全是,会出现一些例外的情况,如某些资产不被确认或计量,或者某些资产未按权责发生制计提折旧等。之所以这样做往往是由于针对这些交易或事项勉强采取权责发生制,存在着技术上的困难,或计量成本过高,或对政府管理和政策的制定影响不大,等等。

(三)现金制

现金制也称收付实现制,是指每个财政期间与收入和费用相关的交易或事项,均以现金流入或流出作为核算依据,不考虑交易产生收支的受益期和归属期。因此,在这种方法中,会计制度所涵盖的交易仅限于现金流量,不记录和报告政府资产,特别是有形资产、应计收入和支出、政府债务和其他负债、承诺和担保等,所以采用该法编制的政府财务报告做不到透明和问责。

(四)修正的现金制

修正的现金制也称修正的收付实现制,在该法下,最普遍的做法是在年度结束后的延长期内(如一个月左右),账务保持未结账的状态,允许在特定的财务年度内将拨出的款项作为该年度的支出。

二、影响 IPSAS 执行程度的因素

迄今为止,已有超过半数的经济合作与发展组织(OECD)成员国在政府会计中不同程度地引入了权责发生制,许多发展中国家也正在改革自身的政府会计,准备向权责发生制政府会计过渡。但各国政府在推进改革的

方式和实施范围等方面各有特点,有些国家对政府会计的核算基础直接由现金制改为完全的权责发生制,如英美国家;有些国家则先由完全的现金制过渡到修正的现金制,再由修正的现金制过渡到修正的权责发生制,最后实现完全的权责发生制,如欧洲大陆国家;还有些国家先是根据实际情况对部分收入、支出项目或对部分资产、负债项目实行权责发生制,此后,再逐步推广扩大。

各国政府会计对会计模式的选择决定了其执行 IPSAS 的程度。阿米里亚和哈姆扎(Amiria and Hamza,2020)将影响各国执行 IPSAS 的程度归纳为以下几方面的因素。

(一)制度性压力

制度理论(Institutional theory)可以用来更好地解释各种组织和个体的会计实践和活动。在这一理论下,组织外部存在着一套价值、规范和模型,影响着组织的结构和管理模式(Meyer and Rowan,1977)。这样,组织就会面临压力,并且必须对压力做出反应。

压力产生于各种各样的因素。迪马吉奥和鲍威尔(DiMaggio and Powel,1983)确认了支持同构制度变迁的三种主要压力类型:第一种类型是强制性同构,产生于"政治影响和合法性"问题。特别是,世界银行或国际货币基金组织等国际强制性机构鼓励接受外部财政支持的发展中国家将公共部门会计准则引入其会计制度(Abushamsieh et al.,2014;Caba et al.,2009;Rakoto and Lande,2008)。事实上,国际捐助者向从公共发展援助中受益的经济体施加外部压力,要求它们采用国际最佳做法,作为建议其改善公共部门实体问责制和透明度的一部分。特别是,这些金融机构将采用基于 IPSAS 的权责发生制会计准则作为其提供财政援助的条件。第二种类型是模仿压力同构。在高度不确定性的环境中,组织倾向于通过复制其他实体成功实践,进行模仿。模仿可以通过采用现有的方法来减少这种不确定性,从而将风险降到最低。按照这一逻辑,经济体倾向于模仿具有相似特征的组织的成功经验,采用最佳实践,如国际公共部门会计准则(DiMaggio and Powell,1983)。为了获得信任,这种模仿的压力似乎在小国中更加明显(Adhikari and Mellemvik,2010)。此外,经济全球化、国际定位和竞争加剧也会带来外部模仿压力。这些压力迫使各国改变其公共部门会计制度。在这方面,为了保持欧盟成员地位,一些东欧国家改变了他们的会计制度,采用了完全 IPSAS(Christiaens et al.,2014 年)。特别是爱沙尼亚,它是少数几个遵循 IPSAS 采用完全权责发生制的欧洲国家之一(Argento et al.,2018 年)。第三种类型是规范性同构,它源于专业组织的行为(DiMaggio and Powell,1983),反映了这些专业组织对采用会计准则的影响。事实上,IPSASB 是一个独立的标准制定机构,强烈鼓励每个国家迁移到 IPSAS(Benito et al.,2007;Brusca and Martínez,2016),它的作用是协调不同的政府会计制度。国际会计师联合会(IFAC)也敦促其成员国将国际会计准则纳入其国家管辖范围(Ali,2005)。该机构认为,现金收付制无法提高不同经济体之间的可比性,也无法改善决策过程。一般来说,国际会计组织都提倡使用基于权责发生制的国际会计准则。因此,专业会计机构的代表性程度可以解释会计实践中的国际差异(Christiaens et al.,2014)。越被 IFAC 代表的经济体,采用 IPSAS 的程度就越大。

(二)权变因素

勒德(Lüder,1992)研究表明,更大信息含量的会计制度引入取决于环境条件。他将权变理论运用到公共部门,来解释国家环境变化如何影响公共会计的演变。他的权变模型阐明了传统政府会计制度向权责发生制转变的原因。该模型由四种元素组成。第一种要素和第二种要素是公共会计信息的使用者和生产者,他们的态度受到这一会计创新的影响。他们的行为从根本上依赖于刺激和实施障碍,这是权变模型的第三种和第四种要素。一些刺激因素,如某些文献提及的腐败。一些研究已经证实,缺乏严格的公共会计制度的国家腐败程度很高(Christiaens et al.,2014)。这些国家进行重大改革,以提高透明度和打击腐败。而且倾向于向感兴趣的各方披露有用的信息,从而建立受托关系。阿图利克(Atuilik,2016)发现,与发达国家不同,采用国际公共部门会计准则的发展中国家的腐败程度低于未采用的国家。通过选择高水平的国际公共部门会计准则,它们可以从这些准则中获益。钱(Chan,2006)特别强调了权责发生制会计相对于现金制会计在反腐败方面的优越性。此外,勒德(Lüder,1992)指出,财政问题是公共部门会计制度的改革提供了诱因。与财政独立的国家不同,债务负担沉重的政府试图改善公共管理,以减少公共债务,他们倾向于采用公共国际会计准则(Opanyi,2016)。具体来说,在希腊发生严重的债务危机后,政府转向了修正的现金制,作为向权责发生制会计进行过渡的措施。根据采用国际公共部门会计准则的这种形式,交易是在现金制的基础上确认的。此外,它还考虑了负债和金融资产。有了这种类型的公共部门会计准则,希腊政府试图使信息更具有信息含量,以支持私有化决策(Cohen et al.,2015)。总的来说,最近的全球金融危机促使许多政府完全采用 IPSAS 来报告其所有资产和负债(Izedomni and Ibadin,2013)。然而,由于实施权责发生制 IPSAS 的困难,大多数南亚国家只采用现金制的 IPSAS(Miraj and Wang,2018)。

政府的规模是勒德(Lüder,1992)强调的另一个诱因。随着国家政府规模的扩大,与税收收入有关的行政和技术问题也会增加。因此,人们更关注于对控制系统的建立。实施新的会计制度,作为标准化程序,可以降低监控成本。因此,可以假设,大政府更有可能产生高质量的财务报告,并选择采用更高水平的国际公共部门会计准则。然而,奥达(Ouda,2010)提出了几个支持权责发生制会计实施的因素,并指出管辖区的大小被认为是实施的障碍。他强调,小国比大国更容易进行会计改革。

法律制度的灵活性是勒德确定的另一个权变因素。根据格罗西和索维尔基亚(Grossi and Soverchia,2011),国家会计制度可以分为大陆法系会计制度和盎格鲁—撒克逊法系会计制度。大陆法系会计模式依赖于民事法律制度,这种制度又与更加官僚的体制相关联。然而,盎格鲁—撒克逊法系会计模式更多地与普通法制联系在一起。它被认为是促进公共部门会计创新的一种更加灵活的法律制度。因此,盎格鲁—撒克逊国家的现代会计制度是基于权责发生制而不是现金制(Rossi et al.,2014)。此外,欧洲大陆国家也有一套统一的欧洲国家会计准则(EPSAS)。因此,这些国家采用 IPSAS 的积极性较低(Ben Amor and Damak Ayadi,2019)。然而,IPSASB 将这些准则翻译成葡萄牙语和西班牙语,促进了葡萄牙和西班牙采用 IPSAS (Jeorge et al.,2019)。在勒德模型中的其他外部诱因,如政治行政体系的特点和国家的社会环境也被认为是环境变量,并被归类为刺激因素(Chan,1996)。准确地说,财政压力似乎被认为是一个权变因素。贝尼托等人(Benito et al.,2010)假设人均税负越大,公民对有效信息的需求越大,纳税人变得更有动力去了解他们的税款是如何花出去的。他们"有权向受托管理其资源的政府寻求问责"(Tanjeh,2016)。财政压力与信息使用者对更多信息形式的公共会计制度的态度密切相关。在这个意义上,卡蒂科等人(Kartiko et al.,2018)发现了财政透明度与基于权责发生制的 IPSAS 执行水平之间的正相关关系。他们强调,权责发生制 IPSAS 提高了财政透明度。

通货膨胀是另一个权变因素。IPSAS 可以指导在高恶性通货膨胀的经济体中评估非货币项目。事实上,为了提高财务报表与非通货膨胀国家的可比性,IPSAS 为高通胀国家提供了一套复杂的方法,根据价格指数的变化重新估计非货币项目。由于在公共部门应用这种会计准则的复杂性,许多通货膨胀率最高的国家可能不愿意采用这种准则。因此,被认定为恶性通货膨胀的经济体更喜欢现金制 IPSAS 而不是权责发生制 IPSAS。姆哈卡(Mhaka,2014)以及杰维德和朱权(Javed and Zhuquan,2018)发现,恶性通货膨胀的经济体,如津巴布韦和巴基斯坦,认识到 IPSAS 的必要性,并发现应用这些准则有更多的好处。

最后,正如许多学者认为的经济环境和会计之间具有相互作用。在此背景下,索尔(Sour,2012)重点关注了重要的经济增长在采用权责发生制IPSAS方面所起的作用。事实上,她提出了固定资产估值和折旧的必要性,以促进国家的经济发展。权责发生制会计制度的使用有助于提供促进经济增长的公共行政绩效的更准确的信息。巴巴通德(Babatunde,2013)发现采用权责发生制IPSAS对尼日利亚公共部门的透明度和问责制有显著影响。塞拉米和加菲斯(Sellami and Gafsi,2019)引入经济增长作为控制变量,以识别影响IPSAS采用的因素。因此,高经济增长率对各国决定选择以权责发生制为基础的IPSAS具有显著的积极影响。

（三）经济网络因素

根据经济网络理论,依赖于网络的商品或服务的优势来自同一网络的参与者。合作伙伴,如个人、团体或国家,彼此互动。这种互动产生了一种协同效应,增加了所有合作伙伴的财富(Hamisi,2012)。乔治(Jeorge et al.,2019)认为IPSAS是一种网络依赖性产品。在这一理论下,组织之间的互动影响公共部门会计准则的选择。特别是,它证明了区域趋势的影响。当一个国家所在地理区域内的其他国家采用同样的准则时,该国更有可能实施基于权责发生制的IPSAS(Opanyi,2016)。从这个意义上说,IPSAS的采用被认为是一种具有网络效应、有利于整个社会的产品。

IPSAS之所以能够被采用,不仅是因为它的网络效益,还因为它的直接效益。

奥帕尼(Opanyi,2016)认为,与国家准则相比,IPSAS具有经济和政治方面的直接好处。事实上,采用国际公共会计准则的好处可以用与已经采用这些准则的伙伴之间密切的经济关系来解释。特别是,这一理论证明了与伙伴之间的商品和服务的进出口交易以及单方面转移都是受执行基于权责发生制IPSAS的影响。此外,为了吸引外国投资,东道国有兴趣采用与原产国相同的会计框架。总的来说,在更加全球化的经济中,外国投资和贸易都有很大的增长。为了增加其国际经济关系的规模,一个国家的准则制定者应该提供世界公认的相关财务报告(Hamisi,2012)。因此,它实施了与贸易伙伴所在国相同的准则。由于 IPSAS 被认为更适合于提高公共部门财务信息的质量,一个国家采用 IPSAS 的程度受其贸易伙伴所采用程度的影响。

第五节 财政长期可持续性评价报告推荐实务指南

2013 年 7 月国际公共部门会计准则委员会(IPSASB)发布了 RPG♯1,即《推荐实务指南 1 号——实体的财政长期可持续性报告》,并于 2021 年进行了修订。该指南就报告的目标、范围、时间、维度、原则和方法以及相关披露等方面做出了要求,但此文件不具有强制性,主要内容如下。

一、披露财政可持续性报告应具备的条件和报告范围

在确定是否报告长期财政可持续性信息时,需要政府评估财务信息是否存在潜在报表使用者。长期财政可持续性可以使用户获取比财务报表更广泛的信息。它包括假设在当前政策下,并在指定时间范围内,与提供商品和服务以及提供社会福利项目有关的预计流入和流出。因此,它考虑了该政府在报告日期或之前做出的决定,这些决定将导致不符合报告日期负债定义或确认标准的未来流出。同样,它也考虑了不符合报告日期资产定义或确认标准的未来流入。对长期财政可持续性的评估需要使用广泛的数据。这些数据包括有关未来经济和人口状况的财务和非财务信息,有关国家和全球趋势的假设,例如生产力、国家、州或地方经济的相对竞争力以及预期人口统计学变量的预期变化,例如年龄、死亡率、发病率、生育能力、性别、收入、受教育程度和劳动参与度。报告长期财政可持续性信息的相关性应在该政府的资金和确定服务交付水平能力的背景下加以考虑。对于具有

以下一个或多个特征的政府,可能会使使用者获得长期财政可持续性信息:
(1)大量税收或其他筹款权;(2)产生巨额债务的权力;(3)确定服务交付的
性质、水平、方法和能力,包括引入新服务。

二、报告边界

使用与政府财务报告相同的报告边界,即在政府财务报告中增加政府
的长期财政可持续性持续信息,可以增强使用者预测的可理解性,并增加了
其对通用财务报告(GPFR)使用者的有用性。政府也可以使用单独的财政
长期可持续性报告来反映长期的财政可持续性信息。这样可以提高与其他
司法管辖区的一致性和可比性。

三、报告长期财政可持续性的信息

根据 RPG♯1 指南编制的长期财政可持续性信息能够使使用者评估政
府长期财政可持续性的各个方面,包括政府面临的财务风险的性质和程度。
在不同政府及其运营监管环境下,长期财政可持续性信息的形式和内容会
有所不同。单一的呈报方式可能不能满足财务报告的目标。长期财政可持
续性信息通常包括以下组成部分:(1)未来流入和流出的预测,可以以表格
或图形格式列示,并对该预测进行描述性讨论;(2)关于长期财政可持续性
维度的描述性讨论,包括用于描绘维度的任何指标;(3)对预测基础的原则,
假设和方法的描述性讨论。

在长期财政可持续性信息中报告通常反映的是不确定性条件下的预
测。预测是从模型中得出的,这些模型依赖于围绕不确定性的假设。为了
使长期财政可持续性信息忠实地反映一个政府预期的未来流动,所使用的
假设应基于可获得的最佳信息。财政可持续性信息可以作为单独的报告或
其他报告的一部分发布,也可以与政府的通用目的的财务报告同时发布,或
在不同时间发布。

四、未来流入和流出的预测

政府应列报对未来流入和流出的预测,包括资本性支出。这些预测应根据目前的政策假设以及对未来经济和其他条件的假设来编制。一个政府应评估它在多大程度上可以利用其他政府如财政部或其他资料来源所编制的假设、预测和指标,而不是自己编制这些信息,这样可以降低报告编制的成本,但需要评估这些信息是否符合质量标准。只有当一个政府的预算或预计符合预测的定义时,这些信息才可以用于相关的时期或期间。

预测可以用表格或图表的形式列示出导致资金流出的项目和活动的详细情况以及资金流入的来源。在确定表格列报的格式时,政府需要权衡可理解性和相关性。在报告日期和时间范围结束之间,列报多个期间可以提供一套更完整的信息,但会增加信息过载的风险,并损害可理解性。

五、时间范围

在选择适当的时间范围时,政府需要权衡可验证性、忠实表述和相关性等信息的质量特征。距离报告日期的时间范围越远,需要捕获的未来事件就越多。然而,随着时间范围的增加,支撑预测的假设变得不那么可靠,并且不具有潜在的可验证性。相反,过短的时间范围可能会增加忽略时间范围以外事件后果的风险,从而降低预测的相关性。时间的长短将反映政府的特征。它很可能受到政府特征的影响,包括关键项目的寿命、对其他政府资金的依赖程度、主要财产、厂房和设备(如基础设施网络)的估计寿命,以及提供前瞻性信息的其他可比性政府所用时间范围的影响。

六、解决长期财政可持续性的维度

报告长期财政可持续性信息的政府应包括对长期财政可持续性每个维度的叙述性讨论。讨论长期财政可持续性一般有三个相互关联的维度:服务、收入和债务。这三个维度是相互关联的,因为一个维度的变化会影响其他维度。例如,受益人的未来服务和福利(服务维度)由收入和/或债务提供资金。一个维度可以通过保持其他两个维度不变来分析。例如,通过保持现有的服务和收入水平不变,一个政府可以列举这种假设对债务水平的影响。长期财政可持续性各维度之间的关系图示如图 3.3。

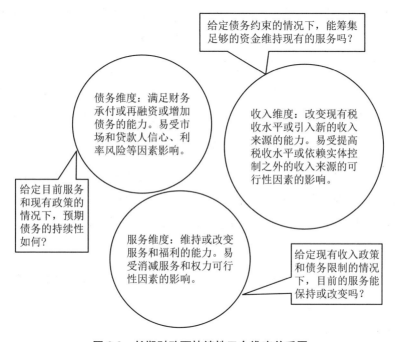

图 3.3　长期财政可持续性三个维度关系图

资料来源:笔者根据 IPSASB,RPG1-Reporting on the Long-term Sustainability of an Entities Finances 整理绘制。

从图 3.3 可以看出,每个维度都有两个方面:能力和易受其他因素影响的脆弱性。能力是政府改变或影响该维度的能力,脆弱性是政府对其控制或影响之外的因素的依赖程度。政府可以使用指标来表示长期财政可持续性的维度。某个政府应根据其与该政府的相关性来选择其指标,如总债务、净债务、总资产、净资产、财政缺口、跨期预算限制、净债务与收入比等。下面就三个维度展开讨论:

（一）服务维度

服务方面考虑到目前关于税收和其他来源收入的政策假设，在预测期间向受益人提供服务的数量和质量以及受益人应享权利，同时不受债务限制。这个维度关注政府维持或改变提供服务或交付福利项目的数量和质量的能力。它还着重注意该政府是否容易受到诸如受援者和受益人愿意接受减少服务和应享福利等因素的影响，还是因为它没有能力确定或改变服务水平，例如由另一级政府决定应提供的服务水平。

通过反映当前政策假设对税收和其他来源收入以及债务的影响，长期财政可持续性信息可以列报可用于提供商品和服务的金额。信息使用者可以将这些信息与政府的服务交付承诺进行对比，从而评估服务提供的可持续性。在进行这种比较时，需要考虑的一个因素是，某些项目的支出可能比政府的总体支出水平增加程度更加急剧。这可能是因为预计某一特定计划的受益人人数将增加，或者与某些计划（如医疗保健）相关的成本预计将比一般通货膨胀率增长的更快。例如，由于人口和技术变化，保健费用占政府总支出的比例在预测期间可能会增加。

对于资本密集型活动，服务维度还包括对财产、厂房和设备的使用寿命和更换周期的评估。

（二）收入维度

收入方面应考虑在预测期间的税收水平和其他收入来源，给定目前关于向受援者提供服务和受益人应享福利的政策假设，同时不受债务限制。这一维度关注的是一个政府改变现有税收水平或其他收入来源或引入新的收入来源的能力。它还关注一些因素，如该政府是否容易受到纳税人不愿接受税收水平增加的影响，以及其对其控制或影响之外的收入来源的依赖程度。

收入方面指标的一个例子是，从其他各级政府或从国际组织收到的收入占总收入的比例。例如，一个地方政府可能能够维持或增加财产税，但部分依赖于来自国家和/或州政府的一般性拨款和专项拨款。预测提供服务和管理债务的政策时,可以列报为这些政策提供资金所需的收入水平。这些信息帮助信息使用者评估政府维持或增加收入水平的能力,从而评估其收入来源的可持续性。一般而言,一个从税收和其他来源获得不同收入水平的能力有限的政府很可能高度依赖其他各级政府的供资决定。如果政府间转移有宪法或其他法律依据,这可能使该政府不太容易受到其他政府突然做出的不利供资决定的影响,从而增加继续获得稳定收入的可能性。这些信息帮助用户评估政府对其控制之外决策的脆弱性。

（三）债务维度

债务方面考虑在预测期间的债务水平,在给定目前关于向受援者提供服务和受益人应享福利的政策假设,以及税收和其他来源的收入的情况下。这方面关注的重点是政府履行其财政承诺的能力,或在必要时进行再融资或增加债务的能力。它还关注政府是否容易受到市场和贷款人信心和利率风险的影响。

净债务水平对于评估债务方面是很重要的,因为在某财务报告日,它代表过去提供的商品和服务的支出数额,而这些商品和服务必须在将来得到资助。因此,这一指标可能与许多政府相关。通过预测商品和服务提供的当前政策假设,对于税收和其他来源的收入,可以提出净债务的预计水平。该信息有助于用户评估政府履行其到期财政承诺的能力,或维持、再融资或提高其债务水平的能力,从而评估政府债务的可持续性。

在国家层面,列报这种预测时要考虑的一个因素在于是否区分:(1)基本平衡,即不包括应付债务利息的预计政府支出总额减去税收收入;(2)总体平衡,即包括应付债务利息相关的流出的基本余额。在地方一级或对国际组织而言,重点可能是净债务占总收入的百分比。这一指标的增加表明,偿债所需的收入比例将越来越大,从而挪用于提供服务资源,而且一个政府的预计债务水平可能无法维持。

第四章
政府综合财务报告财政可持续性评价国际经验

第一节 政府综合财务报告分析的国际比较

许多发达国家都是基于权责发生制的政府会计制度和政府综合财务报告制度,其发展的概念框架和报告内容都比较成熟,对政府财务数据的积累也比较高,政府财务报告的分析体系也比较完善。在许多国家的政府财务报表中,对政府财务状况和运营情况的分析被作为一项要求予以讨论和披露。虽然在报告内容和分析方法上,不同国家或多或少都存在一定的差异,但对于中国政府综合财务报告分析指标体系,却具有非常重要的参考意义。

一、美国政府财务报告分析

在美国的政府综合年度财务报告中,专门制定了管理层讨论与分析(Management's Discussion and Analysis)部分,对政府财务报表信息进行分析并向公众报告,以解除受托责任。美国政府综合年度财务报告对政府的财务和经营状况采取了定性和定量相结合的分析,在分析的内容上侧重于对资产负债能力和财政收入能力的评价,基于对信息的分析,不仅局限于对财务报表数据的分析,并延伸到对统计数据分析,使分析更加全面。此外,美国政府的综合年度财务报告除了对情况的描述外,更强调对其原因和未来影响的分析,这使得分析更加深入和透彻。但同时要注意的是,美国财政和政府财政体制与我国存在着明显的差异,如基金的分类等政府资源的管理模式、来源和债务所得税及还款机制上存在着一定的差异,其政府综合年度财务报告主体分为政府组织和基金主体,与我国明显不同,使得分析方法和分析体系并不适合直接套用于我国的政府财务报告,但却为我国分析指标体系的建立提供了有益参考。

二、英国政府综合财务报告分析

英国的政府整体财务报告(WGA)综合了中央政府、地方政府、下放行政部门、国民医疗服务体系、学校和公共企业,形成了一个非常完整的报告体系。通过"概述与业绩分析",对报告内容进行详细讨论。为了向公众报告其受托责任的履行和财政风险控制情况,重视对报表要素构成及变动情况的分析、通过分析资产偿债能力评估财政风险、关注贴现率对负债和费用的影响,并对或有负债问题给予了一定的关注。

三、日本政府综合财务报告分析

日本专门编制了《国家财务报表要点》,向政府财务报告使用者提供更加直观生动的信息。它的分析特点是重视报表要素变化情况及原因分析、强调报表要素的静态平衡分析、关注债务偿付的动态变化分析。总体来看,日本在报表分析中很少使用分析性的量化指标来加工报告数据,而更多采用文字和图表的形式来展示分析内容方面对构建我国政府综合财务报告指标体系并没有直接的技术参照性,但其细化比对式的资产偿债能力分析框架,对净存量和净流量变化状况及其相关性的研究模式,以及对政府中长期隐性负债和债务管理关注,值得我国学习和借鉴。

第二节　政府综合财务报告财政
可持续性分析指标的国际比较

　　建立适合中国国情的基于政府综合财务报告分析的财政可持续性指标评价体系,需要借鉴发达国家的经验,下面分别对美国、英国、澳大利亚、加拿大、日本等主要发达国家的综合财务报告分析体系中有关财政可持续性评价指标进行比较分析。

一、美国政府综合财务报告中的财政可持续性分析指标

　　美国政府综合财务报告包括联邦、州和地方政府三个层次。美国联邦政府的综合财务报告主要分为 10 个部分:摘要、讨论与分析、联邦政府财务当局的声明、基本财务报表、报表附注、相关信息的补充、其他信息、管理信息的补充说明、附录和美国政府会计署的独立设计报告。基本财务报表包括资产负债表、经营与净资产变化表、统一预算和其他活动的现金余额变化表、分部门的净成本表、净运营成本与统一预算赤字报表。根据指标用途,美国联邦政府的财务分析指标包括四类:宏观经济指标、政府收支平衡指标、财政可持续性指标和政府服务指标。

　　财政可持续性指标是政府综合财务报告中最为关键的指标。财务报告主要反映当前政府财政状况,其中财政是否可持续是关键,可分别从资产负债角度及财政缺口与 GDP 的比值两个角度加以披露。首先资产负债角度的财务指标包含负债构成、负债增长率、资产构成、资产增长率等四项指标。资产构成和负债构成反映联邦政府短期和长期可变现资产以及联邦政府短期和长期债务,可用于分析联邦政府的债务风险构成。如果短期债务越大,同时,短期可变现的资产越小,说明短期偿债能力越弱,政府可能会面临更

大的短期债务风险；如果长期债务越多，同时，长期可变现资产越小，说明长期偿债能力较差，政府可能面临较大的长期债务风险。负债增长率和资产增长率可以反映联邦政府的债务风险成因。负债增长率过高，说明政府的债务风险更多源于政府借贷，因此规避债务风险的方式应该是减少政府开支，即节流；如果资产增长率过高，说明政府债务风险更多源于政府收入不足，降低债务风险的方式应该增加税收等收入，即开源，以便维持政府的正常支出。其次是财政缺口和与 GDP 的比值角度的财务指标包含总债务占 GDP 比重、基本赤字占 GDP 比重、利息支出占 GDP 比重、预算赤字占 GDP 比重和收支缺口占 GDP 比重。这些指标反映联邦政府所面临的偿债风险及财政的可持续性。如果总债务占 GDP 比重越大，说明国民收入中用来偿还总债务的份额越多，政府面临的债务风险就越大。联邦政府综合财务报告还披露了在现有财政政策下，未来 75 年的总债务占 GDP 比重、基本赤字占 GDP 比重和利息支出 GDP 比重，如果这三项比重在未来 75 年不见好转，说明现有财政政策可能会导致财政赤字上升、债务累积，说明财政不可持续。

　　GASB(1999)规定，国家和地方政府综合年度财务报告包括三部分：引言部分、财务部分和统计报表部分。其中，财务部分包括审计报告、基本财务报表、基金财务报表和附注信息。基本财务报表包括资产负债表、收入费用表、现金流量表、净资产变动表、财务报表附注等。统计报表部分主要提供相关非财务信息，如有关政府主体的经济和社会信息。1997 年，美国联邦政府会计准则委员会(FASAB)颁布了《会计准则——第 2 号概念公告》，呼吁联邦整体政府财务报告应包括：管理当局的讨论和分析、资产负债表、经营或净资本报表、项目业绩衡量报表和预算盈余(或亏损)表、财务报表附注等必要的补充信息。

　　美国州政府和地方政府综合财务报告的分析指标与联邦政府财务分析指标一样也分四类，其中财政可持续性指标也从资产负债角度披露了一些如资产和负债构成的指标。通过这两项指标反映州政府和地方政府可变现资产及短期、长期面临的债务。然而，与联邦政府不同的是，州政府和地方政府不披露财政缺口与 GDP 比重，而是关注收入与负债的比重，主要是因为联邦政府和州政府以及地方政府关注的重心不同。联邦政府更关注宏观层面，如社会公平和经济增长；州政府和地方政府更关注现金流，即是否有足够收入偿还债务，以保证财政的可持续性。州政府和地方政府披露的具体指标包括：(1)总债务与居民收入比、净债务与居民收入比、可用收入债务覆盖率。从居民收入和政府收入两个角度来衡量现金流是否充足，进而分析政府可能资不抵债、发生破产的风险；(2)人均总债务、人均净债务、债务支出与非资本性支出比。反映本州居民未来需要支付的债务水平，以及债务支出用于非资本性支出的情况，进而对州政府和地方政府的债务质量进行评估。

二、加拿大政府综合财务报告中的财政可持续性分析指标

加拿大政府综合财务报告包括联邦政府、省政府和市政府三个层次。

加拿大联邦政府的综合财务报告包括八个部分：引言、收入、支出、预算平衡和财政流入或流出、联邦债务、IMF 方法估算的政府总债务净额、审计意见、联邦政府合并财政报表。联邦政府合并财政报表包括：合并业务活动表、合并资产负债表和合并现金流量表。

加拿大联邦政府的财务分析指标和美国一样包括宏观经济指标、财政收支平衡指标、财政可持续性指标和政府服务指标。其中财政可持续性指标也是加拿大联邦政府关注的重点，具体可以分为资产负债指标和 GDP 占比指标。主要有资产构成、资产增长率、各部门资产分布、分类别债务增长率、预算赤字与 GDP 占比、总债务与 GDP 占比和净债务与 GDP 占比。

加拿大省政府和市政府综合财务报告包括：引言、财政报表的讨论与分析、合并财务报表及其附注、合并财政报表明细表。加拿大省政府和市

政府的资产负债表、业务活动表与联邦政府类似。财务报告分析指标也包含四部分，其中财政可持续性指标更关注收入是否可以弥补债务缺口，可以分为两类：资产负债类相关指标，主要包括资产构成、资产增长率、各部门资产分布、分类债务增长率、外部债务与总债务占比、非对冲外币债务与总债务占比、债务净额占比；债务收入类相关指标，主要包括债务净额与总财政收入占比、债务利息支出与总财政支出占比、自有收入与 GDP 占比等。

三、澳大利亚政府综合财务报告中的财政可持续性分析指标

澳大利亚政府综合财务报告包括联邦政府、州政府及市政府三个层次。澳大利亚联邦政府财务报告包括政府当年财政状况及财务报表。然而，由于转移支付在澳大利亚联邦政府中的地位非常重要，澳大利亚联邦政府综合财务报告还用大量篇幅介绍了联邦政府向各州政府转移支付的情况，并在"联邦关系"中独立披露。澳大利亚联邦政府的基础财务报表包括：澳大利亚联邦政府将部门分为一般财政部门、公共非金融公司部门、公共金融公司部门三类，各部门分别公布其业务活动表、资产负债表和现金流量表。

在财务分析四类指标中，财政可持续指标是澳大利亚联邦政府最为关注的指标维度。该指标可以分为两类：资产负债类相关指标包括资产构成、负债构成、资产预决算差额、负债预决算差额等；GDP 比值类相关指标，包括收入与 GDP 占比、支出与 GDP 占比、收支缺口与 GDP 占比、财政余额与GDP 占比、净债务与 GDP 占比、总债务与 GDP 占比、净利息支出与 GDP占比、净金融性结余与 GDP 占比等。

澳大利亚州政府综合财务报告分为以下部分：引言、合并财务报表、分部门财务报表。与联邦政府类似，将政府公共部门分为一般政府部门、公共非金融公司部门、非金融性公共部门以及公共金融公司部门。澳大利亚州

政府基础财务报表有:合并业务活动表、合并权益性变动表、合并资产负债表和合并现金流量表。

在四类财务分析指标中,财政可持续性指标州政府披露的比联邦政府少,仅包含资产构成、负债构成、净金融负债构成、收入与 GDP 占比、净债务与 GDP 占比和净金融负债与 GDP 占比等。

澳大利亚地方政府综合和财务报告比较简单,仅包括业务活动表、资产负债表、权益性变动表以及现金流量表等四类基础性财政报表及其相关的报表附注。各类基础财务报表的披露信息与州政府类似,但未披露相关财务指标。

四、英国政府综合财务报告中的财政可持续性分析指标

英国是国际上政府会计和政府综合财务报告最为先进的国家之一,具有目前最为全面完整的政府财务报告体系和多层次的政府财务报告分析框架,包括中央政府财务报告、地方(郡、市)政府财务报告和英国政府整体财务报告(WGA)。

英国中央政府没有专门的年度财政报告,而是将政府当年的财政决算与下一年度的财政预算统一在秋季报表中进行披露。其中秋季财报表的内容可以分为两大部分:第一部分为预测与预算,包括对宏观经济与公共融资的预测、政策决策预算,以及在政策决策预算下的生产率、税收和公共决策变化的具体情况。第二部分为财政报表,披露政府当年的财政运行情况及其未来 6 年的预测情况。英国中央政府的财务报表主要包括:宏观经济预测表、现金流量表、融资活动表、财政收入表和财政支出表。

英国中央政府的财务分析指标主要包括宏观经济指标、财政收支平衡指标和财政可持续性指标,没有披露服务指标。其中财政可持续性指标仅披露预算赤字与 GDP 占比、总债务与 GDP 占比和净债务与 GDP 占比等三个指标。

英国郡政府综合财务报告主要包括:陈述性报告、会计政策声明、会计准则声明和责任声明、独立性审计报告、财务报表及其附注、养老基金和年度政府声明。其中财务报表可以分为三类:一类为可比性财政报表,主要包括业务活动表、储备金变动表、资产负债表和现金流量表;二类为合并财政报表,主要包括业务活动表、储备金变动表、资产负债表和现金流量表;三类为养老金财务报表,主要包括业务活动表和资产负债表。英国郡政府基础财务报表主要有:业务活动表、储备金变动表、资产负债表、现金流量表和养老金财务报表。

由于英国郡政府采用储备金制,可以较好地控制债务问题,进而可以控制财政风险,因此郡政府对财政可持续性的关注度相对较低,仅披露了资本性支出增长率和债务构成(分融资渠道)的财政指标。

英国市政府的财政报告主要分为三大部分:财政报告引言、核心财政报表和养老金财政报表。与郡政府一样,基础财政报表包括:储备金变动表、业务活动表、资产负债表和现金流量表,其披露的形式和科目也和郡政府一样。市政府披露的财政指标和郡政府类似。

英国政府整体财务报告(WGA)是目前全世界唯一包括中央和地方政府的公共部门财务报告。2011 年,英国对外公布了首份经审计的政府整体财务报告,至今已连续发布 10 年。英国政府整体财务报告由英国财政部主导,整合了英国公共部门 1 万多家机构经审计的财务报告,按照英国独立财务报告咨询委员会(FRAB)的意见按照国际财务报告准则(IFRS)进行发布。数据主要是根据 IFRS 准则,向在公共部门分类下的机构收集得到的。英国政府整体财务报告的连续发布,使得英国成为政府综合财务报告编制技术最为先进的国家之一。

英国政府整体财务报告的内容框架主要包括七个部分:引言和绩效分析、会计管理当局责任陈述、治理申明、报酬和工作人员报告、财务报表、监察官和审计长的证明和报告、与国民经济核算比较的附件。主要有四类核心报表：收入与支出合并报表、综合财务状况报表、现金流量表和内部控制报表。除披露报表数据外，报告中还包括对政府财务情况的相关分析。

英国政府综合财务报告体系所涉及的财务分析指标较美国、加拿大和澳大利亚更为多元，且分散在不同出处的分析报告中，大致可以分为以下类别：年度财务指标、政府绩效指标、财政前景预测指标、财政可持续性指标和财政风险性指标等。其中财政可持续指标是由预算责任办公室（OBR）负责。OBR 发布年度《财政可持续性报告》，该报告主要是对英国公共财政和公共部门资产负债表分析的长期预测，通过对支出、收入和金融交易的长期预测，来评估公共部门是否可持续发展。《财政可持续性报告》的基本框架内容包括：导论，包括分析财政可持续性的框架、关于财政政策的假设、报告的结构；财政可持续性分析，包括公共部门资产负债表、公共卫生开支、人口预测和国家养老金支出的数据呈现、学生贷款、私人养老金和储蓄政策措施；未来政府活动的财政影响，主要是长期财政预测，包括关键假设、如何规划公共财政、50 年后的支出和收入预测、对公共财政的影响、下届议会的预算平衡；财政可持续性的简要指标，包括跨期预算缺口和财政缺口。

跨期预算缺口（Inter-temporal budget gap）是英国财政可持续报告所采用的比较核心的财政可持续性指标。财政可持续性的主要定义在偿付能力上，即政府能够履行其未来义务的能力。在满足条件的情况下，这种偿付能力是由政府的跨期预算约束所决定。满足这种条件需要在不确定时间范围内，政府能够有足够的收入来支付所有的除利息外的支出和服务，并能最终偿还未还债务。这就要求未来政府收入的现值应等于或大于其现有债务之和，加上其未来支出的现值。在政府不满足跨期预算约束的情况下，跨期预算缺口能用于衡量政府通过增加税收和/或削减公共支出来调整它们占GDP 的比重，促使政府正常运营。由于跨期预算缺口是由收入和支出在不确定的时间范围内流动得出的，ORB 在分析时做出了超越 50 年预测范围的假设,假设收入和支出占 GDP 的比重保持稳定不变。满足跨期预算约束所需的主要余额,取决于政府支付其债务的利率与经济长期增长率之间的差异。利率越高,债务积累越快,但如果经济增长超过利率增长,就越容易偿还。如果政府债务的利率仍低于经济增长率,那么即使政府基本预算仍为赤字,净债务占 GDP 的比重也可能会下降。相反,如果利率超过经济增长率,那么从长远来看,政府将需要筹集更多的收入用在除了债务利息外的基本预算盈余的运行,以偿还积累的债务。利率超过经济增长率的数额越大,所需的基本盈余就越大。跨时间的预算限制也可能被认为是约束不够,因为它将允许各国政府在有足够大的财政盈余的情况下长期运行巨额财政赤字。任何政府都不能令人信服地承诺自己及其继任者能对未来这么久的债务负责。因此,用来判断可持续性另外一个标准就是财政缺口(Fiscal Gap)。

财政缺口是在给定年份达到既定债务与 GDP 占比,需要实现预算平衡,但未能达到平衡的短期和长期变化。财政缺口是在预先确定的有限范围内进行判断的。财政缺口在判断政府财政是否可持续方面比较直观,可以轻松解释政府债务相对于 GDP 水平所做出的任何政策规定。一旦公共财政偏离轨道,人们对于最佳债务比率以及如何迅速恢复债务比率还没有达成共识。事实上,除了英国上届政府 2008 年在《稳定与增长公约》中规定了具体债务占 GDP 比重之外,没有一个英国政府的目标是明确的。需要提醒的是虽然财政缺口为零,意味着公共财政对特定的债务目标和时间表是可持续的,但这并不一定意味着财政政策是最佳的,或者在目标日期之后一定是可持续的。

五、日本政府综合财务报告中的财政可持续性分析指标

日本中央政府从 1999 年开始逐步建立政府综合财务报告制度,并于 2000 年第一次引入权责发生制政府资产负债表,直观地向国民呈报 1998

年决算时点上的政府资产负债状况。之后,2002 年编制并公开《部门财务报告书》;从 2003 年开始,编制并公布《政府综合财务报告书》;随后,从 2009 年和 2010 年开始,公布《基金财务报告书》和反映各财政项目成本收益的《财政项目财务报告书》。2011 年中央政府完成《政府综合财务报告书》编制系统,真正建立了《政府综合财务报告书》制度。目前,每个财政年度的次年 1 月,定期向公众公开各类《政府财务报告》。

日本政府综合财务报告分中央政府和地方政府两个层次。中央政府财务报告的核心内容由四张表和附注说明构成,包括:资产负债表、业务费用计算书、资产、负债差额增减计算书、分类收支计算书,以及对这些表格内容进行说明的附件。

日本中央政府综合财务报告披露四张基础财务报表:资产负债表,业务费用计算书,资产、负债差额增减计算书和分类收支计算书。

日本中央政府综合财务报告的财务分析框架是将部门财务报告、基金财务报告,以及政府相关机构财务报告合并的体系。日本中央政府的综合财务报告分析指标中的财政可持续性有些比较特殊的指标。由于日本中央政府高额债务的主要原因是因人口老龄化造成的社会保障支出的增加,因此,在日本中央政府综合财务报告中,对相关指标进行了详细的分析,主要涉及的指标有:经济增长率、人口出生率、人均寿命、养老保险制度的支付方式、工资增长率。具体做法是,在不同经济增长率的假设下,测算出不同人口的出生率、人均寿命、养老保险制度的支付方式所需要的财政支出,然后,再与债务水平进行对比,来测算财政可持续性。

日本地方政府综合财务报告的核心内容与中央政府基本相同,也是由四张表格组成。财务分析指标中与地方财政可持续性相关的分析指标有:财政能力、经常收支比、实质公债费比率、将来负担比率。其中财政能力是用标准财政收入额除以标准财政支出需求额,取值范围是过去三年的平均值。财政能力指数越高,说明其财源充足。经常收支比是反映财政构成的弹性,即年度经常收入(没有特定用途的)中,用于各年度人工费、福利费以及公债费等支出(经常性支出)之间的比率,该比率越高,说明政府的经常收入应对日常开支的能力就越强。实质公债费比率反映公债费给地方财政造成的负担,即地方政府从一般预算中负担地方债的本利偿还金额与标准财政规模之间的比率,其取值区间为三年平均值,它表示的是地方财政资金的弹性大小。将来负担比率反映将来世代的财政负担,即包括地方企事业单位的债务在内的地方全部负债与资产的比率,是地方一般预算中将要负担的所有实质性债务与标准财政规模之比。

以上分析比较了世界代表性国家政府综合财务报告财政可持续分析所选用的指标,为了清晰了解并便于比较各国的指标差异,表 4.1、表 4.2 分别汇总了上述国家联邦(中央)政府和地方政府财政可持续性指标(包括中国)。

表 4.1　代表性国家联邦(中央)政府财政可持续性分析指标比较

国　别	指　　标
中　国	负债率、税收收入弹性、固定资产成新率、公共基础设施成新率、保障性住房成新率
美　国	总债务占 GDP 比重、基本赤字占 GDP 比重、利息支出占 GDP 比重、预算赤字占 GDP 比重和收支缺口占 GDP 比重
加拿大	资产构成、资产增长率、各部门资产分布、分类别债务增长率、预算赤字与 GDP 占比、总债务与 GDP 占比和净债务与 GDP 占比
澳大利亚	收入与 GDP 占比、支出与 GDP 占比、收支缺口与 GDP 占比、财政余额与 GDP 占比、净债务与 GDP 占比、总债务与 GDP 占比、净利息支出与 GDP 占比、净金融性结余与 GDP 占比
英　国	预算赤字与 GDP 占比、总债务与 GDP 占比和净债务与 GDP 占比、跨期预算缺口、财政缺口
日　本	经济增长率、人口出生率、人均寿命、养老保险制度的支付方式、工资增长率

资料来源:笔者自制整理。

表 4.2 代表性国家地方政府(部门)财政可持续性分析指标比较

国 别	指 标
中 国	固定资产成新率、公共基础设施成新率、保障性住房成新率
美 国	资产构成、负债构成、总债务与居民收入比、人均总债务、净债务与居民收入比、人均净债务、可用收入债务覆盖率、债务支出与非资本性支出比
加拿大	资产构成、资产增长率、各部门资产分布、分类债务增长率、外部债务与总债务比、非对冲外币债务与总债务比、债务净额比、债务净额与总财政收入比、债务利息支出与总财政收入比、自有收入与 GDP 比、人均债务净额
澳大利亚	资产构成、负债构成、净金融负债构成、收入 GDP 比、净债务 GDP 比、净金融负债 GDP 比
英 国	资本性支出增长率、债务构成(分融资渠道)、资产构成
日 本	财政力指数、经常收支比、实质公债费比率、将来负担比率、有形固定资产折旧率

资料来源:笔者自制整理。

第三节 财政可持续性报告的国际经验

一、澳大利亚的代际公告

澳大利亚的代际公告是对澳大利亚当期政策的长期可持续性,以及人口、技术和其他结构趋势如何影响未来 40 年经济和预算的全面体检。澳大利亚财政部按照《预算真实法案宪章》(Charter of Budget Honesty Act)要求,自 2002 年起,每 5 年发布一次代际公告。截至 2021 年,已发布了 5 次代际公告,分别是 2002 年、2007 年、2010 年、2015 年和 2021 年。过去的代际公告提高了人们对澳大利亚可能面临的人口和其他长期挑战的认识,以及对经济增长和财政可持续性的影响。2002 年和 2007 年的报告强调了稳定的人口老龄化给未来预算带来的压力。2010 年的报告强调了气候变化带来的挑战。在全球金融危机之后,2015 年的报告阐述了不同财政政策的长期可持续性。2021 年的报告强调了澳大利亚未来的风险和机遇。

澳大利亚政府认为财政可持续性对于维持宏观经济稳定，减少经济脆弱性和改善经济绩效很重要。财政的可持续性是政府管理财务的能力，因此它可以满足其现在和将来的支出承诺。它确保未来几代纳税人不会因为政府为这代人提供的服务而面临难以管理的账单。当政府能够履行其义务而无需增加税收或削减支出，公共财政被认为是可持续的，通过增加税收或消减支出，这在某种程度上是不现实或会损害经济。稳定的债务与 GDP 比率通常与财政的可持续性一致，因为这意味着政府债务的增长速度不超过其提高收入的能力。较低的债务水平通常比更高的债务水平更可持续，因为它们涉及较低的债务服务成本和风险。

可见，澳大利亚的代际公告是政府预算文件的组成部分，其目的是评价未来 40 年内政府财政政策的长期可持续性。由于澳大利亚财政支出一半以上用在医疗、教育和社会保障等与人口因素、经济发展趋势和技术进步相关的政府项目，因此，在预测财政支出是分两类：一类是与人口变动因素相关的项目支出，如医疗、教育和社会保障，并分别建模进行预测；另一类支出则按照占 GDP 的稳定比例预测。

二、新西兰的长期财政状况报告

根据新西兰《公共财政法案》(1989)规定，新西兰财政部至少每 4 年编制一份长期财政报告并对外公布，介绍和预测新西兰在未来 40 年的财政状况及其发展。新西兰财政部于 2006 年正式发布了第一份《新西兰长期财政状况》。新西兰财政部发布该报告的目的主要是为了提高政府公共财政信息的质量和披露的深度，使社会公众能够更好地了解新西兰政府在收支方面所做出决策的长期影响，并有助于政府在未来几十年内，可以做出有利于财政可持续发展的相关决策。《新西兰长期财政状况》主要从假设新西兰未来的人口规模、人口结构和经济规模入手。通过对历史发展趋势和当前财政政策的分析和判断,预测政府未来重要的财政收入和相关项目支出。在该份报告中采用的预测方法是新西兰已有的长期财政预测模型(Long-Term Fiscal Model,LTFM)。长期财政预测模型一般采用"三步法",第一步根据人口统计,预测未来几十年的人口规模和结构;第二步,再根据人口预测的数据,预测未来的GDP规模;第三步,对政府财政收入和重要项目支出做出预测。财政收入预测是将税收收入和非税收收入分开并分别做出预测。财政项目支出主要对四大重要支出项目:医疗项目支出、教育项目支出、养老金项目支出、福利项目支出和其他项目支出分别进行预测。医疗项目支出是根据人口增长、经济增长以及其他增长因素等进行预测;教育项目支出主要是依据人口基数变化、教师学生比例增长和通货膨胀率等因素进行预测;养老金项目支出主要根据退休人数增长、人口寿命增长、工资增长

表4.3 长期财政预测关键假设表

关键假设	历史趋势情形	可选择情形
政府借款的真实利率	到2045年逐渐达到2.3%	模型确定的保证国债需求满足国债供给的利率
劳动生产率增长	每年1%	由模型根据愿意工作的家庭占投资的比例以及税收响应来确定
劳动力供应	根据人口预测和假设每个年龄参与劳动的人数	模型基于工人在工作和休闲之间的偏好和扣除税收后的劳动收益来确定
实际GDP	每年随着劳动力供应和生产力的增长而增长	模型根据投入(如税收)确定资本存量和工作时间
政府政策	按照历史和人口趋势,预测卫生、教育、新西兰退休金支出和工作年龄福利支出;其他运营支出保持GDP的百分比的历史水平不变	政府通过调整税率或支出来稳定净债务
政府投资	财产、厂场和设备投资假设稳定在GDP的14%或者总投资的54%	政府投资被假定为相当于GDP的5.1%(1994—2019年的平均值)

资料来源:笔者根据新西兰2021年长期财政预测报告翻译整理。

率和通货膨胀率等因素进行预测；福利项目支出是指除养老金之外的社会福利支出，主要包括基本生活福利、失业福利、疾病福利、残疾福利等，这些福利项目支出主要根据接受福利的人数的增长情况进行预测。报告中对以上财政收入和项目支出，分别采用长期财政预测模型进行长期预测。表 4.3 列出了长期财政预测中所用的关键假设。

三、英国长期公共财政报告和财政可持续报告

按照英国《财政稳定法案》的要求，为了帮助英国政府管理公共财政，实现下期财政目标，英国自 2002 年开始每年由财政部发布《长期公共财政报告》，报告政府财政长期发展以及对公共财政的影响。英国的《财政可持续性报告》原来是《长期公共财政报告》的一部分，自 2010 年开始每年由预算责任办公室（Office for Budget Responsibility，OBR）负责单独发布。该报告包括的内容有：概况、经济状况、财政状况、长期财政可持续性、财政风险再评估。英国长期财政可持续的预测期为 50 年，对未来 50 年的环境变化、技术变化、人口变化、全球不确定性，以及经济增长对公共财政的影响进行预测，通常会对财政收支中受到长期挑战影响巨大的项目进行重点预测，在必要的情况下，对公共财政收支中受到长期挑战影响巨大的项目，构建模型进行预测，预测的主要目的是揭示长期挑战对公共财政所面临的风险和压力。可以模型化的财政收入项目一般包括所得税、财产税、消费税等税收收入；财政支出项目一般包括医疗支出、教育支出、养老金支出等。

从历年财政部和 OBR 发布的从历年财政部和 OBR 发布的《财政可持续报告》可以看出，英国早期的财政可持续性主要取决于经济增长，长期的经济增长又主要靠生产率增长和劳动力规模变化来支撑，劳动力增长的主要决定因素是适龄工作的人口，生产率增长主要靠技术创新。英国政府面临的长期财政挑战和压力主要有：由人口寿命增长或预期人口寿命增长带来的医疗成本增加、人口中青年人数增加带来的教育支出压力、未来人口变

化对公共服务养老金支出带来的压力、已退休人员变化所带来的国家养老金支出压力，以及为不能自理人口提供长期保健服务的长期护理支出的压力。从 2021 年 OBR 发布的《财政可持续报告》可得知，英国由于受到新冠肺炎疫情和预算缺口的影响，债务的利息成本占 GDP 比重过高，加上财政赤字占 GDP 的比重达到历史峰值，给财政带来了巨大的压力，财政预测不可持续。2021 年疫情后，英国财政面临的主要风险有：金融风险、财政收支风险或有负债风险和债务利息风险和财政政策风险等。

四、美国政府综合长期财政预测报告

美国财政可持续性预测报告始于 2004 年美国为了控制财政风险，评价在当前的财政政策下，美国社会保障项目的可持续性，开始向社会公众呈报《社会保险表》(Statement of Social Insurance，SOSI)，提供医疗保险等社会保障项目未来 75 年的预期现金流入、现金流出及余额的现值信息。2009 年为了扩展 SOSI 的信息，美国联邦会计准则咨询委员会(FASAB)发布了《美国政府综合长期财政预测报告》(SFFAS 36)。该预测报告要求长期财政可持续预测报告由财政可持续性能力表、补充信息和披露三部分构成，其中财政可持续性能力表在 2010 至 2012 年 3 年间作为该报告的补充信息呈报，但从 2013 年开始须作为政府综合财务报告中的基本财务报表呈报，并要求在政府综合财务报表的附注 26 中披露长期财政预测，预测期为 75 年，连同未审计的税收收入的信息，帮助读者评估财务报告当前的联邦支出和税收政策是否能够持续，在多大程度上当前纳税人收到的公共服务成本将转移给未来纳税人。这种评估需要一些有关收入、支出和由此产生的债务金额，以及这些金额与经济规模是怎样一种关系的前瞻性信息。财政可持续性是指公众持有的联邦债务与 GDP 之比最终是稳定的还是下降的。但附注 26 中没要求提及州和地方政府财政政策的可持续性。在附注中对联邦政府财政可持续性提出的预测和分析是基于一系列假设或推断。其中一个最基本的假设是：当前的联邦政策不会改变。做出这一假设是为了说明当前财政政策是否可持续，以及如果不可持续，为使财政政策可持续所需要多大的改革规模。

财政可持续性能力表是财政可持续性报告的核心部分，从政府整体来看，呈报政府未来 75 年内所有项目的收入和支出现值的预测信息，这些项目不仅包括了社会保障项目，还包括了教育等其他项目未来现金流入和流出的现值信息，从而提供了更加全面而综合的政府财政长期可持续性信息。财政可持续性能力表的基本要素包括：财政收入、非利息财政支出、财政收入与非利息财政支出的差额。其中，财政收入按项目重要性分别列报，如医疗保险收入项目、社会保险收入项目以及所有其他收入项目；非利息财政支出也是按项目重要性分别列报，如医疗保险支出项目、医疗补助支出项目、社会保险支出项目、若干重大项目联邦政府其他支出项目等；财政收入与非利息财政支出差额为总的财政收入与总的非利息财政支出之间的差额，即财政缺口。可持续能力表还呈报有各项目当年的现值及其占预期 GDP 的比重、前一年的现值及其占预期 GDP 的比重以及两年比较后的变动信息。

可见，财政可持续性报告作为政府综合财务报告的一部分，提供的信息可以有助于政府综合财务报告的使用者评价在当前财政政策不变的情况下，即在政府公共服务和税收政策不变的情况下，政府未来的财政资源是否足以维持公共服务支出和偿付到期债务，并有助于信息使用者了解这种评价的社会、政治和财政内涵，从而有助于实现政府财务报告的受托责任和决策有用性的目标。

五、其他国家的经验

除美国、澳大利亚、新西兰、英国外，世界其他国家，如挪威，其财政部自 1993 年开始每 4 年提供一份《挪威经济长期前景》报告，预测未来 50 年的政策选择、长期挑战和经济前景；荷兰中央规划局自 2000 年开始提供《老龄化与荷兰公共财政的持续性》,预测至 2100 年荷兰财政的持续性情况;瑞士联邦财政部门,自 2008 年开始每 4 年提供一份《瑞士公共财政长期持续》,预测瑞士政府未来 50 年公共财政的长期持续性,以及丹麦的《持续性未来》、德国的《公共财政持续性报告》等。

通过上述世界代表性国家长期财政可持续性呈报的经验来看,尽管各国使用报告的名称各异,但均是通过预测未来的财政收入和支出来评价财政长期持续性,可供我国借鉴,特别是美国将财政长期可持续性评价与政府综合财务报告相结合,将财政可持续性能力表作为政府综合财务报告的基本财务报表并提供比较信息,更加值得我国未来政府综合财务报告正式推出时予以借鉴。

第五章
财政可持续性评价需求的理论分析

第一节　我国财政可持续发展现状

一、国民经济及国家财政收入增长方面

经济增长与财政收入增速存在着长期均衡与短期动态调整机制,具有较为明显的正向相关关系和相互促进制约的作用。经济增长的提速或放缓,最直接的影响就是各主要税种收入的增长或下降,从而改变以税收为主的财政收入体量;反之,采用积极或稳健的财政政策,意味着主动减税降费或调整部分税种税率税费,也会对经济发展产生刺激、引导和稳定等作用。受到经济基本面的支撑,从很长一段时间范围来看,财政收入(以现价计算)的增速都高于 GDP(以不变价计算)增速,但二者以现价折算后增速基本持平。2002 年至 2021 年国家税收和非税收入金额以及国内生产总值和财政收入的增速情况见图 5.1。按照经济增速与财政收入增速的起伏波动,共分出五个阶段。

（一）2002—2007 年发展阶段

这个阶段是我国加入世界贸易组织(WTO)后的经济腾飞期,财政收入突破 2 万亿元。2002 年开始,中国的对外开放进入新阶段,从 2001 年 12 月 11 日正式加入 WTO 开始,依靠投资和出口实现了经济起飞,开始了经济回

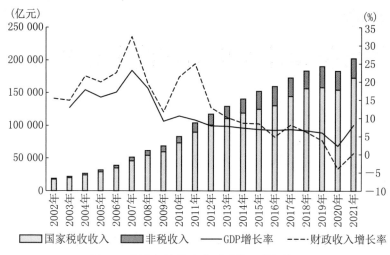

图 5.1 国民经济及国家财政收入增长情况

资料来源:笔者根据统计数据自制。

升的重要起点。2003 年,中国经济逐渐摆脱通货紧缩和需求不足的尴尬局面,实现触底反弹。在成功抵御"非典"疫情、经济上升态势高昂的大背景下,党的十六届三中全会通过《中共中央关于完善社会主义市场经济体制若干问题的决定》,提出"推进财政管理体制改革,健全公共财政体制"的新目标,当年我国财政收入达到 21 715 亿元,首破 2 万亿元大关。根据经济形势的推测,为了调整好经济发展和财政增长的节奏,中央于 2004 年开始实施稳健财政政策,转变思路,调整方式。2005 年正式实施提出"控制赤字、调整结构、推进改革、增收节支"。在这样的调控和管理之下,2006 年高增长、低通胀,经济增速加速上行,几近完美,直至 2007 年呈现了这一阶段的峰值。总体来讲,2002 年至 2007 年,我国 GDP 连续六年保持 10% 以上的增长。这一时期,经济发展的质量和效益都得到提高,既没有出现剧烈的震动,也没有由于经济过热而产生严重的通货膨胀。

(二)2007—2009 年发展阶段

这个阶段是金融危机断崖式下跌期,经济增速降至 10% 以下。2007 年下半年至 2009 年,美国的次贷危机引发了世界性金融危机,我国的进出口业务受冲击较大,受到各种外部因素的影响,内需同样不振,经济增速和财政收入增速在 2009 年呈现了双"倒 V"的态势。由于国际经济环境恶化,主要经济体纷纷陷入金融危机,我国出口增长放慢、市场持续低迷、居民消费不振,导致了经济增速继续放缓。为了支持中小企业发展、保持出口稳定增长、促进房地产市场健康发展,国家通过降税率和减免税收等税收手段缓解市场主体压力,刺激经济平稳发展。客观经济形势促成财政主动降低汲取能力,导致 2008 年财政收入较上年下降 13%,2009 年继续下跌 8%,达到历年谷底。

(三)2009—2011 年发展阶段

这个阶段是我国"四万亿"政策刺激期,财政收入跨进"十万亿"。

为了改变经济的低迷,国家转变财政政策,由稳健转为积极。2008 年 11 月,中央政府提出灵活审慎的宏观经济政策,即通过加快保障性安居工程建设和其他基础设施建设、加快医疗卫生文化教育事业发展和生态环境建设、加快自主创新和结构调整、全面实施增值税转型改革等方式,进一步提高收入、扩大内需、重建灾区、减轻企业负担、促进经济平稳较快增长的十项措施,其中尤以取消商业银行信贷规模限制,两年内向社会投资"四万亿"的金融刺激方案最为强力。辅以货币政策等调节手段,引导和带动了 2009 年下半年国民经济企稳向好。这一计划拉动和优化了全社会投资结构向国家重点鼓励和支持的农业和教育、卫生、社会保障、文化等民生工程领域倾斜,推进了经济结构战略性调整和发展方式的转变,加快了重大基础设施建设,为长远发展增强了后劲。在这种极度宽松的政策环境下,2009 年中国经济迅速反弹实现"V"形反转,投资成了这段时间经济触底反弹的主要动力。2010 年是中国经济繁荣的顶点,经济状况大大好转。外贸方面,由于外贸进出口总额的增长带动了进口货物增值税、消费税和关税的提升,国内方面,汽车销售量大幅提高,消费税和车辆购置税超收显著。这两方面的税收收入增长强势带动了当年财政收入超收,当年达到了 83 101.51 亿元,比上年增长 21.28%,相对于年初全国人大批准的预算超收 4 410 亿元,经济增速恢复到 2008 年时的水平。2011 年同样受到了企稳向好态势的良性影响,经济继续平稳较快增长,消费价格回升。由于体量的回升,所得税、增值税等主要税种实现增收。由于上年市场主体商业效益较好,企业所得税上年汇算清缴和预缴入库增多,财政收入得到平稳较快增长。更因为当年将原在预算外专户管理的 2 500 亿元非税收入纳入预算管理,并开始向外资企业征收城市维护建设税和教育费附加等政策影响,带动了相关财政收入的增加。这一年经济和财政收入增速都达到了 2008 年以来的峰值,当年财政收入迈入"十万亿"大关,达到了 103 874 亿元。

(四)2011—2020 年发展阶段

这个阶段是我国财政稳中求进发展期,国内生产总值超"百万亿元"。主要经济增长指标达到高点后,"四万亿元"刺激政策退出,经济形势进入了更为漫长的下行周期。中央再次调整节奏,在 2011 年中央经济工作会议中提出,不再"唯 GDP",更加注重 GDP 的"创新"与"绿色","稳中求进"逐渐成为这一时期的工作总基调。这一时期,与经济和财政收入的快速增长相比,国家更加关心的是经济结构的调整和优化,尤其是产业结构和资源的配置、升级以及培育新的经济增长点,并强调高质量的发展。企业利润增幅低导致企业所得税征收较少,物价涨幅回落,尤其是工业产品价格下降使流转税增收也出现困难,在经济增长放缓的大背景下,2012 年继续坚持和加大结构性减税力度,涵养税源,当年全国财政收入增幅下降 12.2%,仅税收收入增幅就下降了 10.5%。2013 年,中国放眼向世界,提出了与中亚、东南亚邻国共同构建"丝绸之路经济带"和"21 世纪海上丝绸之路"(即"一带一路")的倡议,这不但直接推动了沿线国家进出口贸易的增长,并且促成了亚洲基础设施投资银行的组建和运营,提升了中国的国际影响力,打通了中国企业进出口贸易、商业投资和承接服务合同的通道,为加强相关商品和服务贸易,促进外贸经济发展打下了良好基础,当然更能为增强财政实力埋下伏笔。2014 年,经济发展进入"新常态",这一常态依然强调经济总量不是主要因素,调整结构进而实现人均 GDP 的提升和经济的再生型增长是主要目标。中国发展进入从粗放、数量型向集约、质量型过渡的战略机遇期。在这样的基本方略基础上,2015 年,国家继续以稳中求进为总基调,以"去产能、去库存、去杠杆、降成本、补短板"为中心任务开展供给侧结构改革,中国进入以提高质量效益为中心、调整产业结构、深化改革开放的发展阶段。

2016 年以来,经济开始回暖,财政增收潜力提高。供给侧结构性改革巩固了良好的产业发展质量,促进了经济提质增效,初步实现了供给体系与需求结构的合理对接。多年的工业品价格通缩现象结束,通过消费的拉动,使经济出现了明显向好势头。2017 年,国家继续深化改革,实施积极财政政策,通过减税降费等有力手段加大财政支出结构调整力度。由于经济增速和工业产品价格回升带动了税收的增长,相比 2011 年至 2016 年年均 3.64% 的下降趋势,2017 年,全国一般公共预算收入增速随着主体税种的增长有明显反弹。2018 年至 2019 年,积极的财政政策加力提效,推动更大规模减税、更明显降费。2018 年全年为企业、个人等市场主体减轻税费和非税负担 1.3 万多亿元。更由于受到中美贸易冲突以及国内去杠杆的影响,经济有所下行,但下行的程度是比较温和的,2019 年人均 GDP 首次超过了 1 万美元。

2020 年,受到新冠肺炎疫情的影响,中国 GDP 增速达到了 20 年来的最低值,仅为 2.74%。为了对冲企业经营困难,2020 年出台了力度空前的 2.5 万亿元减税降费政策,减轻企业负担,财政收入增长率骤降,20 年来首次出现负增长。即便如此,在当年全球 GDP 超万亿美元经济体(国家)中,只有中国实现了经济的正增长。也正因为如此,国际货币基金组织(International Monetary Fund,IMF)在《世界经济周刊》上刊文表示,中国将在全球经济恢复和发展中扮演"火车头"的角色。

（五）2021年至今发展阶段

2021年是第二个百年奋斗目标的新起点，良好开局，未来可期。2021年，世界经济格局在新冠肺炎疫情等因素的冲击下持续加速演化，中国经济增速与财政收入增速反而实现了双增长，在全球主要经济体中排名第二，实现了"十四五"良好开局。当年，国内生产总值达到114万亿元，占全球经济比重由2012年的11.4%提升到18%以上，我国作为世界第二大经济体的地位得到巩固和提升。人均国内生产总值达到80 962元人民币，超过世界平均水平，单就这一项来说，几乎迈进了世界银行公布的高收入国家门槛。疫情期间，作为最大的工业化国家，中国积极为世界提供所需的医疗物资、生产生活等资料，持续稳定的运转使全球产业链和供应链得到了保护，以及维护了商业贸易和建设的持续性，为全球经济更快复苏做出了贡献。但是总体来看，我国人均收入水平还比较低，生态环境质量还不够高，发展不平衡不充分。国家仍需以"创新、协调、绿色、开放、共享"为核心发展理念，实现发展格局、质量和水平的提升。

二、财政支出与赤字方面

公共性作为公共财政的基本属性和职能，在我国财政支出用途中逐渐凸显，随着民众对公共服务需求的不断加大，提供更好的公共产品和服务保障、实现财政的宏观调控作用、增强民生事业发展方面的投入力度都成为我国公共财政的主要责任。随着调结构、稳增长带来的财政收入缓慢增长，财政一般公共预算的刚性支出范围和力度不断加大，导致财政收支常年呈现缺口状态。适当安排财政赤字有助于兼顾积极与稳健，引导经济发展，涵养长期经济增长。长期来看，我国赤字安排具有连续性和稳定性，赤字率基本控制在国际公认的合理范围内，具有可持续性。2002年至2021年的国家财政收入和支出以及收支与赤字增长率情况见图5.2（由于2007年财政统计口径的变化，2007年以前数据与后期不可比）。

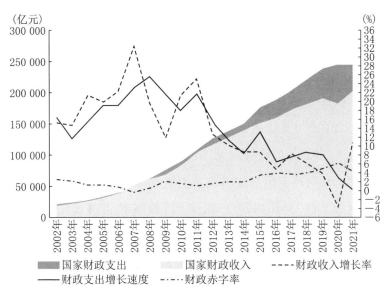

图 5.2　财政支出与赤字情况

资料来源：笔者根据统计数据自制。

（一）2003—2006 年阶段

这个阶段，财政职能得到优化，支出更多投向公共服务领域。随着财政支出管理改革的深化，政府职能逐步向服务型政府转变，在市场资源配置中起到更加重要的作用。这一时期经济实现了高速增长，给以民生为导向的财政职能和支出范围调整留出了足够空间。同时，国家还实施积极财政政策，每年均保持平均 2％左右的财政赤字安排，强化公共卫生、教育、社会保障等公共服务支出，并积极稳固产业基础，仅中央财政预算用于"三农"事业支出就实现了年均 15％以上的增速。国家着力保障和改善民生，践行以人为本的科学发展观，优化公共支出结构，事业费占财政支出 26.5％，其中近一半用于教育事业，基本建设支出也达到了 12％。2006 年，中央进一步明确提出调整财政收支结构，健全完善将财政资金投向公共服务领域的财政体制。公共服务地位的不断提升和对公共财政保障作用的愈发重视，使财政支出中公共服务的比重越来越大。

（二）2007 年至今阶段

2007 年以来，财政预算采用新科目体系，行政费用支出用功能分类，更加明确和细化财政支出的公共服务支出属性。从财政支出经济性质分类来看，2007 年至 2008 年，我国购买性支出占全部财政支出的比重延续了之前的下降趋势，但 2009 年以来则呈现出上升趋势，这一变化在很大程度上是为了应对 2008 年以来的经济危机，国家实行积极的财政政策，扩大购买性支出的结果。从财政支出行政级次分类来看，2007 年以来，我国中央财政支出占比延续了自 1995 年以来的明显下降趋势，地方财政支出则呈现出上升趋势。

2007 年以前，财政对一般经营性企业的亏损补贴是财政支出的重要组成部分。2007 年以后，随着 WTO 过渡期和经济社会转型期的调整，名义上已基本取消对企业的直接补贴，即使事实上仍然存在，但已不占据主流。国家财政支出开始主要投向民生和投资领域，一手保民生一手保增长。2008 年中共中央政治局第四次集体学习以公共服务为主题，提出进一步完善公共财政体系，调整财政收支结构，扩大公共服务覆盖范围，增强基层政府提供公共服务的能力，把更多财政资金投向公共服务领域。具体措施是要把更多的资源投向公共服务相对薄弱的农村和基层，帮助欠发达地区和帮扶困难群众。这为各级政府围绕公共服务安排公共支出提供了重要指导。此后，财政支出迅速突破万亿级，在 2008 年、2009 年，虽然财政支出增速保持与财政收入同步放缓，但支出增速仍超越了收入增速，对社会保障、医疗卫生、城乡社区事务等民生事业投入保持大量增加。2010 年起，财政大力支持"新医改"，计划在几年内构建覆盖全社会的医疗卫生保障体系，财政的医疗卫生投入占全部财政支出比重逐年增高；2011 年起，财政支出大力支持基本住房保障体系建设，建设保障性安居工程。虽然财政支出与财政收入增速均呈现明显下降趋势，但由于财政支出刚性较强，财政收入下降速度明显高于财政支出，这种情况造成财政缺口不断上升。

2013 年与 2012 年相比,购买性支出有比较大的上涨,也是应对 2012 年经济危机财政政策再次发力的表现。在经济增速持续下降的情况下,党的十八届三中全会提出,重点类别的公共服务支出同国内生产总值和财政收支的增速不挂钩,为此后财政支出大幅增长提供了制度保障,在 2014 年形成了一个极为明显的财政支出上涨局面。同时,长期大规模的减税降费政策虽然为涵养税源提供了有力的支持,但也一定程度上加剧了财政收支矛盾,威胁着财政的可持续性发展。2015 年至 2016 年,国务院办公厅、财政部先后发布《关于在公共服务领域推广政府和社会资本合作模式的指导意见》和《关于在公共服务领域深入推进政府和社会资本合作工作的通知》,将 PPP 模式(Public-Private Partnership,即政府和社会资本合作)作为一种创新的公共服务合作供给方式在全国迅速发展,公共服务支出又有了新的使用方向。从 2008 年的 18 571.54 亿元增加到 2017 年的 72 690.21 亿元,10 年间公共服务总支出额翻了三倍,且基本公共服务支出占国家财政总支出的比例也在不断上升。2018 年至 2019 年,国家继续巩固一般公共预算在"三农"产业、脱贫攻坚、科技创新、生态环保等民生重点领域和教育事业中的支出强度,比如,进一步提高教育经费使用效益,要求一般公共预算教育支出总量和在校学生人均支出均逐年递增。同时,继续提高支出的质量效益,通过全面实施预算绩效管理提升公共服务质量,保证和监督公共服务支出绩效稳步提升。

2020 年,全球遭遇新冠肺炎疫情的严重冲击,国内外环境严峻复杂,我国经济也遭受强烈冲击,当年财政收入呈现负增长。在这种情况下,国家继续落实积极的财政政策。全国一般公共预算支出继续保持增长。除了一直作为重点领域的脱贫攻坚等内容,卫生健康、农林水、社会保障和就业、住房保障、教育、交通运输等一般公共预算支出都有所增长。国家通过适度提高赤字率、扩大国债规模等方式,缓解财政收支矛盾,提振市场信心。当年财政赤字率提高到 3.6%,新增赤字体量 1 万亿元,并发行 2 万亿元抗疫特别国债,在紧急情况下安排中央对地方转移支付8.39万亿元,增长12.8%,增量和增幅为近年来最高。资金以特殊机制直达基层、投放到终端,并重点向革命老区、民族地区、边疆地区、贫困地区以及受疫情影响较大的地区倾斜,支持基层落实"六保"任务。与此同时,政府自行压减一般公共服务支出,强化"三公"经费管理,勒紧口袋过日子,将资金节省出来用于投入更重要的民生事业中去。

三、债券发行、偿还及余额情况方面

合理举债是实施积极财政政策,促进宏观经济增长和维持经济稳定的重要手段之一,对于债务的发行、监督和管理始终围绕刺激经济运行和防控风险来进行。近年来,全国政府债务总体规模逐年上涨,新增债券发行额尤其是再融资债券发行额逐年上升,在经济增速不稳定的情况下债务风险逐渐增大。尤其是2018年以来经济下行压力较大,国家通过适度加大债券规模,充分利用好杠杆,一定程度上有助于引导产业配置、推动居民消费、加快城乡发展。在经济平稳运行期间,经济增速与债务增速呈现同步增长的协调态势。但在遭遇强烈经济冲击时,财政收入不振,政府必须举债用于支付必要的刚性支出,会造成国内生产总值与债务之间显著倒置。冲击过后,还会呈现经济增速回升和债务增速下降的滞后性的动态调整。根据公开数据,我国的国家整体债务率(中央和地方政府债务余额之和与国内生产总值的比值)始终保持低于60%的风险控制标准参考值,而地方政府的整体债务率(地方政府债务余额与地方一般公共预算收入和政府性基金收入之和的比值)也低于债务率控制标准参考值(90%—150%)下限(根据IMF发布的标准)。但是,我国存在地方政府债务偿还能力区域发展不平衡、隐性债务数据不透明等问题,相应的债务风险很难做出准确评估。2015年至2021年中央和地方政府债务余额、新增债券和再融资债权发行额以及政府债和GDP增速情况见图5.3。

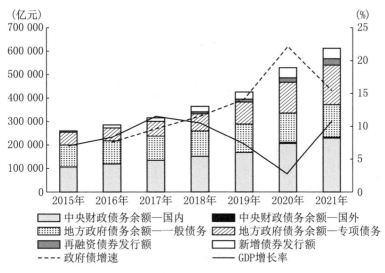

图5.3　债券发行、偿还及余额情况

资料来源:笔者根据统计数据自制。

（一）2008—2010 年阶段

此阶段地方政务债务爆炸式增长,提振经济发展。2008 年全球金融危机爆发后,中国推出了"四万亿"计划对经济进行大规模刺激,财政部 631 号文件明确规定地方政府可以通过融资平台向市场筹措配套资金。随即 2009 年地方政府债务增加了 61.9％,截至"四万亿元"计划末期,仅两年时间,地方政府债务余额相比 2008 年翻了一番,超过 10 万亿元,其中超过 5 万亿元是在 2008 年及以前累计的,其他部分发行于 2009 年和 2010 年。

（二）2010—2014 年阶段

这个阶段开启债务严管模式,地方政府债务规模持续扩大。伴随着地方政府债务的不断增长以及欧美国家主权债务危机的升级蔓延,国家开始审视自身的债务风险问题。2011 年,中央经济工作会议强调要加强地方政府债务管理。2012 年全国金融工作会议将防范化解地方政府债务风险作为金融改革的重要任务之一,提出要规范地方政府的债务融资并建立风险预警机制,控制债务规模。2013 年,审计署对全国政府性债务情况进行了摸底审计,审计结果显示,截至 2013 年 6 月,我国各级政府负有偿还责任的债务规模为 20.7 万亿元,其他负有担保责任或可能承担一定救助责任的债务达到 9.58 万亿元,导致地方债务超越经济增长,债务偿付压力较大。年底,党的十八届三中全会深入研究了全面深化改革的若干重大问题,对于债务风险的防控,提出建立跨年度平衡机制、政府债务管理及风险预警机制,实施权责发生制的政府综合财务报告制度等。国务院启动对地方政府债务的严管模式,2014 年出台了《国务院关于加强地方政府性债务管理的意见》(国发〔2014〕43 号),提出规范地方政府举债融资机制,控制债务规模和加强预算管理,防范化解债务风险,完善配套的约束和监督机制等,这个文件为后续出台的一系列债务发行、置换、预算管理配套措施奠定了基础,说明政府开始下大力气防范化解债务风险。但由于地方政府事权和财政刚性支出压力的加大,地方政府投资和建设冲动以及经济下行造成的地方财力不足等综合因素的共同作用,地方政府债务规模仍然呈现不可遏止的扩大趋势。

(三) 2015—2018 年阶段

这个阶段推动存量债务置换,多措并举加强债务监督管理。为了妥善处理存量债务,平稳推进在建项目的新老债务转换,在 2013 年政府性债务审计结果的基础上,中央政府提出再次确认地方政府性债务存量,并允许各地区申请发行地方政府债券予以置换。随后,财政部出台《地方政府存量债务纳入预算管理清理甄别办法》(财预〔2014〕351 号),进一步明确了计算时点,计划对 2014 年 12 月 31 日以前全部尚未清偿完毕的存量债务予以置换,由此正式拉开了地方政府置换债发行的大幕。截至 2018 年底,全国共发行置换债券 12.2 万亿元左右,基本完成了全部的存量政府债务置换工作,实现了地方政府债务展期,缓解了政府偿债压力。2015 年开始,为了更好守住"不发生区域性系统性风险"的底线,国务院办公厅、财政部先后于 2015 年 4 月发布《地方政府专项债券发行管理暂行办法》,2016 年 10 月发

布《地方政府性债务风险应急处置预案》（国办函〔2016〕88 号），2016 年 11
月发布《地方政府一般债务预算管理办法》，通过一系列政策文件，对债务限
额和期限的确定、预算的编制和批复、预算的执行和决算、非债券形式债务
纳入预算等方面作出了明确规定，确定了日常监督管理的主管部门和责任
追究机制，建立了风险事件等级和分级响应措施，提出必要时将依法对地方
政府实施财政重整计划的阈值，责任压实，明确了地方政府对其举借的债务
负有偿还责任，中央实行不救助原则。种种措施，体现了中央政府防控债务
风险的决心和意识。

（四）2018 年至今阶段

2018 年至今，发行再融资债券和调节偿债期限，压力缓释但不断累积。
2017 年，财政部印发《关于试点发展项目收益与融资自求平衡的地方政府
专项债券品种的通知》（财预〔2017〕89 号文），开始试点在专项债务限额内
发行用于周转偿还的专项债券，延迟偿还尚未实现自平衡的政府性基金或
专项收入项目到期债券本金，以项目收益专项债的形式为债务借新还旧提
供了新的选项，为再融资债权的发行奠定了基础。2018 年，此前大规模发
行的地方政府债券迎来了到期偿还的高峰期，到期规模超 8 000 亿元。财
政部推出债务预算新的分类管理方式，再融资债券应运而生，开始发挥重要
作用。再融资债券是发行募集资金用于偿还部分到期地方政府债券本金的债
券。财政部对其实行限额管理，虽然不能直接用于项目建设，但可以用于缓解
政府偿债压力，降低利息负担。再融资债券的发行，是地方债券一项重要的
制度创新，使得监管层增加了一项对地方政府债务风险进行调控的手段。

2020 年底起，再融资债券用途扩大，部分再融资债券（特殊再融资债）
为地方政府增加了一条化解隐性债务的途径，被用于化解建制县区高风险
债务和实现全域无隐性债务试点。这一变化有助于以低成本、长期险的再
融资债券置换高成本的到期隐性债务，产生风险缓释作用，优化城投平台债
务结构的同时，弱化城投平台与政府之间的融资绑定。再融资债券用途扩

大对地方债务风险的影响可以分为两个方面：一方面，再融资债券实现对地方政府债券的借新还旧，有利于防范地方债券流动性风险，保持宏观经济稳定和防范系统性风险，同时，随着再融资债券用途的扩大，再融资债券置换地方隐性债务，有利于维护金融系统稳定，特别是对于经济欠发达、财政刚性支出相对压力较大，债务偿还能力较弱的地区，通过再融资债券这种显性债务方式极大减轻了隐性债务偿付压力，有效地防范了区域性和系统性风险的暴露。但是另一方面，地方政府隐性债务的显性化，也会扩大显性债务规模和显性债务率，虽然在地方政府债务限额管理之下，地方债风险可以受到管控，但随着显性债务率的提升，地方政府债券风险也在提升。

在债务期限控制方面，为了降低期限错配风险，财政部调整政策，地方合理拉长了发债期限。由于财政支出大量投向交通、水利等基础设施建设和固定资产投资等长期见效领域，无法很快实现项目自平衡，因此，政府有意提高债券平均发行期限，使其与重大项目的建设和运营周期更相匹配，从而有利于缓解偿债压力。与此同时，为了避免人为将偿债责任后移，一些债券项目片面拉长期限也被严查。2018 年地方政府债券平均发行期限仅 6.1 年，2020 年达到 14.7 年，2021 年又缩短至 11.9 年。

总体来看，2018 年以来，政府债务增长速度明显高于 GDP 的增速，实体杠杆率大幅提升，债务风险进一步累积。尤其是在 2020 年，受到新冠肺炎疫情和全球产业链的影响，政府只能通过增加投资对冲经济下行压力。当年我国批准安排地方政府新增专项债券规模 3.75 万亿元（比上年增加 1.6 万亿元），并首次发行抗疫特别国债 1 万亿元，分批全部下达各省（区、市）基层政府。

截至 2021 年 12 月末，全国地方政府债务余额达到 30.47 万亿元，虽然仍控制在全国人大批准的限额之内，但与 2016 年约 15 万亿元的规模相对照，六年间已经翻了一倍。在地方政府债务规模首次突破 30 万亿元的同时，赤字范畴的国债以及地方政府一般债规模也在攀升，首次突破 1 万亿元,占到了全国一般公共预算支出比重的约 4.25％(专项债利息支出列入政府性基金债务付息支出科目中,此处不含)。

四、公共服务产品和服务支出方面

政府施政理念始终秉承"以人民为中心",公共服务关乎民生,连接民心;财政收入取之于民,用之于民。着力保障和改善民生是永恒的原则,优化财政支出结构、增强公共服务能力、扩大公共服务覆盖范围、提高公共服务均等化水平是长期以来的主题。政府不断提质增效,在控制一般公共服务的运行成本的同时,用于公共产品的一般预算支出比例和规模不断提高。2001 年以来计划经济体制完成向市场经济体制的转轨,自政府首次提出"公共服务"概念以后,通过 5 个五年规划(计划)提高公共服务水平。随着经济和财政收支规模的增长,越来越多的资金投入到国计民生的重要领域,恩格尔系数和失业率等重要参数指标得到平稳控制,未出现大的波动并有

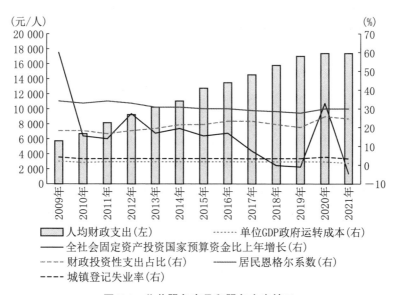

图5.4　公共服务产品和服务支出情况

资料来源:笔者根据统计数据自制。

所下降。人民安居乐业,生活水平随着经济发展而不断提高,获得感、幸福感和安全感得到提升。2009 年至 2021 年的人均财政支出、单位 GDP 政府运转成本、全社会固定资产投资中的国家预算资金实际到位增速、财政投资性支出占比、恩格尔系数以及城镇登记失业率情况见图 5.4。

(一)2001—2005 年阶段

2001 年到 2005 年,"十五"规划首次提出"公共服务"概念。在 2001 年颁布的国家"十五"规划中,我国政府首次提出"公共服务"的概念,更加重视生态建设、环保、经济与社会的可持续发展,关注教育、文化、医疗卫生、体育等各项社会事业,更加注重满足人民群众的需要。2002 年,中央确立了 2020 年前后实现全面建设小康社会、21 世纪中叶基本实现社会主义现代化的总体战略目标,进一步明确了公共服务作为政府四大职能之一的特殊地位。2003 年,中央要求将教育、卫生、文化领域的新增公共事业支出主要用于进一步强化公共服务较弱的农村地区。2005 年,《中共中央关于制定国民经济和社会发展第十一个五年规划的建议》首次提出"公共服务均等化原则",高等教育大发展使普通高校在校学生人数增长了将近 2 倍,从 2001 年的 556 万元达到了 2005 年的 1 562 万元。

(二)2006—2010 年阶段

这个阶段,我国"十一五"规划提出基本公共服务均等化任务。2006 年,国家将"基本公共服务均等化"作为一项任务纳入当年颁布的"十一五"规划,明确提出"公共财政配置的重点要转到为全体人民提供均等化基本公共服务的方向"。公共财政预算安排的优先领域是各类公共服务,在此基础上,各级政府应合理划分政府间事权和界定财政支出范围。2006 年,财政部发布《关于印发政府收支分类改革方案的通知》(财预〔2006〕13 号),将财政支出项目进一步细化,并体现出公共财政特征。反映在统计年鉴中,财政收支统计项目从 2007 年前对财政支出项目由按功能性这一时期质分类变为按支出功能分类,明确划分了一直沿用至今的一般公共服务、外交、国防、公共安全等功能大类。随着职能的逐步转变,政府在市场资源配置中的基础性作用得到了彰显,财政在民生领域投入力度不断加强,教育、社会保障和就业、医疗卫生等方面支出增速和规模都极速加大,财政职能和支出保障范围相应调整优化。与此同时,政府预算公开的推进和中央八项规定精神的贯彻落实,使政府"一般公共服务支出"呈现明显的下降趋势。但是,随着市场改革深入和经济社会转型加速,在国内外发展环境的综合作用下,贫富差距拉大、社会保障滞后等诸多潜在风险开始逐渐显露。为了解决这些新出现或潜伏已久的新老问题,2007 年,党的十七大确定深化财政体制改革的一个基本方针,就是"围绕推进公共服务均等化和主体功能区建设,完善公共财政体系"。

2008 年,公共服务财政支出在顶层设计中更加突出,中共中央政治局在以公共服务为主题的第四次集体学习中提到要进一步调整财政收支结构,扩大公共服务覆盖范围,把更多财政资源投向公共服务领域和欠发达地区,帮扶农村和困难群众,提高基层政府公共服务水平。这一精神进一步强调了公共财政在公共服务水平建设中的突出地位,更好地为各级政府围绕公共服务安排财政支出提供了理论依据,国家进入公共服务型财政制度建设时期。

这一时期,公共财政更多地惠及农村等服务公平较弱的地区,全面取消农业税,支持"三农"事业发展。政府坚持以人为本,通过建立保障和改善民生的长效机制,不断强化财政的公共支出功能。教育方面,国家承诺保障财政支出积极支持将免费义务教育推广至全部农村和城镇区域,实施普惠性的困难学生资助政策;医疗卫生方面,继续加强推动和加快建立新型农村合作医疗制度,支持医疗卫生事业发展和社会保障体系建设;社会保障与就业方面,建立健全包括最低生活保障和低收入家庭住房保障的各项社会保障制度,将其覆盖城镇和农村各个区域。城镇就业和转移农业劳动力各 4 500 万人,城镇登记失业率控制在 5％。国家着力以支出结构优化为重点保证公共服务领域的支出需要,深入贯彻落实科学发展观,在民生事业公共支出之外还鼓励自主创新,支持国家中长期科技发展,监督促进国家重大科技专项规划的贯彻实施,推进创新型国家建设;同时注重维护生态和环境资源,建设节约型与环境友好型社会。

(三) 2011—2015 年阶段

这个阶段,"十二五"时期基本建成覆盖全民基本公共服务制度。2012年7月,国务院发布首部国家级公共服务规划,即《国家基本公共服务体系"十二五"规划》,提出了由中央和地方财政担负支出责任的八大类基本公共服务以及残疾人基本公共服务共 44 类、80 个基本公共服务项目,提出了实施 26 项保障工程,突出体现了"学有所教、劳有所得、病有所医、老有所养、住有所居"的目标导向。该规划还进一步明确了基本公共服务体系建设的指导思想、基本要求和主要目标,强调了公共服务制度的公共产品属性。规划提出了公共服务均等化、一体化的具体措施,要求建立与经济发展和政府财力增长相适应的基本公共服务财政支出增长机制。在增强公共财政保障能力方面,提出明确政府间事权和支出责任、完善转移支付制度、健全财力保障机制。2012 年 12 月,党的十八大还把生态文明建设纳入了中国特色社会主义事业"五位一体"总布局。在各地区各部门的共同努力下,各地区各部门基本公共服务质量水平有效衔接,覆盖全民的基本公共服务制度基本建成。

(四) 2016—2020 年阶段

这个阶段,"十三五"规划提出国家基本公共服务清单。"十三五"时期,我国社会主要矛盾转化为人民日益增长的美好生活需要和不平衡不充分的发展之间的矛盾。2017 年 1 月,国务院发布第二部国家级基本服务规划,即《"十三五"推进基本公共服务均等化规划》,提出建立国家基本公共服务清单,并将"财力保障机制"作为五大实施机制之一,要求"加大财政投入力度""优化转移支付结构""为促进基本公共服务均等化提供支撑"。为了落实中央"健全社会保障财政投入制度,划转部分国有资本充实社会保障基金"的相关要求,国务院出台《划转部分国有资本充实社保基金实施方案》,以弥补企业职工基本养老保险制度转轨时期的基金缺口,将国有企业股权的 10％划转至社保基金,缓解由于经济社会发展和人口老龄化加剧带来的基金支付压力。2018 年,国务院办公厅印发《国务院办公厅关于进一步调整优化结构提高教育经费使用效益的意见》,要求完善教育经费投入机制,按照生均拨款标准,保证国家财政性教育经费支出占国内生产总值比例一般不低于 4％,且逐年只增不减,并着力解决义务教育阶段教师工资待遇问题,加强对家庭经济困难学生、中西部欠发达地区的政策倾斜。2018 年 7 月,中共中央办公厅、国务院办公厅印发了《关于建立健全基本公共服务标准体系的指导意见》,明确国家、行业、地方、基层 4 个层面的基本公共服务标准体系,并以 2025 年和 2035 年为两个关键时间节点,描画了基本公共服务标准体系全面建立到基本公共服务均等化基本实现的路线图。

2019 年,中国共产党第十九届中央委员会第四次全体会议审议通过了《中共中央关于坚持和完善中国特色社会主义制度、推进国家治理体系和治理能力现代化若干重大问题的决定》,将"统筹城乡的民生保障制度"列入由"十三个坚持和完善"构成的中国特色社会主义制度图谱中,提出"幼有所育、学有所教、劳有所得、病有所医、老有所养、住有所居、弱有所扶"等基本公共服务的普惠性、基础性目标,明确了政府在基本公共服务中承担的"兜底"职能。

截至 2020 年,我国位列全球创新指数第 14 位,全社会研发投入与国内生产总值之比达到 2.44％,科技集群数量和研发经费投入总量位居世界第二;1 亿多农业转移人口成为新市民,5 000 多万贫困人口实现脱贫;单位GDP 能耗和二氧化碳排放量均有大幅下降。我国历史性地解决了困扰中华民族几千年的绝对贫困问题,人民生活水平和质量普遍提高,户籍人口城镇化率显著提升,近 1 亿现行标准下的农村贫困人口实现全部脱贫,贫困县全部摘帽,解决了区域性的整体贫困问题。农业现代化取得明显进展,建成了世界上规模最大的教育、医疗卫生和社会保障体系,使人均预期寿命得到提高。我国城镇化率提升,就业总体稳定,居民恩格尔系数相对 20 年前下降了 10 个百分点。城乡居民人均可支配收入差距下降,中等收入群体比重加大,居民收入基尼系数下降,基本公共服务均等化扎实推进。

(五) 2021 年至今

2021 年以来,"十四五"规划明确公共服务目标、任务、路径和举措。国家"十四五"规划纲要强调要"健全国家公共服务制度体系",补齐基本公共服务短板,增强非基本公共服务弱项。《"十四五"公共服务规划》进一步明确了公共服务体系建设发展的目标、任务、路径和举措,进一步扩展了公共服务目标为"幼有所育、学有所教、劳有所得、病有所医、老有所养、住有所居、弱有所扶"和优军服务、文体服务等民生需求,区分基本和非基本公共服务以及生活服务,明确政府和社会的权责边界,分类提出发展重点和政策举措。健全公共服务在资金、人才和土地等方面的要素保障,优化公共服务设施布局。对与公共服务密切配合、有序衔接的生活服务,开放市场并加强监管。既要履行政府在基本公共服务供给方面的兜底保障职责,也要强调广泛动员各方力量,共同构建开放、公平、多元的公共服务供给格局。截至2021 年,全国一般公共预算支出较 10 年前翻了一番,十年间累计达到193.64 万亿元。从 2012 年的 12.6 万亿元到 2021 年的 24.63 万亿元,一般公共预算支出年均增长 8.5%,有力促进了经济社会事业全面发展进步。全球创新指数排名由第 34 位上升到第 12 位。高速铁路、5G 网络等建设世界领先,载人航天、火星探测等领域实现重大突破。环境方面,植树造林占全球人工造林的四分之一左右,风电、光伏发电等绿色电力装机总量和新能源汽车产销量达到世界第一。我国的区域公共服务均等化、城乡公共服务均等化和群体公共服务均等化取得很大成就,为党的十九大提出的 2035 年"基本公共服务均等化基本实现"奋斗目标奠定了良好的基础。

第二节　基于国家政策的评价需求

当前,我国经济增速下滑,进入经济新常态阶段,经济发展已由高速增长转向高质量发展。在这一背景下,我国财政收入增速下滑,支出刚性增长,财政收支特征发生了根本性变化,收支矛盾日益突出,财政面临的风险更加严峻和复杂,亟待推进财政的可持续发展。党和政府对此有着清晰认识,对财政可持续发展的重视程度越来越高。2016 年,《中华人民共和国国民经济和社会发展第十三个五年规划纲要》首次明确提出要"完善财政可持续发展机制"。2016 年 12 月全国财政工作会议上提出"加强地方政府性债务管理,确保财政可持续";2017 年 12 月全国财政工作会议上指出,"坚持加强地方政府债务管理,实施积极的财政政策,增强财政可持续性";2018 年,财政部进一步提出未来工作重点之一是"确保地方财政可持续";2019 年,财政全国工作会议提出"大力压减一般性支出,兜实兜牢'三保'支出底线";2020 年提出"做好重点领域风险防范化解工作,确保财政经济稳健运行、可持续";2021 年则更加多次提出"财政可持续性",包括"积极的财政政策要提升效能,更加注重精准、可持续",等等。可见,财政可持续发展问题越来越成为学界和实践界关注的热点问题之一。笔者收集了 2016—2021 年有关全国财政工作会议提及财政可持续性相关的表述,具体见表 5.1。

可见,财政部在对财政可持续性相关的工作措施中,考虑到了地方收入的稳健性,包括中央财政继续加大对地方转移支付和县级财力保障力度以保证地方财政资源的充足性,同时继续更大力度减税降费,增强市场主体活力,涵养税源;强化地方政府债务限额管理、预算管理、监督管理等措施,以确保债务风险可控。在此基础上,还要继续实施积极的财政政策,一定程度上意味着继续保持一定程度的财政赤字水平,以及一定的支出强度,从而确

表 5.1　2016—2021 年全国财政工作会议对财政可持续性的相关表述

年度（年）	全国财政工作会议相关表述
2016	加强地方政府性债务管理，确保财政可持续。强化地方政府债务限额管理、预算管理。妥善处理存量政府债务，加大发行地方政府债务置换存量债务工作力度。
2017	坚持加强地方政府债务管理，初步形成地方政府债务监督管理制度框架和风险防控体系，增强财政可持续性。继续实施积极的财政政策，增强财政可持续性。
2018	确保地方财政可持续，中央财政继续加大对地方转移支付和县级财力保障力度，监督指导地方化解债务风险的同时，各地要担起财政可持续的责任，增强财政运行稳定性和风险防控有效性。
2019	坚持加力提效实施积极的财政政策，保持一定的支出强度，加大转移支付力度，盘活存量资金资产，大力压减一般性支出，兜实兜牢"三保"支出底线，为财政经济平稳运行创造条件。
2020	做好重点领域风险防范化解工作，确保财政经济稳健运行、可持续。抓实化解地方政府隐性债务风险工作。坚持"三保"支出在财政支出中的优先地位，坚决防范基层"三保"风险。
2021	积极的财政政策提升效能，更加注重精准、可持续，要重点把握好 6 个方面：一是实施更大力度减税降费，增强市场主体活力。二是保持适当支出强度，提高支出精准度。三是合理安排地方政府专项债券，保障重点项目建设。四是加大中央对地方转移支付，兜牢基层"三保"底线。五是坚持党政机关过紧日子，节俭办一切事业。六是严肃财经纪律，整饬财经秩序。

资料来源：笔者根据历年全国财政工作会议内容整理自制。

保通过一般公共预算支出保障各项刚性支出，提供更加优质高效的公共产品，并提高政府运转效率，在经济下行压力面前进一步压减一般性服务支出。

因此，基于上述国家政策和相关措施，做好我国财政可持续性评价是推动国家财政可持续性发展的必要手段。

第三节　基于财政分配"三元"悖论的评价需求

我国的财政支出既包括以提供公共产品为直接目标的一般预算支出，

也包括用于政府日常运转的一般公共服务支出。在我国,各项财政支出,包括政府的运转,其最终目的都是为民谋福利的,最终都体现为公共服务产品;从财政收入方面讲,财政收入不仅包括以税收收入为主的一般公共预算收入,还包括政府性基金、国有资本或引入外资带来的资产和收入的增长,刺激消费也能带动与消费相关的收入增长。

根据我国财政收支的实际情况,尤其是财政支出的主要公共属性用途,结合前述财政"三元"悖论理论从收入、支出和债务三方面建立的财政恒等式,本书将等式中的以税收收入为主的"财政收入"替换为更宽口径的"宽口径财政收入"①,"支出"替换为"公共服务"。这种替换,不仅刻画了财政支出的实质,更带来了一个新的效应,即,"服务"往往并不是消费型支出,而是投资型支出,具有为未来收益奠定基础的作用;债务收入用于投资型支出时,偿债支出可能就源于公共服务基础设施所带来的未来收入增长,增加政府资产,为未来偿债叠加驱动因素。同时,由于在现实中,收入、支出和债务并非总是在同一个财年、时期或者一代中此消彼长,当引入代际公平的概念后,从一个稍长的历史时期来看,原模型的三个要素之间的静止状态将变为动态(可能是滞后的)协整关系。

这样一来,"不可能三角"不再是原本平静、尖锐的三角关系,而成为一个动态、圆润的三角关系。"服务"在这个关系中起到动态调整的重要作用。可以这样表述:当期减少财政收入(减税降费等措施)可以涵养税源,引导产业发展(尤其是直接或与政府合作投向公共事业),对提高后代受益的公共服务水平、尽快清偿债务以缩小债务规模有利;当期提供更高质量的公共服务产品(通过增加政府支出等方式)对增强政府运营满意度、营造良好营商

---

① 美国次贷危机时有通过大量外资收入导致"三元"悖论失灵的先例,如果将其他收入考虑在内,也是抵销财政"不可能三角"规律的一种手段。但是像类似于通过货币主导地位获得外资注入的情况,在目前是美国得天独厚的特殊条件,不具有普适性,因此以上模型的改进暂不考虑外资收入因素。

环境,为后代更好吸引外部资金、拉动消费、促进专项债券项目资金自平衡,进而增加与消费有关的主体税种收入或其他非税收入、缩小债务规模有利;当期控制债务和赤字规模,能够削弱债务"挤出效应"的不良影响,以稳健的财政政策防止市场过热和通货膨胀,从而促使未来的市场利率回归正常水平,在直接降低恩格尔系数等代表公共服务水平的参数值的同时,维持更多的私人投资和消费支出,而政府就可以继续实施对实业减税降费,同时调整税收结构,改"增值税"为"消费税"等措施。

因此,财政分配的"三元"悖论,为财政可持续性的"三维"分析,提供了理论上的支撑。

第四节　基于公共受托责任的评价需求

政府财务报告关注的是整个政府的资产负债状况和运行业绩,可以完整反映政府的财务状况、运行情况、资金来源和使用情况,有助于评价政府公共受托责任的履行情况,满足公众等利益相关者的信息需要。政府综合财务报告反映了各级政府利用受托资源开展经济活动和提供服务的综合结果,包括财务状况和业绩情况,理所当然应向公众提供政府全面的财务信息,包括可持续性方面的信息,具体如下。

一是财政收入方面的信息。财政收入的充足性,是判断财政可持续性的首要因素,包括财政收入的稳定性以及能带来收入的各类资产、税源的充足程度,它是体现政府受托责任是否得以履行的前提。财政收入除了充足以外,还应保留有足够的韧性和调控空间,从而可以应对转型期的内外部风险冲击,保证国家治理目标实现。比如在疫情期间,财政仍能够出台各类一揽子政策,根本原因在于过去经济高速增长带来的财力支持与财政政策手段的协调,为宏观调控提供了极大空间。要采取科学合理的财税政策,在短期稳定和中长期增长之间权衡,有效应对冲击的同时要提升中长期可持续发展。目前,我国逐步建立起一套适应社会主义市场经济的税制体系,激发了市场主体的活力,促进了经济社会的可持续发展。财政制度决定了财政汲取能力,直接决定财政资源充足性,同时影响经济增长和国家财富创造,进而间接影响财政资源充足性,这些信息都需要让公众知晓,以解脱政府的受托责任。

二是财政赤字和负债方面的信息。财政的可持续性还直接体现在财政赤字与债务余额的关系上,赤字会导致举借债务,债务本息负担迫使进一步扩大财政赤字,这样可能形成恶性循环。所以,财政可持续性还需要从债务风险角度进一步分析。在经济发展和财政收入较为稳定得到保证的基础上,债务余额占国内生产总值的比重如果保持在一个相对稳定的水平上,则意味着政府可以更加精准的预测和控制债务负担的水平,进而采用借新还旧等方式缓解借贷压力,从而保证通过借债和赤字等方式,实施积极的财政政策。

三是公共服务和收入分配方面的信息。推进社会可持续发展,财政要促进公平正义,改善民生,增强人民群众的获得感,完善公共服务体系,强化收入分配。维护社会公平正义是当前财政职能和目的之一,也是公共财政的本质属性。

总之,财政可持续发展的评价应当涉及收入、债务和服务三方面,还需要充分考虑到当期因素和代际因素、驱动因素和风险因素、静态相对关系和动态调整关系等,以满足公众对政府受托责任履行情况评价的需求。

第五节　基于国际接轨的评价需求

从前述国际经验来看,利用政府综合财务报告信息进行财政可持续性评价,有利于降低财政风险、提高财政信息透明度、增强公众对政府的信任度。

　　虽然传统的财务报表和附注信息能够为信息使用者提供部分信息,但这些信息是孤立、分散的,无法系统、总括地了解政府财政的可持续性。无论从 IPSASB 发布的推荐实务指南建议的服务、收入和支出的三维评价体系,还是具有代表性的机构,如加拿大特许会计师协会提出的可持续性、灵活性和脆弱性三维度,美国政府会计准则委员会(GASB)提出的可以用与政府经济能力有关的财务状况、财政能力和服务能力来评价财政可持续性等,构建一个基于政府综合财务报告的财政可持续性评价体系框架,已成为最佳实践。

第六章
我国政府综合财务报告改革进程及存在问题分析

第一节　我国政府会计改革背景

　　2002 年在党的十六大召开时,新一届政府提出:以"立党为公、执政为民"为宗旨,进一步完善市场经济体制,建立透明政府和绩效政府的改革目标,促使政府职能向服务型、管理型和绩效型转换,并履行公共受托责任,接受广大公众的监督和评价,以适应社会主义市场经济的发展。2008 年全球经济危机后,社会公众和利益相关者对政府的财务透明度有了更高的要求,深入了解政府财务信息的意愿更加强烈。

　　然而,长期以来,我国政府会计是以财政预算为核心,以收付实现制核算为基础,以反映和监督各项财政资金预算执行为主要任务的预算会计,主要包括财政总预算会计、行政事业单位会计和其他相关部门会计。这种会计制度对于反映预算资金的收支情况,加强我国公共财政资金的管理发挥过非常重要的作用(周玉霞、迟明睿,2017)。尽管 20 世纪以来,我国政府进行了一系列公共管理改革,如采取了部门预算编制、国库集中支付、政府采购、政府收支分类以及收支两条线等多项改革措施,进一步规范了财政支出管理,但是随着我国市场经济向纵深发展,这种以预算为主导,以收付实现制为核算基础的会计制度,由于缺乏透明度,越来越不能适应市场经济的发展,不能满足社会公众对政府运行进行评价和监督的需要,特别是无法了解政府的财务状况和运行绩效,如政府在发展中形成的债务风险情况以及受托责任的履行情况等,政府会计改革势在必行。

此外,随着全球经济一体化步伐的加快,在 IPSASB 的推动下,各国政府都在努力制定适合本国情况的政府会计准则,并采用权责发生制,实现政府会计信息的透明度,使社会公众和利益相关方能够更好地了解政府的财务状况、运行情况和取得的绩效。从前述国际经验来看,很多国家在权责发生制政府会计改革中取得了良好的效果,并起到"示范效应",像澳大利亚和新西兰的权责发生制预算体制和政府会计准则以及英国和欧洲其他国家的权责发生制政府会计改革都值得学习和借鉴,权责发生制政府会计已成为国际潮流,当今中国是世界上许多国际组织的重要成员,顺应国际潮流,遵循国际公认惯例,也是中国作为世界大国的应有担当和应尽的一项重要义务。

在国内国际新的发展背景下,2013 年党的十八届三中全会《中共中央关于全面深化改革若干重大问题的决定》中指出,"建立跨年度预算平衡机制,建立权责发生制的政府综合财务报告制度",将"权责发生制"会计改革写入国家的重大规划,自此,拉开了我国政府会计改革的序幕。

第二节　我国政府综合财务报告改革及进程

建立政府综合财务报告制度是政府会计改革的重要标志和核心内容。政府作为社会公共机构,接受社会公众的委托履行职责,政府是否尽职尽责,是否发挥公共资源的经济效益,社会公众需要通过政府对外公开政府综合财务报告的信息予以评价和监督,因此政府综合财务报告成为社会公众了解政府行为的重要途径,也是政府向外进行信息披露的主要工具。在政府会计改革的大背景下,政府会计信息披露向更加公开透明的水平发展是改革的必然要求,也是政府会计的必然选择。

随着会计改革进程的不断推进,在政府综合财务报告制度中引入权责发生制,建立与预算、会计、财务报告相互补充的信息机制,能帮助政府更好地履职尽责,有助于提高财政信息的透明度,提升政府财务管理能力,控制债务风险,促进财政可持续发展。这是因为权责发生制能扩大报告的主体范围,能够更充分地披露资产、负债等财务信息,及时、准确反映政府的经济活动和交易情况,从而可以弥补收付实现制的不足。

2014 年全国人大常委会发布《中华人民共和国预算法》(2014 年修正)明确要求"各级政府财政部门应当按年度编制以权责发生制为基础的政府综合财务报告",与十八届三中全会的决定相呼应,确立了政府会计改革的法律地位。2014 年 10 月 8 日,国务院发布《国务院关于深化预算管理制度改革的决定》指出:研究制定政府综合财务报告制度改革方案、制度规范和操作指南,建立政府综合财务报告和政府会计标准体系,研究修订总预算会计制度。待条件成熟时,政府综合财务报告向本级人大或其常委会报告。研究将政府综合财务报告主要指标作为考核地方政府绩效的依据,逐步建立政府综合财务报告公开机制。2014 年国务院批准发布了《权责发生制政府综合财务报告制度改革方案》,对全面推进权责发生制的政府综合财务报告制度改革做出重大部署。2015 年 11 月,财政部发布了《政府会计准则——基本准则》,提出了我国政府会计改革的概念框架,建立了政府预算会计和财务会计适度分离和协调的政府会计制度,明确了预算会计、财务会计要素定义和确认标准,构建了政府财务报告体系,为制定具体准则提供了指导。2016 年 7 月,财政部根据《基本准则》制定发布了存货、固定资产、无形资产和投资四项具体准则,规范了上述会计要素的定义、确认和计量。同年 12 月,财政部发布了《政府财务报告编制办法(试行)》和《政府财务报告编制操作指南(试行)》,基本建立了政府财务报告编制的制度框架。

2016 年财政部印发《会计改革与发展"十三五"规划纲要》通知以来,各级财政部门及有关主管部门围绕政府综合财务报告、政府会计准则制度、成本会计三大主要方面推进政府会计改革,现已取得一定成果。2020 年,财政部印发了《政府财务报告编制办法(试行)》《政府部门财务报告编制操作指南(试行)》和《政府综合财务报告编制操作指南(试行)》三项制度,进一步推进权责发生制政府综合财务报告制度改革。

完善权责发生制政府综合财务报告制度已被写入我国"十四五"规划和2035 年远景目标纲要。

第三节 目前政府综合财务报告编制试点情况及突出问题

正如前述,2014 年 12 月国务院批转了财政部《权责发生制政府综合财务报告制度改革方案》,财政部于 2015 年制定发布了《政府财务报告编制办法(试行)》《政府部门财务报告编制操作指南(试行)》和《政府综合财务报告编制操作指南(试行)》三项制度,初步构建了政府财务报告制度框架体系,为开展政府财务报告编制试点工作提供了基本规范。2016 年开始确定了 2个中央部门和 7 个地方作为首批试点单位,于 2017 年开始试点编制上一年度权责发生制政府财务报告,2018 年,试点范围扩大到 20 个中央部门和 20个地方,选择 4 个地方试点编制上下级合并的行政区政府综合财务报告,并印发了《地方政府综合财务报告合并编制操作指南(试行)》的通知。2019年,试点范围进一步扩大到 40 个中央部门和 36 个地方,选择 12 个地方试点编制上下级合并的行政区政府综合财务报告,并对 2015 年发布的三项制度进行了全面修订。2020 年,编制政府财务报告的中央部门达到 108 个,地方政府实现全覆盖,标志着政府财务报告制度改革已迈入全面推进、提质定型的新阶段。

笔者于 2020 年 7 月至 8 月,发布了一项《关于政府财务报告编制问题的调查问卷》,结合专家座谈与当年专项审计调查项目,对目前政府财务报告编制的主要问题进行了摸底。调查对象主要面向行政事业单位的会计、审计从业人员等,地域范围涵盖了 12 个试点省市。问卷采用匿名作答,共收到有效反馈 176 份,其中 65% 来自本单位报告使用者,20% 左右来自审计报告编制者(审计人员),其余来自人大、组织部、国资委等或社会公众的报告使用者。调查结果显示,政府综合财务报告编制过程中,存在政府资产负债清查不实、合并范围不明确、会计确认工作不规范等问题。

一、资产和负债清查不实、家底不清,给财政可持续性评估带来隐患

被调查单位中仅有半数进行了资产清查并对清查结果进行了处理,近 60% 完成了基建账"并账",仍有 27.27% 表示其单位未设置基建账,尤以乡镇级单位为甚。在新制度实施过程中,需要对依照原制度未入账的资产、负债进行补充确认,内容主要包括盘盈资产、公共基础设施、受托代理资产和负债,但是有 63.84% 的单位未开展这项工作。参与调查的单位中有 40% 有下属单位,其中一半全部编制了合并报表,另有各四分之一全部未编制或部分编制了合并报表。这些单位中有 81.25% 完成了财务会计科目年初余额登记工作,其方法主要是按照财会〔2018〕3 号文规定转入,并据此编制相关衔接分录工作底稿,也有超过三分之一的单位直接录入新账年初余额或编制会计凭证计入新账。超过 70% 的单位表示已经完全按相关衔接规定要求编制了新旧会计制度转账、登记新账科目对照表,68.36% 表示其正确编制了新旧衔接后的资产负债表,另有 13.56% 表示已编制资产负债表,但还有需要调整的事项。在审计实践中,关注到部分单位未定期清查各项资产、负债项目,仍存在未入账的资产和负债事项情况,已投入使用的在建工

程尚未及时转固的现象,清理往来事项不认真并未能及时处置财务挂账等情况,给编报财务报告工作带来了很多困难。

例如,行政单位和事业单位财务规则都明确指出,使用期限超过一年,单位价值在 1 000 元以上(专用设备 1 500 元以上),且使用中基本保持原有物质形态的资产。在行政事业单位中,应将公共基础设施、文物文化资产、库存物品、无形资产甄别出来,确保固定资产核算范围准确。但因历史遗留等原因,很多单位之前年度购买的固定资产并没有记账,在审计盘点中常见固定资产在财务账和固定资产台账核对不一致的情况。在 2020 年的审计工作中发现存在部分单位并未将基建账并入大账的情况,尤其涉及项目资金未使用完毕的基建项目,一方面是当时立项做得并不完备,该项目虽然得到了财政专项资金,但是执行过程中,与很多政策违背,导致不能完工;另一方面相关单位可以使用部分专项资金的利息收入作为单位经费的补充。据此造成在建工程就成为单位的一个隐形藏匿科目。各单位清产核资不彻底,使得政府会计报告的期初数据不准确,家底不实为判断财政可持续性带来了隐患。

二、会计核算工作不扎实、标准不明确,影响基础数据准确性

现有政府财务报告会计准则体系还无法覆盖全部行政事业单位的各类经济业务,存在核算标准不明确不清晰的问题。比如,对"单位管理费用"与"业务活动费用"的分类过于简单,缺乏细化的规定。各单位在新旧制度衔接过程中,对原有资产、负债账面余额进行调整,主要是在固定资产折旧、无形资产摊销和应收账款坏账准备三方面进行了相应的会计处理,但是仅有少数单位涉及了对外投资的应收利息或应收股利、公共基础设施的折旧及摊销、负债的应付利息和保障性住房折旧等方面,有占比 31.07% 的单位表示根本没有开展相关工作。有的单位未按照政府会计准则制度新旧衔接要求进行会计核算,例如《T 市财政局关于转发〈财政部关于进一步做好政府

会计准则制度新旧衔接和加强行政事业单位资产核算的通知〉的通知》未设置"应付福利费"科目，单位按规定发生福利费开支时，应当在计提标准内据实计入费用（同时计入预算支出）。单位在新旧制度转换时，应当对原账的"应付福利费"科目余额进行分析，在财务会计下，将其中属于职工福利基金的金额转入新账的"专用基金—职工福利基金"科目，将其他余额转入新账的"累计盈余"科目。在预算会计下，对于其中属于从财政拨款中提取的金额，应当在确定新账的"财政拨款结余"科目余额时作为调增项处理，对于其中属于职工福利基金（从非财政拨款结余中提取形成）的金额，应当在确定新账的"专用结余"科目余额时作为调增项处理，对于其他余额，应当在确定新账的"非财政拨款结余"科目余额时作为调增项处理；同时，按照相同的金额登记新账的"资金结存—货币资金"科目借方的规定。通过大数据筛查发现 2019 年多家单位未对应付福利费进行相应账务处理，不包括部分单位在新会计系统设置时未设立应付福利费明细，统一放入其他科目中未能筛查出来的情况。

三、信息系统不完善、内控制度不健全，带来报表真实完整性风险

会计人员专业掌握程度参差不齐，实践中各种复杂业务情况尚待补充解释进一步明确，信息系统不完善，存在岗位不相容等内控薄弱问题或缺乏适当监管。受访单位使用的会计核算软件非常分散，41％的人员反映财务系统只能部分满足日常需要，甚至有 6％的人员反映软件不好用；60％的单位内设了内部审计部门，尤以市、区两级单位内设审计部门较多，乡镇级大部分未设置内审部门。各单位采用的信息系统各不相同，系统间尚未实现互联互通，预算指标系统、国库集中支付系统、政府采购系统等外部系统与会计信息化系统没有打通，单位内部不同部门采用的软件也都不统一，内部沟通协调不畅，"数据烟囱"的现象严重。系统设置、数据接口不统一造成提供给财政部门的数据差异性较大，政府财务报告与行政事业性国有资产报

告、部门决算等相关数据无法实现共享,给报表的自动化合并带来了困难。

会计信息,尤其是资产负债、收入费用基础核算工作的扎实实施,以及相关内控制度的加强完善,对确保相关财政指标原始数据的真实有效性,进而判断其所代表的含义影响重大,这对会计核算的各项基础管理提出了更高的要求。国有资产管理不规范、核算不完整,资产负债的相关摊销预提不及时、不准确,会计科目使用不正确、对账和抵销不完全,会计报表披露信息不充分、不清晰等问题都不同程度地影响了政府财务信息生成的真实、完整和准确性,动摇了政府财务报告信息的决策有用性。

第四节　政府综合财务报告财政可持续性评价指标存在的不足

在 2019 年修订的《政府综合财务报告编制操作指南(试行)》中,第五章为政府财政经济分析,主要包括政府财务状况分析、政府运行情况分析和政府中长期可持续分析,并给出 20 个参考指标,其中涉及政府中长期可持续分析的指标有 5 个,即负债率、税收收入弹性、固定资产成新率、公共基础设施成新率和保障性住房成新率。尽管最新操作指南在指标体系中进行了改进,特别是在中长期可持续分析指标中增加了保障性住房成新率,但仍存在如下问题。

一、未形成完整的指标体系

对照 IPSASB 的 RRG♯1 的要求,我国政府综合财务报告未对财政可持续性从收入、债务和服务三个维度建立指标体系,评价财政中长期可持续性的代表指标并未区分驱动因素和风险因素。就拿第一个指标负债率来说,该指标反映的是经济增长对债务的依赖程度。如果经济增长对债务的依赖程度比较高,说明政府所在地方的经济增长主要依赖债务做支撑,但当债务的偿还无法保障时,则会影响到财政的可持续性。然而,如果债务偿还保障较好,地方政府所在地的财政持续性也不会有太大影响。因此,评价财政持续性不仅要考虑财政可持续性的驱动因素,还应考虑影响财政可持续性的风险因素,这样的评价才更加全面、客观。目前体系忽略了大量潜在的有用指标,且侧重财政风险防控,未充分体现受托责任。

二、未对各指标建立评价标准或参考标准

我国在政府综合财务报告中,对评价政府中长期持续性确定了五个参考指标,并给了指标公式和指标的含义,但未对各指标设立评价标准或参考标准,所以可能不同的人对指标的结果有不同的认知和理解,所得的评价结果可能容易产生偏驳,从而可能会产生不同政府采用同样的评价指标,但由于评价标准不同,得出不同的评价结论,使得报表使用者难以对不同政府的财政持续性做出正确判断,从而影响相关决策的准确性。评价指标的参考值可以是国际公认标准值,如以相关国际经济组织公布的、得到大多数国家认同的、并符合本国实际情况的标准作为评价依据,也可以是本国同级别政府对比值,但必须是有典型的地方政府作为参照物且有多年的历史数据可以获得,如果上述两种渠道的标准值无法取得,还可以使用历史标准值,历史标准值可以用历年数据的平均值或其他数学或统计手段获取的标准值。除此之外,部分需要预算、统计信息等表外要素分析的指标,未明确信息来源、范围和评价依据。

三、难以对财政可持续性进行综合评价

政府综合财务报告中的五个独立的政府中长期持续性评价指标之间缺乏关联性,无法全面反映财政的可持续性。也就是说,对每个指标进行单独分析,即使分析结果都对财政可持续性能做出好的评价,也不能对财政可持

续性整体向好做出评价。所以如何将五个指标联系起来，做出综合评价，从而对财政可持续性做出从总体上给予客观、公正的评价，需要开发科学合理的综合评价法，供各地政府在进行财政持续性分析时参考，不仅能促进各地方政府对其财政持续性评价的能力，而且能提高各地方财政可持续性评价的可比性。目前统计或数学方法中，对评价多要素，多指标进行综合评价有很多方法，如主成分分析法、因子分析法、AHP 层次分析法等，采用不同的分析方法可能会得出不同的评价结果，但如果国家规定采用统一的分析方法，则能促进各地方财政持续性评价的可比性。各项指标相互独立，未构成相对完整、彼此互补，用于综合评价的指标体系。

第七章
政府综合财务报告财政可持续性评价体系创新

第一节　政府综合财务报告财政
可持续性评价框架构建

根据问卷调查结果发现：在财政评价指标方面，更多的人认为财务状况质量（资产负债）与财务运行质量（收入费用）基本同等重要，但许多社会公众认为后者比前者重要；财务当前状况质量与财政中长期可持续发展基本同等重要，但许多从事内部审计的审计报告编制者则认为后者比前者重要；资产质量与负债质量基本同等重要；收入质量与费用质量基本同等重要；费用质量与收支配比基本同等重要；收支配比与当前盈余和预算结余差异的列示基本同等重要；资产可持续性与负债可持续性基本同等重要。不同被调查群体对财政相关评价信息需求的分布，见图7.1。

可见，报告阅读者更倾向于在报告中了解：政府的债权债务情况和政府运行的可持续性、预算执行情况、各项收支合规性和资产存量情况。不同的调查群体（利益相关方）对财政运行情况的关注焦点有所不同，社会公众更加关注财政合规性和可持续性，内部使用者更加关注财政的中长期可持续性，人大等部门和外部审计人员更加关注政府的债权债务情况。政府作为

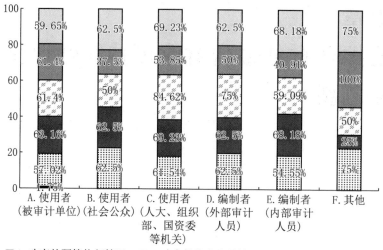

图 7.1 被调查群体对财政相关情况评价信息需求分布图

资料来源:笔者根据调查问卷结果整理自制,2020 年。

政府综合财务报告的内部使用者、社会公众作为政府的委托人,都更加关注财政可持续性。

我国政府的综合财务报告将大量分散的预算会计报告有机地整合在一起,完整地反映了一级政府的各类资产、负债、收支等信息,为全面分析政府的整体运营状况提供了可能。反映公共受托责任和提供决策有用信息被公认为政府财务报告的两大目标,而向外部使用者提供决策有用信息也是公共受托责任的重要方面,报告是否能够满足外部使用者对政府受托责任评价的需求,是评价政府综合财务报告质量的重要标准。通过前述调查及有关学者的研究,以及 IPSASB 的建议和国际其他国家对财政可持续性评价应用的经验,结合我国当前政府综合财务报告有关财政持续性分析指标存在的问题,本书按照 IPSASB 建议的三个维度,参考博利瓦等(M. P. Rodríguez Bolívar et al.,2015)学者提出的影响财政持续性风险的驱动因素和风险因素,依据公共责任受托需求及其他方面的理论考量,构建了财政可持续性评价框架,见表7.1。该框架将财政可持续性作为评价目标,评价维度为收入、债务和服务,评价因素有驱动因素和风险因素。具体地说,财政可持续性收入维度的驱动因素为收入稳定性,风险因素为财政赤字风险;财政可持续性债务维度的驱动因素为债务负担,风险因素为偿债保障和债务融资的代际公平;财政持续性服务维度的驱动因素有政府长期服务潜能,风险因素是公共产品和服务支出。判断驱动因素和风险因素的标准是如有利于财政持续性的判定为驱动因素,不利于财政持续性的判定为风险因素。

表 7.1 财政可持续性综合评价框架

评价目标	评价维度	评价因素类型	评价因素衡量
财政可持续性	收入	驱动因素	收入稳健性
		风险因素	财政赤字风险
	债务	驱动因素	偿债保障
		风险因素	债务负担
			债务融资的代际公平
	服务	驱动因素	政府长期服务潜能
		风险因素	公共产品和服务支出

资料来源:笔者自制。

第二节 综合评价指标选取

一、指标选取的原则

构建评价财政可持续指标和构建所有其他财务分析指标一样,应具备科学性、系统性、相关性、重要性、可比性、可操作性、动态性等原则。科学性是指选取的指标应符合分析内容,能反映分析内涵,并能做出合理的评价,对于类似的指标,要能选择分析结果更能体现分析目标的指标,在类似指标有绝对指标和相对指标时,通常选择相对指标可能更科学;系统性是指财政可持续性评价会涉及多个层次,不同层次要选取不同的评价指标,层次越低,评价指标可能会更细化,这样就会形成多层次,相互联系的指标体系,即系统化指标体系;相关性是指分析指标体系的构建应当与报告使用者的信息需求相关,分析评价的结果应当能被信息需求者直接使用;重要性是指在筛选财政持续性指标时,如果涉及指标较多,不必也不可能将所有的指标都纳入评价体系,对于类似的指标,应根据重要性进行取舍,如果选取指标过多,不仅分析内容重复,而且分析结果可能会不准确;可比性是指政府财务报告分析指标不仅纵向上能够做到同一政府会计主体在不同期间可比,而且横向上,不同的政府会计主体之间也能具有可比性;可操作性原则是指所用的评价指标应该能获得,对于暂时无法获得的评价指标可以用类似可获得的评价指标代替,从而可以确保分析指标体系的完整性,而且指标的评价应当具有明确的标准;动态性是指指标的选取将随着不同时期财政发展的驱动因素和风险因素不同而不同。由于财政的可持续性评价是一个多结构、多层次、多要素的系统,并受周期性压力的多重影响,因此评价财政可持续性结构、层次和指标时,可因时而异,做到动态变化。

本书对财政可持续性的评价,界定在以政府综合财务报告的财务数据为基础,结合一些统计数据进行分析,由于我国目前政府综合财务报告尚未公开,所以指标的选取考虑了政府综合财务报告上是否可取得相应数据,但后续实证分析时所用的数据大多是预算报表数据,这里特此说明。

二、收入维度指标选取

(一)收入稳定性指标

财政收入是衡量政府财力状况的重要指标之一,财政收入的稳定性,决定了政府在经济社会活动中持续运行,以实现高质量发展的重要保障。在一般公共预算收入中,人均财政收入反映财政资金的充足情况;税收收入是一般公共预算收入的主体，是政府财政收入的重要支柱。所以衡量财政收入稳健性的指标可以围绕与这两个要素相关的指标进行选取。常见的指标有：人均财政收入、财政收入占比、财政收入弹性、税收收入占比、税收收入弹性、税收依存度等。

人均财政收入是地区内每人平均一般公共预算财政收入，用于衡量地区财政充足水平；财政收入占比是财政收入占国内生产总值（GDP）的比重，是衡量一个国家（或地方）经济运行质量的重要指标，在一定程度上反映了GDP分配中，国家（或地方）所得占的比重；财政收入弹性是财政收入增长率与地区GDP增长率的比值，反映GDP变动对财政收入变动的影响，或者反映的是财政收入对经济增长的敏感程度，我国财政收入弹性波动较大，说明财政收入还没有内含于经济的增长，经济增长与财政收入的增长没有形成稳定、规范的协调机制；税收收入占比，是税收收入占一般公共预算收入的比重，用于衡量地区财政收入结构和规范化水平；税收收入弹性是年度税收收入增长率与地区GDP增长率的比值，反映的是税收收入变动对本地区GDP变动的敏感程度，或者反映本地区GDP变动对税收收入的影响；税收依存度是国家税收收入与财政收入的比值，反映的是财政收入对税收收入的依赖程度。

根据前述指标选取选择，在比较上述指标后，本书收入稳定性指标选取财政收入弹性、税收收入弹性和税收依存度三个指标来衡量。用收入稳健性指标体系改进我国政府综合财务报告中单一的税收收入弹性。

这里需要说明的是在衡量财政收入情况指标中还有一个指标就是土地财政依赖度，该指标是指地区土地出让收入占一般公共预算收入的比重，用于反映该地区对土地财政的依赖程度，以及通过土地出让获取的收入占比。由于该指标越高，会弱化财政收入体系的法治程度，而且土地出让金高度依赖于房地产市场，房地产市场的高波动性，导致过高的土地财政依赖度，不利于地方政府财政的稳定性和持续性。所以本书未将该指标纳入收入稳健性指标体系。

（二）财政赤字风险指标

要保证财政持续性，只有稳健的财政收入还不够，还需要能应对财政支出，特别是财政刚性支出。稳健的财政收入是地区财政可持续的驱动因素，但不能忽略财政赤字所带来的风险因素，如果一个地方政府不能很好地应对地区财政赤字问题，就可能会增加地区财政可持续性风险。衡量财政赤字的常见指标有：财政赤字率、债务负担率、财政债务依存度、国债偿还率、财政支出弹性、财政自给率。

财政赤字率，是财政收支差额占国家或地区 GDP 的比重，参考欧盟标准一般以不超过 3% 为警戒线，赤字率过高会对国民经济造成负担，适当的赤字率有助于实施积极的财政政策；财政支出弹性是财政支出增长率与国家或地区 GDP 增长率之比，反映的是财政支出对经济增长的敏感程度，也表示国家或地区 GDP 变化对国家或地区财政支出的影响；财政自给率是通过地方本级收入与地方财政支出的比值，反映财政收入能够覆盖支出的程度，一定程度上表明财政支出需要与财政收入供给能力之间的缺口或差距。

本书选取财政赤字率、财政支出弹性、财政自给率三个指标作为财政赤字风险，作为衡量财政可持续性的风险因素。

三、债务维度指标选取

公共债务可以在短时期内通过总需求扩张产生短期的经济增长效应，但在公共债务促进经济增长的同时，经济增长也在影响着政府债务的偿付能力，也即财政可持续性。财政可持续性与公共债务偿付问题天然相伴而生。本书从债务负担、偿债保障和债务融资的代际公平三方面选取指标，其中偿债保障作为财政可持续性的驱动因素，债务负担和债务融资的代际公平则作为财政可持续性的风险因素。

（一）债务负担指标

本书选取债务负担率和债务依存率作为债务负担的指标。债务负担率债务总额包括一般债券余额和专项债券余额，所占国家或地区 GDP 的比重，反映政府举债规模。以 2021 年为例，中央财政国债余额 232 697.29 亿元，全国地方政府债务余额 304 700 亿元，国内生产总值 1 143 669.7 亿元，政府债务余额与 GDP 之比（负债率）为 47％，与欧盟《马斯特里赫特条约》（仅供参考，不一定适合我国国情）约定的 60％ 警戒线相比，仍处在风险总体可控的范围内；债务依存度是债务发行总额（包括一般债券发行额和专项债券发行额）占国家或地区财政支出的比重，反映国家或地区财政支出对发行债券的依赖程度。当国债的发行量过大，债务依存度过高时，表明财政支出过分依赖债务收入，财政处于脆弱的状态，并对财政的未来发展构成潜在的威胁。2015 年至 2021 年期间，我国债务依存度一直在 20％—30％左右徘徊，这个区间已经达到了较高的水平。

（二）偿债保障指标

本书选取债务偿还率、利息保障倍数作为国家或地方政府偿债的保障指标。债务偿还率是债务偿还本息占国家财政收入的比值，反映了国家或地方政府的偿债能力。财政的偿还能力要求每年债务还本付息额要控制在一定范围内，自 2015 年至 2021 年，债务偿还率不断上升，甚至超出 8％—10％的国际水平，表明国家偿债能力呈现渐弱的趋势。在这种情况下，财政只能继续以借新还旧的方式缓解偿债压力，从而促使债务规模不断扩大；利息保障倍数是财政结余，即财政收入减财政支出，与债券付息额的比值，反映了国家或地方政府偿还债务利息的能力。偿债保障指标属于财政持续性的驱动因素，也就是说，债务保障能力好的地方政府，在债务负担率和依存率比较高的情况下，财政仍有一定程度的可持续性保证。

（三）债务融资的代际公平指标

本书选取新债偿旧率、债务平衡率作为债务融资的代际公平指标。新债偿旧率是再融资发行额与当年债券还本付息额的比值,反映了国家或地方政府对借新债还旧债依赖程度。2018—2021 年发行再融资债券规模呈现逐年递增趋势,再融资接续比例分别达到 81%、86%、87%、87%,发行总额达到 68 404 亿元,这意味着目前近九成的到期债券都需要靠借新债来还。由于有些国债的偿还期较长,连年以新债还旧债并不断扩大债务规模,就会形成这一代人借的债转化为下一代甚至几代人负担的问题。如果转移债务的同时为后代人创造了更多的财富或奠定了创造财富的基础,这种债务负担的转移在某种意义上被认为是正常的;如果国债收入被用于当前的消费,或者使用效率低下,将把净债务留给后代人,那么,债务转移给后代,必将会很大程度上影响后代人的生存和发展。债务平衡率是当年新增债券发行额对债务余额的占比,是通过新增债券的相对比例来反映政府控制债务增长的意图。这两个指标,一方面代表政府将当期债务负担推迟到未来,以缓解当期的财务困难;另一方面代表政府不断举借新债以扩大债务规模,为后代可能带来的债务负担。

(四)服务维度指标选取

提供公共服务是政府的基本职能,也是财政可持续性的印证,也就是说只有财政可持续性才能为政府提供公共服务提供财力保障。本书从政府长期服务潜能和公共产品和服务支出两个方面选取指标。其中政府长期服务潜能是财政持续性的驱动因素,公共产品和服务支出是财政持续性的风险因素。

1. 政府长期服务潜能

本书选取单位 GDP 政府运转成本和财政投资性支出占比两个指标衡量政府长期服务潜能。单位 GDP 政府运转成本是国家或地方一般公共服务支出占国家或地区 GDP 的比重,反映政府运转效率。该成本越低,则政府部门人员工资等法定支出得到保障的可能性越大,对财政总支出造成不良影响的可能性越小;财政投资性支出占比是全社会固定资产投资国家预算资金与国家或地方财政支出减去国家或地方财政一般公共服务支出的占比,反映财政投资性支出的规模。政府的长期服务潜能越大,对财政可持续性发展越有利。

需要说明的是,按照我国 2019 年财政部发布的《政府综合财务报告编制指南》上提供的财政中长期可持续性分析参考指标,反映政府长期服务能力的指标还有固定资产成新率、公共基础设施成新率和保障性住房成新率。其中固定资产成新率是固定资产账面净值与固定资产原值的比值,该指标反映政府固定资产的持续服务能力;公共基础设施成新率是公共基础设施净值与公共基础设施原值的比值,该指标反映政府公共基础设施的持续服务能力;保障性住房成新率是保障性住房净值与保障性住房原值的比值,该指标反映政府保障性住房的持续服务能力。然而,由于目前政府综合财务报告尚未公开,数据无法取得,本书就用了单位 GDP 政府运转成本和财政投资性支出占比来代替。

2. 公共产品和服务支出

本书选取人均财政支出,居民恩格尔系数和城乡居民失业率三个指标来衡量公共产品和服务支出。人均财政支出是国家或地方财政支出减去一般公共服务支出后,与年末总人口的比重,反映国家或地方用于提供公共产品的刚性支出的规模,一定程度上代表了公共服务质量。在当前形势下,中央和地方政府要在财政收入一定的情况下,为政府运转、各项改革和经济发展、政治和社会稳定提供必要的资金保障,势必会给各级财政带来增支压力;居民恩格尔系数是食品支出总额占个人消费支出总额的比重,反映了人民生活水平;城乡居民失业率是国家或地方失业人数与从业人数加失业人数之和的比率,反映了一定时期内可以参加社会劳动的人数中实际失业人数所占的比重,也反映了居民生产参与度。以上两项从人民生活和就业情况两个重要角度,反映公共产品和服务的供应水平。

第三节 综合评价权重确定

一、确定权重的常见统计方法及选择

（一）主成分分析法

主成分分析（PCA）又称主分量分析（Principal Component Analysis）或主成分回归分析（Principal Component Regression Analysis），是一种多元统计方法，试图利用降维的思想，将多个指标转化为几个综合指标，即主成分，来考察多个指标之间的相关性。其原则是尽量将原有指标重新组合成一组互不相干、能反映原有指标大部分信息的新的综合指标（主成分）。主成分是由初始变量线性组合或混合而成的新变量。新变量（如主成分）彼此不相关，大多数初始变量被压缩到第一个成分中。因此，10 维数据将显示 10 个主成分，但 PCA 试图在第一个成分中获得尽可能多的信息，然后在第二个成分中获得尽可能多的剩余信息，以此类推。

该法的流程和步骤如下：

第一步：标准化。

将输入数据集变量的范围标准化，以便可以大致按比例分析每一个变量。标准化的目的是将差异较大的数据转换为可比数据。例如，将 0 到 100 的变量转换为 0 到 1 的变量。这通常可以通过减去平均值，再除以每个变量值的标准差来实现。标准差公式如下：

$$S = \frac{1}{n} \sqrt{\sum_{i=1}^{n} (x_i - \bar{x})^2} \tag{7.1}$$

然后，代入标准化指标变量公式：

$$\tilde{x}_i = \frac{x_i - \bar{x}_i}{S_i} \tag{7.2}$$

第二步:协方差矩阵计算。

为了识别数据集变量的相关性,需要这一步的协方差矩阵计算。

协方差矩阵是 P×P 对称矩阵(其中 P 表示维数),把所有可能的初始变量与相关联的协方差作为条目,形成协方差矩阵,该矩阵汇总了所有可能配对的变量间相关性。

第三步:计算协方差矩阵的特征向量和特征值,用以识别主成分。

特征向量和特征值是线性代数的概念,需要从协方差矩阵中计算特征向量和特征值来确定数据的主成分。协方差矩阵的特征向量实际上是方差最大、信息量最大的特征向量,称为主成分。根据特征值的顺序对特征向量进行排序,可以得到由高到低的主成分。

第四步:特征向量。

这一步要做的是选择保留上一步中选择的所有分量,还是丢弃那些重要性较低的分量(低特征值),与其他分量组成一个向量矩阵,称为特征向量。一个特征向量就是一个矩阵包含特征向量作为列来决定被保留的分量。这是降维的第一步,因为如果只选择保留 n 个特征向量(分量)中的 P 个,那么最终的数据集将只有 P 个维度。

第五步:沿主成分轴重新绘制数据。

在这最后一步中,目标是使用协方差矩阵的特征向量来形成新的特征向量,将数据从原始轴重新定位到主成分轴(因此称为主成分分析)。这可以通过将原始数据集的转置乘以特征向量的转置来实现。用特征值计算方差贡献率和累积方差贡献率,取累计方差贡献率超过 85% 的前 K 个主成分,或者直接取前 K 个主成分,将其降至某个特定的 K 维。

这种方法的优点主要是可以消除评估指标间的相互影响,多种指标转换成后,形成彼此相互独立的主成分,从而可增加分析结果的可靠性。此外,主成分分析法由于是按方差大小依次排列顺序的,方差越大所包含的信息越多,当所选主成分能包含原有信息的绝大部分信息,如 85% 以上的信息时,则可以放弃一些主成分,即评估指标,从而减少了工作量。

这种方法的缺点是所选主成分对信息量的贡献率如果达不到较高的水平,从而使得提取的主成分不能给出符合实际的解释,降维则失去了意义。此外,主成分的含义因为是多种变量转换而成,所以解释的含义相比原始变量多少有点模糊。还有就是当主成分的因子负荷的符号既有正又有负时,则会降低综合评价函数的意义。

(二)因子分析法

因子分析是一种从变量组中提取公共因子的统计技术。这里的共同因素是指不同变量之间固有的隐藏因素。这项法则最早是由英国心理学家斯皮尔曼提出的。它的基本思想是根据相关的大小对变量进行分组,使同一组变量之间的相关性高,而不同组变量之间的相关性不高或相关性低,每组变量代表一个基本结构,即一个公共因子。该方法的思想是基于降维和尽可能少地丢失或丢失原始数据信息,将纷繁复杂的众多变量聚合成少数几个独立的公共因素之一,这少数几个公共因素可以反映众多变量的原始主要信息,同时减少变量的数量,并反映变量之间的内在联系。该方法的原理是多个变量之间存在相关性,这种相关性本质上是指多个变量可能存在一个共同的影响因子,这个影响因子可以用多个函数得到多个近似变量。可以用这个隐式变量来表示多个变量的信息。

因子分析算法的基本步骤如下:

第一步:确定原有若干变量是否适合于因子分析。

因子分析法的基本逻辑是要从原始变量中构造出少数几个具有代表意义的因子变量,这就要求原有变量之间要具有比较强的相关性,否则将无法提取变量间的"共性特征"。实际应用时可以使用相关性矩阵进行验证,如果相关系数小于 0.3,那么变量间的共性较小,不适合使用因子分析;也可以用统计量检验(KMO)和巴特利球体验(Bartlett)来判断是否适合做因子分析,一般来说 KMO 的值越接近于 1 越好,大于 0.5 的话适合做因子分析。

Bartlett 的检验主要看 Sig.越小越好。

第二步：构造因子变量。

因子分析中确定因子变量的方法有很多，如基于主成分模型的主成分分析法，基于因子分析模型的主因子法、最大似然法、最小二乘法等。

第三步：利用旋转技术，使因子变量更具有可解释性。

在实际的分析工作中，主要的因素分析方法是得到该因子与原变量之间的关系，以便对新因素进行命名和解释。

第四步：计算因子变量的得分。

在确定子变量之后，就能得到每个数据在不同因子下的具体数据值。这些值就是因子得分，与原始变量的得分相对应。

与主成分分析不同，主成分分析是一种数据降维方法，可以将大量的相关变量转化为一组不相关的变量，称为主成分。因子分析是一系列用来发现一组变量潜在结构的方法。它通过寻找一组较小的、潜在的或隐藏的结构来解释变量之间观察到的、显式的关系。主成分分析法不需要假设，而因子分析法需要假设公共因子之间不存在相关性、特殊因子之间不存在相关性、公共因子与特殊因子之间不存在相关性。

因子分析的优点是：首先，旋转技术可以使因子得到更好的解释，因此因子分析在主成分的解释上更具优势；其次，因子分析并不是对原始变量的选择，而是根据原始变量的信息对原始变量进行重组，找出影响变量的共同因素，对数据进行简化。另外，当数据项较多时，因子分析法可以很好地覆盖原始数据的每一项，将分析过程简化为因子项分析，相对简单。

因子分析的缺点是因子分析只能进行综合评价，对数据的数量和组成也有要求。KOM 等测试数据需要先测试因子分析是否可以使用。此外，在因素分析操作程序的几个主要操作环节存在多种主观选择。另外，在不同的研究中，同样的因子往往不能通过因子分析得到，因为因子的识别和命名不能直接从因子分析程序中得到。最后，提取主因子并进行旋转后，虽然因子之间的关系更加明显,但是对于该因子的显著性并没有统一的标准来识别。

(三)层次分析法(AHP)

层次分析法(Analytic Hierarchy Process),简称 AHP(本书以下称为 AHP 层次分析法),是将与决策有关的要素分解为目标、标准和方案等层次,并在此基础上进行定量和定性分析的一种决策方法。该方法是美国运筹学科学家萨蒂在 20 世纪 70 年代初提出的一种层次权重决策分析方法。该方法更适用于评价指标分层、交错、目标值难以定量描述的决策问题。该方法的基本原理是根据问题的性质和实现问题的总体目标,将问题分解为不同形式的因素,根据不同层次的组成因素之间的相互关系和隶属关系聚集组合,形成多层次模型,分析不同层次因素在结构上的表现,确定权重或调度。该方法特别适用于非结构化系统评价和多目标、多准则、多周期的系统评价。

AHP 层次分析法的计算步骤如下:

第一步:构建层次模型。

根据决策目标、考虑因素(决策标准)和决策方案的相互关系,将其分为最高、中级和最低三个层次。最高的层次是目标层次,指的是决策的目的和要解决的问题。最低的一层是方案层,它涉及决策时的备选方案。中间层是准则层,指的是要考虑的因素和决策的准则。

第二步:构造判断矩阵(两两比较)。

在确定各层次因素的权重时,采用矩阵法,即比较两个因子的权重。在这里,为了提高准确性,尽可能减少了比较两个性质不同的因素的难度。例如,对于一个标准,对其下的各种方案进行成对比较,并根据其重要性进行分级。判断矩阵具有如下性质:

$$a_{ij} = \frac{1}{a_{ji}} \tag{7.3}$$

判断矩阵元素的标度方法如表 7.2。

表 7.2　比例标度表

因素 i 比因素 j	量化值
同等重要	1
稍微重要	3
较强重要	5
强烈重要	7
极端重要	9
两相邻判断的中间值	2，4，6，8

资料来源：笔者自制。

第三步：层次单阶及其一致性检验。

判断矩阵最大特征根的特征向量归一化后记为 Q（使向量中所有元素的和等于 1）。

Q 的元素是同一层次的因素相对于下一层次因素的相对重要性的排序权重，称为层次单排序。需要进行一致性检验，确认是否可以分层单排序。所谓一致性检验，就是确定矩阵 A 不一致的允许范围。n 阶一致矩阵的唯一非零特征根为 n。当且仅当 n 阶互易矩阵 A 的最大特征根为 n，A 为一致矩阵。

由于 λ 是连续依赖的，λ 越大于 n，A 的不一致性越严重。一致性指数由 CI 计算，CI 越小，一致性越大。采用最大特征值对应的特征向量作为比较因素对上层某因素影响程度的权值向量，不一致程度越大，判断误差越大。因此，λ－n 的大小可以用来衡量 a 的不一致程度。一致性指标定义为：

$$CI = \frac{\lambda - n}{n - 1} \tag{7.4}$$

CI＝0，有完全的一致性；CI 接近于 0，有满意的一致性；CI 越大，不一致越严重。

为了衡量 CI 的大小,应引入随机一致性指标 RI:

$$RI = \frac{CI_1 + CI_2 + \cdots + CI_n}{n} \tag{7.5}$$

其中,随机一致性指标 RI 和判断矩阵的阶数有关,一般情况下,矩阵阶数越大,则出现一致性随机偏离的可能性也越大,其对应关系如表 7.3,不同的标准,RI 的值也会有微小的差异。

表 7.3　平均随机一致性指标 RI 标准值

矩阵阶数	1	2	3	4	5	6	7	8	9	10
RI	0	0	0.58	0.9	1.12	1.24	1.32	1.41	1.45	1.49

资料来源:笔者自制。

考虑到一致性的偏离可能是由于随机原因造成的,因此在检验判断矩阵是否具有满意的一致性时,还需将 CI 和随机一致性指标 RI 进行比较,得出检验系数 CR,公式如下:

$$CR = \frac{CI}{RI} \tag{7.6}$$

一般情况下,当 CR<0.1 时,认为判断矩阵通过一致性检验;否则,就没有令人满意的一致性。

第四步:总层次排序和一致性测试。

计算某一层次上所有因素的相对重要性到最高层次(总目标)的权重,称为层次总排序。这个过程从最高层次到最低层次。

AHP 层次分析法的优点是将研究对象作为一个系统,按照分解、比较判断、综合的思维方式进行决策。它是继机理分析和统计分析之后发展起来的一种重要的系统分析工具。此外,该方法将定性与定量方法有机结合,将难以量化的多目标、多准则决策问题转化为多层次、单目标决策问题。计算简单,所得结果简单明了,便于决策者理解和掌握。该方法从对评价问题的本质和要素的认识出发,侧重于定性分析和判断。

AHP层次分析法的缺点是它只能从众多选择中选出较好的。但替代方案是人为的,受到判断和能力的限制。此外,该方法的定量数据较少,定性成分较多,不具有说服力。另外,当指标过多时,数据统计量大,权重难以确定。最后,特征值和特征向量的精确方法比较复杂。

（四）熵值法

熵值法是一种用于判断某一指标离散程度的数学方法。一般来说,离散程度越大,说明该指标对综合评价的影响越大。在信息论中,熵度量不确定性,即信息量越大,不确定性越小,熵越小。信息量越小,不确定性越大,熵也越大。根据熵的特性,通过计算熵值可以判断事件的随机性和无序程度,也可以通过熵值判断指标的离散程度。某一指标的离散度越大,说明该指标对综合评价的影响越大。因此,利用熵值可以根据各指标的变化程度计算各指标的权重,为多个指标的综合评价提供依据。因此,该方法也是一种确定指标权重的方法。

熵值法的步骤如下:

第一步:选择 N 个样本和 m 个指标,x_{ij}为第 i 个样本和第 j 指标的值。

第二步:指标的归一化处理:异质指标同质化。

并令由于各种指标的计量单位不统一,所以在用它们来计算综合指标之前,应将其标准化,即将指标的绝对值转化为相对值,并令

$$x_{ij} = \mid x_{ij} \mid \tag{7.7}$$

从而解决不同质量指标值的同质化问题。另外,由于正指标值和负指标值代表的含义不同（正指标值越高越好,负指标值越低越好）,对高指标值和低指标值采用不同的算法进行数据标准化处理。具体方法如下:

正向指标:

$$x'_{ij} = \frac{x_{ij} - \min\{x_{ij}, \cdots, x_{nj}\}}{\max\{x_{1j}, \cdots, x_{nj}\} - \min\{x_{1j}, \cdots, x_{nj}\}} \tag{7.8}$$

负向指标:

$$x'_{ij} = \frac{\max\{x_{1j}, \cdots, x_{nj}\} - x_{ij}}{\max\{x_{1j}, \cdots, x_{nj}\} - \min\{x_{ij}, \cdots, x_{nj}\}} \tag{7.9}$$

则 x'_{ij} 为第 i 个样本的第 j 个指标的数值($i=1, 2, \cdots, n$; $j=1, 2, \cdots, m$)。

第三步:计算第 j 项指标下第 i 个国家占该指标的比重。

$$p_{ij} = \frac{x_{ij}}{\sum_{i=1}^{n} x_{ij}}, \ i=1, \cdots, n, j=1, \cdots, m \tag{7.10}$$

第四步:计算第 j 项指标的熵值。

$$e_j = -k \sum_{i=1}^{n} p_{ij} \ln(p_{ij}) \tag{7.11}$$

其中,

$$k = 1/\ln(n) > 0 \tag{7.12}$$

满足,

$$e_j \geqslant 0 \tag{7.13}$$

第五步:计算信息熵冗余度。

$$d_j = 1 - e_j \tag{7.14}$$

第六步:计算各项指标的权值。

$$w_j = \frac{d_j}{\sum_{j=1}^{m} d_j} \tag{7.15}$$

第七步:计算各国家的综合得分。

$$s_i = \sum_{j=1}^{m} w_j \cdot p_{ij} \tag{7.16}$$

需要注意的是：对于反向指标归一化如果方法不同，当正向指标的归一化值会变大，反向指标的归一化值会变小，然后计算权重，相应的权值也相应变小，因此反向指标的得分，也就是等价于反向指标进行处理。如果前向指标和后向指标的归一化方法相同，为了反映后向指标的不利影响，应在总分中减去后向指标的得分。两种方法虽然不同，但都是为了反映逆向指标对综合得分的不利影响。

熵值法优点：熵值法根据各指标值的变化程度确定指标权重，是一种客观的权重分配方法，避免了主观因素带来的偏差。

熵值法的缺点是：忽略了指标本身的重要性，有时确定的指标权重与预期结果相差甚远。同时，熵值法不能对评价指标进行降维。

（五）方法选择及运用思路

从上述几种统计方法可以看出，主成分分析法、因子分析法和AHP层次分析法比较适合于对研究问题的影响因素进行定性和定量分析，且每种方法在确认评价权重方面都各有利弊，熵值法主要是对评价指标进行赋权。经过对上述方法进行研究对比，结合本书研究问题的特点，采用AHP层次分析法结合熵值法确认本书的各层次和指标的评价权重，比较适合本书的研究。具体思路为：首先对上述财政可持续性评价框架，按照AHP层次分析法的要求划分三个层级，将评价目标设定为"目标层"，即财政可持续性；将三个评价维度设定为"准则层"，即收入、债务和服务；将各维度的影响因素设定为"次准则层"，如收入维度"次准则层"有收入的稳健性和财政赤字风险。其次采用AHP层次分析法结合德尔菲专家问卷评分的方法确定各层次的权重。最后对各"次准则层"涉及的各项指标，采用功效系数法结合熵值法对各指标进行分值确定。采用功效系数法的目的是将各种不同性质的指标进行同质化处理，然后，采用熵值法确认这些指标的权重，之所以采用熵值法，从前述介绍可以看出，该法是根据各项指标的变异程度来确定权重，而且比较客观。

二、AHP 层次分析法和熵值法相结合确定权重

(一)权重层级和问卷设计

本书参考前述 IPSASB 的 RPG♯1 指南,从收入、债务、服务三个维度评估财政可持续性。在设计问卷的过程中,首先对指标层级进行确定,令评估财政可持续性为目标层(代码 A),按照范围和层次构建准则层(代码 B),细化次准则层(代码 C),采用德尔菲专家问卷评分法。问卷调查对象是财政领域公职人员和科研学者,问题形式是矩阵量表题,内容围绕各权重层级重要程度,请专家根据经验对每组指标进行比较。为避免性质不同的各指标相互比较降低准确度,分析采用两两比较的方式。依次提问:

1. 评估财政可持续性,"收入"相对于"债务"的重要程度如何?

2. 评估财政可持续性,"收入"相对于"服务"的重要程度如何?

3. 评估财政可持续性,"债务"相对于"服务"的重要程度如何?

4. 收入方面,"收入稳健性"相对于"财政赤字风险"的重要程度如何?

5. 债务方面,"债务负担"相对于"偿债保障"的重要程度如何?

6. 债务方面,"债务负担"相对于"债务融资的代际公平"的重要程度如何?

7. 债务方面,"偿债保障"相对于"债务融资的代际公平"的重要程度如何?

8. 服务方面,"政府长期服务潜能"相对于"公共产品和服务支出"的重要程度如何?

收回的 47 份问卷反馈均为有效问卷,答案来源为公职人员 22 人(占47%),科研人员 12 人(含教师、学生等,占 25%)以及央企财务人员等 13 人(占 27%)。对该文件反馈结果数据实施 AHP 层次分析法分析,包括三个步骤,分别是:

第一步:标度确定和构造判断矩阵。

对所有专家调查结果采用 1—9 分标度法(最低为 1 分,最高为 9 分),为 9 个重要性等级进行赋值评价。比如:i 因素相对 j 因素明显重要,此时打 5 分;i 因素相对 j 因素稍微重要,此时打 3 分;i 因素相对 j 因素重要程度一样,此时为 1 分。判断矩阵元素的标度方法如下(表 7.4)。

表 7.4　判断尺度标度

a_{ij}:因素 i 相对于因素 j 的重要性	量化值
同等重要	1
稍微重要	3
明显重要	5
强烈重要	7
极端重要	9
两相邻判断的中间值	2, 4, 6, 8
* $a_{ji}＝1/a_{ij}$:因素 j 相对于因素 i 的重要性	* 倒数

资料来源:笔者自制。

判断矩阵应具有如下特征:第一,AHP 数据格式上右下斜对角线一定为 1,表示自己与自己的重要性完全相等;第二,右上角和左下角数据呈互为倒数对称格式;第三,数字代表指标之间的相对重要性,数字越大代表相对重要性越强。

第二步:特征向量,特征根计算和权重计算。

将全部赋值得分计算平均数,构建出判断矩阵,并使用 SPSS 软件计算特征向量值、权重值、最大特征根值(CI),用于下一步的一致性检验使用。

第三步:一致性检验分析。

在构建判断矩阵时,2 阶矩阵无需检验一致性,3 阶矩阵则有可能会出现逻辑性错误,比如 A 比 B 重要,B 比 C 重要,但却又出现 C 比 A 重要。因此需要使用一致性检验是否出现问题,一致性检验使用 CR 值进行分析,CR 值小于 0.1 则说明通过一致性检验,反之则说明没有通过一致性检验。针对 CR 的计算上,CR=CI/RI,CI 值在求特征向量时已经得到,RI 值则直接查表得出。如,3 阶矩阵的平均随机一致性指标 RI 标准值为 0.52(不同的标准不同,RI 的值也会有微小的差异)。如果数据没有通过一致性检验,即 CR 值不小于 0.1,此时需要检查是否存在逻辑问题等,重新录入判断矩阵进行分析。如判断矩阵满足一致性检验,则计算出的权重有效,可以进一步分析。

(二)准则层和次准则层权重的确定

1. 准则层权重的确定

令目标层"财政可持续性"为 A,准则层分别为:B1,收入;B2,债务;B3,服务。根据专家调查问卷反馈情况,对所有选择对应发赋值算平均分,构建准则层 B1、B2、B3 对目标层 A 的判断矩阵 A—B,见表 7.5。

表 7.5 目标层—准则层判断矩阵 A—B

财政可持续性 A	收入 B1	债务 B2	服务 B3
收入 B1	1.000	3.426	4.170
债务 B2	0.292	1.000	3.021
服务 B3	0.240	0.331	1.000

资料来源:笔者运用 SPSS 计算得出。

运用和积法对 A—B 判断矩阵中的元素进行归一化处理,用每一个数值除以其所在列的和,得到规范化的判断矩阵 A—B(SN),见表 7.6。

表 7.6 规范化目标层—准则层判断矩阵 A—B(SN)

财政可持续性 A	收入 B1	债务 B2	服务 B3
收入 B1	0.653	0.720	0.509
债务 B2	0.191	0.210	0.369
服务 B3	0.157	0.070	0.122

资料来源:笔者运用 SPSS 计算得出。

对规范化矩阵 A—B(SN)每一行求算术平均值,得到该判断矩阵的特征向量(计算过程值),同时输出准则层 B 相对于目标层 A 的权重以及最大特征值(用于计算 CI 值),见表 7.7。

表 7.7　准则层权重分析结果

项　量	特征向量	权重值	最大特征值	CI 值
收入 B1	1.882	62.738%		
债务 B2	0.770	25.655%	3.094	0.047
服务 B3	0.348	11.607%		

资料来源:笔者运用 SPSS 计算得出。

从上表可知,针对收入、债务、服务构建 3 阶判断矩阵进行 AHP 层次法研究,分析得到特征向量为(1.882,0.770,0.348),3 项对应权重值分别是:62.738%,25.655%,11.607%。将原始判断矩阵 A—B 与特征向量 λ 相乘,进而计算最大特征根 $\lambda_{\max}=3.094$,接着利用最大特征根值计算得到 CI 值(0.047)$[CI=(\lambda_{\max}-n)/(n-1)]$,CR=CI/RI=0.047/0.520=0.090<0.1,意味着本次研究判断矩阵满足一致性检验,计算所得权重具有一致性,见表 7.8。

表 7.8　一致性检验结果

最大特征根	CI 值	RI 值	CR 值	一致性检验结果
3.094	0.047	0.520	0.090	通过

资料来源:笔者运用 SPSS 计算得出。

2. 次准则层权重的确定

分别构建 3 个判断矩阵,即:次准则层收入稳健性(C1)、财政赤字风险(C2)对准则层收入(B1)的判断矩阵,次准则层债务负担(C3)、偿债保障(C4)、债务融资的代际公平(C5)对准则层债务(B2)的判断矩阵,次准则层政府长期服务潜能(C6)、公共产品和服务支出(C7)对准则层服务(B3)的判断矩阵,见表 7.9。

表 7.9 次准则层—准则层判断矩阵 B—C

		收入稳健性 C1		财政赤字风险 C2
收入 B1	收入稳健性 C1	1.000		3.170
	财政赤字风险 C2	0.315		1.000
		债务负担 C3	偿债保障 C4	债务融资的代际公平 C5
债务 B2	债务负担 C3	1.000	2.255	2.702
	偿债保障 C4	0.443	1.000	3.021
	债务融资的代际公平 C5	0.370	0.331	1.000
		政府长期服务潜能 C6		公共产品和服务支出 C7
服务 B3	政府长期服务潜能 C6	1.000		2.596
	公共产品和服务支出 C7	0.385		1.000

资料来源:笔者运用 SPSS 计算得出。

运用和积法对 B—C 判断矩阵中的元素进行归一化处理后,得到规范化的判断矩阵 B—C(SN),并计算得出该判断矩阵的特征向量,权重值以及最大特征值,见表 7.10。

表 7.10 次准则层权重分析结果

项 量	特征向量	权重值	最大特征值	CI 值
收入稳健性 C1	1.520	76.020%	2.000	0.000
财政赤字风险 C2	0.480	23.980%		
债务负担 C3	1.582	52.740%	3.096	0.048
偿债保障 C4	0.973	32.424%		
债务融资的代际公平 C5	0.445	14.837%		
政府长期服务潜能 C6	1.444	72.189%	2.000	0.000
公共产品和服务支出 C7	0.556	27.811%		

资料来源:笔者运用 SPSS 计算得出。

从表 7.10 可知,针对收入稳健性,财政赤字风险构建 2 阶判断矩阵,2 项对应的权重值分别是:76.020%,23.980%;针对政府长期服务潜能,公共

产品和服务支出构建 2 阶判断矩阵,2 项对应的权重值分别是:72.189%,
27.811%。2 阶判断矩阵(RI 值为 0,无法计算 CR 值)均满足一致性检验,
最终计算所得权重具有一致性。

　　针对债务负担,偿债保障,债务融资的代际公平构建 3 阶判断矩阵,分析
得到特征向量为(1.582,0.973,0.445),并且总共 3 项对应的权重值分别是:
52.740%,32.424%,14.837%。除此之外,结合特征向量可计算出最大特征
根(3.096),接着利用最大特征根值计算得到 CI 值(0.048)[CI=(最大特征
根-n)/(n-1)],针对 RI 值查表为 0.520,计算得到 CR 值为 0.093<0.1,意味
着本次研究判断矩阵满足一致性检验,计算所得权重具有一致性,见表 7.11。

表 7.11　一致性检验结果

最大特征根	CI 值	RI 值	CR 值	一致性检验结果
3.096	0.048	0.520	0.093	通过

资料来源:笔者运用 SPSS 计算得出。

3. 层次权重总排序

　　根据上述计算结果,整理获得财政可持续性评估的各准则层、次准则层
的 AHP 权重以及各自的最终权重,见表 7.12。

表 7.12　各指标层次权重表

目标层	准则层	AHP 权重	次准则层	AHP 权重	综合权重
财政可持续性综合评价 A	收入 B1	62.738%	收入稳健性 C1	76.020%	47.693%
			财政赤字风险 C2	23.980%	15.045%
	债务 B2	25.655%	债务负担 C3	52.740%	13.530%
			偿债保障 C4	32.424%	8.318%
			债务融资的代际公平 C5	14.837%	3.806%
	服务 B3	11.607%	政府长期服务潜能 C6	72.189%	8.379%
			公共产品和服务支出 C7	27.811%	3.228%

资料来源:笔者运用 SPSS 计算得出。

第八章
政府综合财务报告财政可持续性综合评价实证研究

第一节　国家财政可持续性综合评价

一、数据来源

本章将采用熵值法和功效系数法相结合的方式对我国财政可持续性进行评价。先用熵值法给前述准则层和次准则层赋予权重,再用功效系数法对具体评价指标通过标准化手段进行同质化。所用数据及来源主要包括:

(一)国家统计局官网公布的来自历年《中国统计年鉴》的国内生产总值、财政收入、财政支出等数据。具体数据的定义如下:

(二)国内生产总值(GDP),指按市场价格计算的我国所有常住单位在一定时期内生产活动的最终成果,是国民经济核算的核心指标,也是衡量一个国家或地区经济状况和发展水平的重要指标。①

(三)财政收入指国家财政参与社会产品分配所取得的收入,是实现国

---

① 国家统计局按照我国国内生产总值(GDP)数据修订制度和国际通行做法,在第四次全国经济普查后,对 2018 年及以前年度的 GDP 历史数据进行了系统修订。

家职能的财力保证。主要包括中央和地方的各项税收①和非税收入②,不包括国内外债务收入。

（四）财政支出指国家财政将筹集起来的资金进行分配使用,以满足经济建设和各项事业的需要。主要包括各项事务支出③和国内外债务付息等方面的支出。财政支出根据政府在经济和社会活动中的不同职权,划分为中央财政支出和地方财政支出④。其中,根据政府在经济和社会活动中的不同职责,划分中央和地方政府的责权,按照政府的责权划分确定支出。

（五）全社会固定资产投资实际到位资金中的国家预算资金,是根据固定资产投资的资金来源不同,将属于国家预算资金,即一般预算、政府性基金预算、国有资本经营预算、社保基金预算和各级政府债券的资金予以统计。全社会固定资产投资是以货币形式表现的在一定时期内全社会建造和

---

① 税收收入包括国内增值税、国内消费税、进口货物增值税和消费税、出口货物退增值税和消费税、营业税、企业所得税、个人所得税、资源税、城市维护建设税、房产税、印花税、城镇土地使用税、土地增值税、车船税、船舶吨税、车辆购置税、关税、耕地占用税、契税、烟叶税等。其中,属于中央财政的收入包括关税,进口货物增值税和消费税,出口货物退增值税和消费税,消费税,铁道部门、各银行总行、各保险公司总公司等集中交纳的营业税和城市维护建设税,增值税75％部分,纳入共享范围的企业所得税60％部分,未纳入共享范围的中央企业所得税、中央企业上交的利润,个人所得税60％部分,车辆购置税,船舶吨税,证券交易印花税97％部分,海洋石油资源税等;地方税收收入包括增值税、营业税、企业所得税、个人所得税、资源税、城市维护建设税、房产税、印花税、城镇土地使用税、土地增值税、车船税、耕地占用税、契税、烟草税、其他各项税收等。
② 非税收入包括专项收入、行政事业性收费、罚没收入和其他收入。其中,地方非税收入包括专项收入、行政事业性收费收入、罚没收入、国有资本经营收入、国有资源(资产)有偿使用收入、其他收入等。
③ 事务支出包括一般公共服务、外交、国防、公共安全、教育、科学技术、文化体育与传媒、社会保障和就业、医疗卫生、环境保护、城乡社区事务、农林水事务、交通运输、资源勘探电力信息等事务、商业服务等事务、金融监管支出、国土气象等事务、住房保障支出、粮油物资储备管理等支出。
④ 中央财政支出包括一般公共服务、外交支出、国防支出、公共安全支出,以及中央政府调整国民经济结构、协调地区发展、实施宏观调控的支出等;地方财政一般预算支出包括一般公共服务、国防、公共安全、教育、科学技术、文化体育与传媒、社会保障就业、医疗卫生、环境保护、城乡社区事务、农林水事务、交通运输等方面的支出。一般性公共服务支出反映政府提供一般公共服务的支出,主要用于保障机关事业单位正常运转,支持各机关单位履行职能,保障各机关部门的项目支出需要等。

购置固定资产的工作量以及与此有关的费用的总称。该指标是反映固定资产投资规模、结构和发展速度的综合性指标,又是观察工程进度和考核投资效果的重要依据。各类预算中用于固定资产投资的资金全部作为国家预算资金填报,其中一般预算中用于固定资产投资的部分包括基建投资、车购税、灾后恢复重建基金和其他财政投资。

（六）年末总人口,指每年 12 月 31 日 24 时的人口数,包括现役军人(计入城镇人口),未包括香港特别行政区、澳门特别行政区和台湾地区以及海外华侨人数①。

（七）恩格尔系数,指食品支出总额占个人消费支出总额的比,是国际上通用的衡量居民生活水平高低的一项重要指标,一般随居民家庭收入和生活水平的提高而下降。

（八）城镇登记失业率,指城镇登记失业人员与城镇单位就业人员②、城镇单位中的不在岗职工、城镇私营业主、个体户主、城镇私营企业和个体就业人员、城镇登记失业人员之和的比。

（九）债券发行额、还本付息额、余额等年度数据来自财政部政府债务研究和评估中心网站。为确保各项指标之间相互可比,选取数据最为完整的 2015—2020 年数据进行评估,具体数据见表 8.1。

表 8.1　2015—2020 年中国政府财政经济相关数据

统计数据(亿元)	2015 年	2016 年	2017 年	2018 年	2019 年	2020 年
国内生产总值	688 858	746 395	832 035	919 281	986 515	1 013 567
国家财政收入	152 269	159 604	172 592	183 359	190 390	182 913
国家税收收入	124 922	130 360	144 369	156 402	158 000	154 312
国家财政支出	175 877	187 755	203 085	220 904	238 858	245 679

----

① 2020 年数据为当年人口普查数据推算数,其余年份数据为年度人口抽样调查推算数据。
② 该数据扣除了使用的农村劳动力、聘用的离退休人员、港澳台及外方人员。

续　表

统计数据(亿元)	2015 年	2016 年	2017 年	2018 年	2019 年	2020 年
地方一般公共预算收入	83 002	87 239	91 469	97 903	101 080	100 143
地方一般公共预算支出	150 335	160 351	173 228	188 196	203 743	210 583
债务余额	147 568	153 558	165 100	184 619	213 098	256 611
债券发行额	38 351	60 458	43 581	41 652	43 624	64 438
再融资债券发行额	0	0	0	6 817	11 484	18 913
新增债券发行额	5 912	11 699	15 898	21 705	30 561	45 525
债券还本额	1 714	2 437	2 415	8 389	13 152	20 757
债券付息额	481	1 807	3 423	5 037	6 567	7 963
国家财政一般公共服务支出	13 547	14 790	16 510	18 374	20 344	20 061
全社会固定资产投资(国家预算资金)	34 902	40 871	44 059	44 103	43 706	58 042
居民恩格尔系数	30.60%	30.10%	29.30%	28.40%	28.20%	30.20%
城镇登记失业率	4.10%	4.00%	3.90%	3.80%	3.60%	4.20%

资料来源:国家统计局网站、财政部政府债务研究和评估中心网站。

根据表 8.1 所列示的数据计算出 2015—2020 年有关中国财政可持续性评价指标的年具体指标的明细数据,见表 8.2。

表 8.2　各项具体指标明细数据

指　　标	2015 年	2016 年	2017 年	2018 年	2019 年	2020 年
财政收入弹性	1.204	0.577	0.709	0.595	0.524	(1.432)
税收收入弹性	0.685	0.521	0.937	0.795	0.140	(0.851)
税收依存度	0.820	0.817	0.836	0.853	0.830	0.844

指　　标	2015 年	2016 年	2017 年	2018 年	2019 年	2020 年
财政支出弹性	1.875	0.754	0.662	0.830	1.108	1.058
财政赤字率	(0.034)	(0.038)	(0.037)	(0.041)	(0.049)	(0.062)
财政自给率	0.552	0.544	0.528	0.520	0.496	0.476
债务负担率	0.214	0.206	0.198	0.201	0.216	0.253
债券依存度	0.218	0.322	0.215	0.189	0.183	0.262
债券偿还率	0.014	0.027	0.034	0.073	0.104	0.157
利息保障倍数	(49.082)	(15.578)	(8.908)	(7.454)	(7.381)	(7.882)
新债偿旧率	0.000	0.000	0.000	0.508	0.582	0.659
债务平衡率	0.040	0.076	0.096	0.118	0.143	0.177
单位 GDP 政府运转成本	0.020	0.020	0.020	0.020	0.021	0.020
财政投资性支出占比	0.215	0.236	0.236	0.218	0.200	0.257
人均财政支出	1.174	1.242	1.333	1.441	1.550	1.598
居民恩格尔系数	30.60%	30.10%	29.30%	28.40%	28.20%	30.20%
城乡居民失业率	4.10%	4.00%	3.90%	3.80%	3.60%	4.20%

资料来源:笔者自制。

二、指标归一化处理

在进行数据分析时,许多数据单位是不一致的,比如说 GDP 以亿元为单位,人均财政支出以元为单位,那么此时就会出现由于单位问题导致的数字大小问题。这种情况对于分析可能产生影响,因此需要对其进行数据归一化处理。由于数据方向不一致,还要对数据进行正向(MMS)/逆向(NMMS)处理,使其保留数字的相对意义,即数字越大代表 GDP 越高。通过这样的处理,数据方向就完全一致且解决掉量纲问题(正向/逆向化处理可同时解决方向和量纲问题）。

　　大部分驱动因素是正向指标，比如，财政收入弹性、税收收入弹性、税收依存度等 8 个指标，数值越大越好，进行正向化处理；大部分风险因素看作是逆向指标，比如财政支出弹性、债务负担率、债务依存度等 9 个指标则是数值越小越好，因此进行逆向化。经处理的数据，可以全部压缩在[0，1]范围内，便于对比。

　　正向化计算公式为：

$$y_{ij} = \frac{x_{ij} - x_{\min}}{x_{\max} - x_{\min}} \tag{8.1}$$

　　逆向化计算公式为：

$$y_{ij} = \frac{x_{\max} - x_{ij}}{x_{\max} - x_{\min}} \tag{8.2}$$

　　在正向化处理时，当某数据刚好为最小值时，则归一化后为 0；如果数据刚好为最大值时，则归一化后为 1；逆向化处理时，分母永远是大于 0，随着 x 的增大，分子会越来越小。因此，逆向化处理之后的逆向指标会得到一个特征，即数字越大越好（数字越大时，其实 x 越小）。

　　由此，可以获得新的指标数据（以 MMS 为正向化标志、NMMS 为逆向化标志），见表 8.3。

表 8.3　归一化处理后的数据表

年　　度	2015 年	2016 年	2017 年	2018 年	2019 年	2020 年
MMS_财政收入弹性	1.000	0.762	0.812	0.769	0.742	0.000
MMS_税收收入弹性	0.859	0.768	1.000	0.921	0.554	0.000
MMS_税收依存度	0.100	0.000	0.544	1.000	0.362	0.742
NMMS_财政支出弹性	0.000	0.924	1.000	0.862	0.633	0.674
MMS_财政赤字率	1.000	0.875	0.914	0.762	0.463	0.00

续　表

年　度	2015 年	2016 年	2017 年	2018 年	2019 年	2020 年
MMS_财政自给率	1.000	0.895	0.685	0.583	0.269	0.000
NMMS_债务负担率	1.000	0.601	0.409	0.303	0.206	0.000
NMMS_债务依存度	0.746	0.000	0.771	0.958	1.000	0.428
NMMS_债务偿还率	1.000	0.915	0.864	0.588	0.375	0.000
MMS_利息保障倍数	0.000	0.803	0.963	0.998	1.000	0.988
NMMS_新债偿旧率	1.000	1.000	1.000	0.229	0.116	0.000
NMMS_债务平衡率	0.793	0.968	1.000	0.826	0.479	0.000
NMMS_单位 GDP 政府运转成本	1.000	0.844	0.816	0.664	0.000	0.869
MMS_财政投资性支出占比	0.262	0.634	0.631	0.310	0.000	1.000
MMS_人均财政支出	0.000	0.162	0.375	0.631	0.887	1.000
NMMS_居民恩格尔系数	0.000	0.208	0.542	0.917	1.000	0.167
NMMS_城乡居民失业率	0.167	0.333	0.500	0.667	1.000	0.000

资料来源:笔者运用 SPSS 计算得出。

由于在无量纲化处理后部分数据的值为 0,会导致在熵值公式计算对数时出现无法计算的情况,因此需要对数据进一步作非零处理,采用标准化法后对数值进行非负平移。当 $y_{ij}\leqslant0$ 时,平移坐标,即:如果某列(某指标)数据出现小于等于 0,让该列数据同时加上一个"平移值"(该值为某列数据最小值的绝对值+0.01),以便让数据全部都大于 0,因而满足算法要求。

$$y'_{ij}=y_{ij}+d \tag{8.3}$$

根据上式处理,使 $y'_{ij}>0$,再进行熵值法分析,得到权重系数,见表 8.4。

表 8.4　熵值法计算权重结果汇总

项　　量	信息熵值 e	信息效用值 d	权重系数 w
MMS_财政收入弹性	0.902 1	0.097 9	25.11%
MMS_税收收入弹性	0.895 5	0.104 5	26.80%
MMS_税收依存度	0.812 5	0.187 5	48.08%
NMMS_财政支出弹性	0.897 2	0.102 8	29.51%
MMS_财政赤字率	0.889 5	0.110 5	31.71%
MMS_财政自给率	0.864 9	0.135 1	38.77%
NMMS_债务负担率	0.830 8	0.169 2	59.73%
NMMS_债务依存度	0.886 0	0.114 0	40.27%
NMMS_债务偿还率	0.877 6	0.122 4	55.78%
MMS_利息保障倍数	0.902 9	0.097 1	44.22%
NMMS_新债偿旧率	0.785 2	0.214 8	66.18%
NMMS_债务平衡率	0.890 2	0.109 8	33.82%
NMMS_单位 GDP 政府运转成本	0.900 8	0.099 2	39.57%
MMS_财政投资性支出占比	0.848 6	0.151 4	60.43%
MMS_人均财政支出	0.829 2	0.170 8	31.54%
NMMS_居民恩格尔系数	0.800 0	0.200 0	36.95%
NMMS_城乡居民失业率	0.829 4	0.170 6	31.51%

资料来源：笔者运用 SPSS 计算得出。

三、功效系数法确定综合评价指数分值

功效系数是指各项评价指标的实际值与该指标允许变动范围的相对位置。功效系数法是在进行综合统计评价时，先运用功效系数对各指标进行无量纲同度量转换，再运用功效系数法的计算原理对各项指标进行评分，以达到使各项指标具有可衡量的特性，最后对各项指标得分加权平均得到整体评价分值的方法。

　　将指标的历史最大值和最小值分别设为指标满意值和不允许值,计算各项评价指标的功效系数＝(指标实际值－指标不允许值)/(指标满意值－指标不允许值)。其计算公式为:

$$f_i = \frac{x_i - x_i^s}{x_i^h - x_i^s} \tag{8.4}$$

　　计算各指标的评价分数,一般以 40、60 为规定系数,即:指标评价分数＝功效系数×40＋60。如果默认 100 分为满分,那么把达到一定水平为及格水平(60 分),其他的 40 分再根据指标高低来确定。则被评价的指标得分在 60 至 100 之间,分数越高评价越好。根据这样的原理,将相关数据套用上面的公式,获得各单项指标的具体数值,见表 8.5。

表 8.5　2015—2020 年单项指标分析数值

功效系数评分	2015 年	2016 年	2017 年	2018 年	2019 年	2020 年
MMS_财政收入弹性	100.000	90.477	92.487	90.753	89.680	60.000
MMS_税收收入弹性	94.374	90.707	100.000	96.829	82.170	60.000
MMS_税收依存度	64.012	60.000	81.767	100.000	74.477	89.672
NMMS_财政支出弹性	60.000	96.970	100.000	94.483	85.323	86.969
MMS_财政赤字率	100.000	95.020	96.563	90.498	78.507	60.000
MMS_财政自给率	100.000	95.789	87.417	83.338	70.745	60.000
NMMS_债务负担率	100.000	84.049	76.371	72.100	68.243	60.000
NMMS_债务依存度	89.834	60.000	90.828	98.302	100.000	77.140
NMMS_债务偿还率	100.000	96.585	94.555	83.504	74.991	60.000
MMS_利息保障倍数	60.000	92.137	98.535	99.930	100.000	99.519
NMMS_新债偿旧率	100.000	100.000	100.000	69.159	64.625	60.000
NMMS_债务平衡率	91.705	98.727	100.000	93.058	79.158	60.000
NMMS_单位 GDP 政府运转成本	100.000	93.769	92.621	86.562	60.000	94.745

续　表

功效系数评分	2015年	2016年	2017年	2018年	2019年	2020年
MMS_财政投资性支出占比	70.479	85.353	85.248	72.401	60.000	100.000
MMS_人均财政支出	60.000	66.482	74.997	85.228	95.467	100.000
NMMS_居民恩格尔系数	60.000	68.333	81.667	96.667	100.000	66.667
NMMS_城乡居民失业率	66.667	73.333	80.000	86.667	100.000	60.000

资料来源:笔者运用 SPSS 计算得出。

　　由于各单项分析指标通过 AHP 层次分析法和熵值法综合得出的综合权重不同,就需要采取加权平均的方法综合评价这些指标的综合经济效果,最终得分即全国财政可持续性综合评价指数如图 8.1。

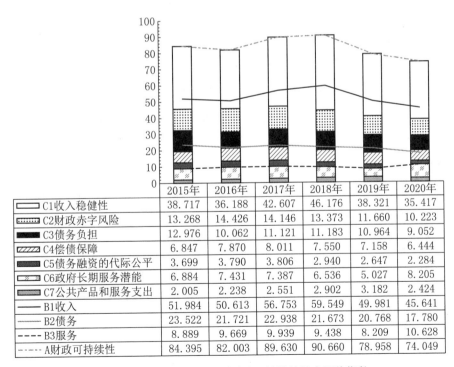

	2015年	2016年	2017年	2018年	2019年	2020年
C1收入稳健性	38.717	36.188	42.607	46.176	38.321	35.417
C2财政赤字风险	13.268	14.426	14.146	13.373	11.660	10.223
C3债务负担	12.976	10.062	11.121	11.183	10.964	9.052
C4偿债保障	6.847	7.870	8.011	7.550	7.158	6.444
C5债务融资的代际公平	3.699	3.790	3.806	2.940	2.647	2.284
C6政府长期服务潜能	6.884	7.431	7.387	6.536	5.027	8.205
C7公共产品和服务支出	2.005	2.238	2.551	2.902	3.182	2.424
B1收入	51.984	50.613	56.753	59.549	49.981	45.641
B2债务	23.522	21.721	22.938	21.673	20.768	17.780
B3服务	8.889	9.669	9.939	9.438	8.209	10.628
A财政可持续性	84.395	82.003	89.630	90.660	78.958	74.049

图 8.1　2015—2021 年全国财政可持续性综合评价指数

资料来源:笔者根据 SPSS 数据结果整理自制。

对图 8.1 进行分析发现:总体来看,全国财政可持续性综合评价指数在 74.049 和 90.660 范围内波动,呈现抛物线趋势。收入指数整体呈现抛物线的趋势,债务评分指数逐渐下降,服务评分指数逐渐上升。各项指标基本在 2017 年、2018 年都有较好的表现。

收入类的各项指标中,财政收入稳健性指数总体呈现抛物线趋势,在 2020 年达到最低点。主要原因是:2017 年至 2018 年期间,财政收入弹性和税收收入弹性指标相对较好,税收总收入增长率在 2018 年(8.33%)延续了 2017 年的高速增长(10.75%),成为财政收入的主要来源,税收依存度较高。自 2018 年起,财政收入弹性系数和税收收入弹性逐渐走低,财政收入在经济下行压力下的增长压力较大。2019 年,GDP 增速降至 7.31%,而全国一般公共预算收入同比增长 3.8%,全国税收收入同比增长 1%,各项指标增幅均保持低位。虽然 2020 年主体税种增幅有所回升,但是由于众所周知的疫情普遍影响,财政收入的稳健性呈现低谷。财政的赤字风险几乎与国内生产总值、财政收入增长同向,呈现抛物线趋势,在 2019 年、2020 年达到最低,主因是受财政支出弹性和财政赤字率的抛物线趋势影响。而这一期间的财政自给率评分则一直下降,说明财政收入覆盖财政支出的能力越来越弱,收支缺口越来越大。

债务类的各项指标中,债务负担和债务保障的状况下降趋势明显,尤其是债务偿还率、新债偿旧率、债务平衡率分数不断下降,使得债务相关各项指标预警的严重程度越来越高。债务融资规模不断扩大,债务负担加重。再融资债券自发行以来占比不断增大,使债务融资的代际公平日趋失衡。以借新还旧的方式对存量债务进行展期,专项债整体发行期限有所拉长,虽然一定程度上可以平滑债务偿还压力,但是无益于减少债务总量,存在将偿债风险延至后代的可能。

服务类的各项指标中,政府长期服务潜能呈现波动的上升趋势,2019 年呈现极值,但在 2020 年有明显起色。这说明政府在提高服务效率,降低运行成本方面做出了努力并取得了一定成果,同时保持着一定比例的固定资产投资性支出,为后续持续提供良好服务奠定了长效基础。公共产品和服务支出方面,2015 年以来,指标得分逐渐向好,并在 2018 年、2019 年呈现最高值。2020 年有所回落,可能主要是受疫情影响,居民恩格尔系数和失业率上升造成的。

收入与债务是影响最终财政可持续性最大的要素,而从影响财政可持续性的收入稳健性、财政赤字风险、债务负担三个最大比重的指标来看,要特别关注并采取措施跟踪收入和紧盯负债的动态趋势,防范赤字风险。2020 年疫情爆发的冲击,更为后疫情时代的财政可持续性雪上加霜,需密切关注。

第二节　地方政府财政可持续性综合评价

按照以上方式确定的权重和分析方法,本书先后对 31 个省市自治区的数据采取了数据整理、计算地方各项指标、分地区数据归一化、计算功效系数单项分、考虑权重后计算最终得分,最终获得了 2015—2021 年的财政可持续综合指数如表 8.6,并作如下评价:

1. 从地域性来看,我国财政可持续性的地区横向不均衡程度仍然较为显著,最低分与最高分之间差异达到 10 分左右。东、中部地区财政可持续性一般好于西部地区,其原因包括东、中部地区普遍财政收入规模相对较大,财政收入具有更强的稳健性,相对偿债风险可控,公共服务水平较高,形成了良性循环。

2. 从时间轴来看,2015—2018 年,地区间差异逐渐减小,各地区财政可持续性较好,横向相对均等。2020 年,各地区财政可持续性普遍受到疫情影响和国际环境等外部经济冲击,指数最低值和最高值的差值(地区间差异)达到了 11 分。说明在面对激烈的压力测试时,各地区财政可持续性会呈现更加明显的对比差异,东、中部地区承压能力相对西部更强,尤其从 2021 年数据来看,中部地区恢复较快,指数迅速回升。

3. 从波动性来看,将各地区历年数据的标准差和算术平均值进行比较,发现贵州省、内蒙古自治区等地区指数波动较大,且指数平均数较低,说明这些地区可持续性不佳,表现不稳定;江苏省、上海市等地区不但波动较小,且指数均值较高,说明这些地区常年可持续性较好,表现稳定。

表 8.6　31 个省市自治区 2015—2021 年财政可持续综合指数

年度		皖	闽	甘	粤	贵	琼	冀	豫	黑	鄂
2021		83.39	85.08	81.09	85.72	78.38	83.86	82.47	83.00	81.08	83.98
2020		83.54	87.15	80.55	86.22	78.05	81.42	82.23	83.15	78.65	83.70
2019	省份	84.03	88.13	81.75	86.86	80.53	80.36	83.32	84.37	82.36	84.41
2018		84.28	88.67	82.70	87.20	81.08	81.47	84.44	84.70	82.90	85.20
2017		84.42	87.83	82.66	90.49	81.47	84.23	84.01	84.26	83.17	84.92
2016		84.10	87.71	83.01	90.00	80.29	83.82	83.76	84.08	82.49	84.01
2015		84.65	88.09	85.10	90.18	80.39	85.09	84.44	84.49	84.06	84.58

年度	湘	吉	苏	赣	辽	青	鲁	晋	陕	川	云
2021	82.12	81.04	85.61	82.66	82.11	79.52	84.35	84.44	84.02	82.66	82.66
2020	82.34	80.63	85.29	82.23	83.41	79.47	85.72	82.90	82.97	82.43	82.61
2019	82.27	82.16	86.10	83.70	85.36	80.23	86.54	84.85	84.25	83.32	82.80
2018	83.20	82.94	86.58	83.81	86.43	81.08	87.16	84.67	84.71	83.90	82.98
2017	83.07	82.65	86.13	83.77	86.60	81.10	86.94	84.80	84.55	83.40	82.34
2016	81.55	82.97	85.83	83.92	86.19	81.22	86.08	83.29	82.80	83.29	82.02
2015	83.00	82.76	86.56	84.21	82.58	81.96	87.10	84.45	83.03	83.86	82.37

年度	浙		桂	内蒙古	藏	新	宁	京	沪	津	渝
2021	82.66		82.18	81.69	79.90	82.86	81.09	85.26	87.51	81.81	81.95
2020	82.61		81.48	78.83	80.34	81.06	80.41	86.19	86.30	86.89	82.63
2019	82.80	自治区和直辖市	82.57	82.77	81.40	82.41	80.46	86.76	87.24	83.20	83.78
2018	82.98		82.91	83.07	81.54	83.16	81.63	87.73	87.85	84.64	84.27
2017	82.34		83.04	83.33	81.33	83.10	82.02	87.74	87.91	84.31	83.77
2016	82.02		82.68	81.79	81.10	83.19	81.36	87.82	86.96	82.83	83.44
2015	82.37		83.56	82.54	82.03	82.27	82.64	87.99	87.84	83.87	84.55

资料来源：笔者根据 SPSS 数据结果整理自制。

第三节 财政可持续性综合评价指数有效性实证检验 ——来自土地财政出让金收入的经验证据

一、理论分析与研究假说

土地财政是中国特有的经济现象,一般将出让土地或其他行为带来的政府性收入称为"土地财政",是地方政府的财政运转高度依赖土地出让或与土地相关的各种收入,如税费收入、融资收入等。我国分税制改革后,地方政府在没有可靠收入的情况下,在转移支付收入和税收收入又无法满足地方政府日益增长的财政支出时,土地财政收入成为其主要的经济支柱和重要的资金来源。土地财政无疑对缓解地方政府财政压力、补充政府性基金收入、推动城市化进程、建设公共基础设施等方面发挥了积极作用(张亚茹,2021),然而,在国内有关土地财政与财政可持续性的学术研究中,许多学者认为,从长期来看,土地财政对地方财政可持续性带来威胁,如吴灿燕、陈多长(2009)通过数据分析了浙江省地方政府对土地财政的依赖程度,得出浙江省地方政府严重依靠"土地财政"的结论,并就此提出了一些保证地方政府财政可持续性的方法和建议。章新峰(2010)从国家层面分析了土地财政不可持续的情况,并提出在土地财政转型中开征物业税的建议。辛波、于淑俐(2010)认为,GDP虽不是土地性财政收入的因,却是土地性财政收入的果。地方经济增长过度依赖于土地财政,不仅会造成严重的不良后果,而且也会扩大政府的寻租空间。昌忠泽(2011)认为,我国土地财政的形成与分税改革和以GDP及财政收入为核心的政绩考核体制有关。土地财政具有不稳定性和不可持续性。于长革(2012)研究认为,地方政府依托土地财政作为资本运作和积累方式,虽然拉动了GDP增长,但"土地财政"在膨胀的同时,也使地方政府患上了严重的经济增长"土地依赖症",直接导致地方经济增长难以维持，更增加了未来我国经济增长的不确定性，对"稳增长"目标的实现构成巨大威胁。刘立峰（2014）认为，土地财政是我国经济快速增长的主要动因，是地方政府融资体系的重要引擎。土地财政拓展了地方政府融资制度和政策空间，但也带来了许多风险问题，表现出现有体制与政策的不可持续性。张传洲（2016）认为，我国地方政府土地财政模式无形中放大了地方政府的债务负担，加剧了财政风险和金融风险。白晓丽（2016）认为，地方政府受到土地财政的影响，引发了高房价等现象，甚至造成了地方财政的畸形发展。虽然我国从 2003 年开始就出台了很多调控房地产的措施，但效果较差，难以实现地方财政的可持续性发展。黄静、吴群、王健（2017）从经济增长和制度环境双重角度构建影响地方政府土地依赖的分析框架，并采用实证检验法，证明地方政府对土地财政依赖在短期内具有激励作用与惯性特征，长期具有收敛趋势。

从上述研究可知，土地财政在拓展了地方政府融资空间的同时，也带来了体制与政策的不可持续性，从而为财政可持续性带来风险。具体来说，土地财政一大诱因是我国分税制改革后，财政收入从地方向中央倾斜，但地方承担了大量的财政支出，从而造成地方的收支困难，某些地方政府如果不依赖土地财政，可能难以为继。这是当前地方政府高度依赖土地财政的重要原因。土地出让金收入构成了政府性基金收入的主体，土地出让金收入与一般公共预算收入之比反映了政府对土地财政的依赖度。过高的土地财政依赖度在一定程度上会弱化财政收入体系的法治程度。而且由于土地出让金高度依赖于房地产市场，房地产市场的高波动性，导致过高的土地财政依赖度不利于地方政府的财政稳定性和可持续性（马光荣，吕冰洋，2021）。因此，本书做出如下假说：

H0：在其他因素不变的情况下，地方政府对土地财政依赖程度与地方政府的财政可持续性成反比关系，即地方政府对土地财政依赖越高，其财政可持续性会更差，反之，财政可持续性会更好。

二、研究设计与实证分析

（一）样本选取与数据来源

本书选取土地出让金收入作为土地财政依赖度的代表性指标，来自《中国国土资源统计年鉴》以及各省份决算报告和预算执行情况报告，地方城投公司的有息债务余额来自 Wind 数据库，其他数据均来自《中国统计年鉴》。一般公共预算收入及各项税收口径均为地方政府本级。

（二）检验模型及变量定义

根据本书提出的假说和相关学者的研究，本书设计如下研究模型：

$$Y_{it} = \beta_0 + \beta_1 FS_{it} + \beta_2 FSGAP_{it} + \beta_3 GOV_{it} + \beta_4 ED_{it} + \beta_5 DOP_{it} + \varepsilon_{it}$$

模型中 Y_{it} 表示土地财政依赖度，将使用土地出让金收入/一般公共预算收入作为该指标的衡量。FS 表示财政可持续性，将使用本书上一章对财政持续性综合评分法，对地方样本的财政可持续性打分的结果。分值越高，代表地方政府财政可持续性越好，反之，越差。财政可持续性越好的，意味着其收入更加稳健、债务适当、公共服务水平高，经济发展与财政收入获取形成良好循环，对土地财政的依赖度就越弱，预计与土地财政收入成负相关关系；FSGAP 表示财政分权，用地方财政一般公共预算收入/（中央财政一般公共预算收入＋地方财政一般公共预算收入）来衡量，该项指标越小则代表分权程度越高，反之则越大。财政分权越显著的地区，其行使地方事权所需要的资金缺口越大，对出售土地获取财政收入的需求越高涨，预期与土地财政收入成正相关关系；GOV 表示地方官员晋升激励，土地财政的一个原因可能是地方官员为了在其任期内推动 GDP 增量，进而举借隐性债务用于房地产等建设用途，刺激短期经济增长，由于隐性债务没有准确且公开的数据，但是其形成多与城投平台有关，因此本书选取地方城投公司的有息债务余额/本地区 GDP 来估测隐性债务规模。官员晋升动力越强，其对获取财政收入的欲望越高,预计与土地财政收入成正相关关系;ED 表示地方经济发展水平,用人均 GDP 衡量,一个地区的经济发展水平越高,相应的单位面积土地价值就越高,其实现土地财政收入的可能性就越大,预计与土地财政收入成正相关关系;DOP 表示人口密度,以地方每平方公里的人数衡量,人口密度越大的地区,其对房产用地的需求量也就越大,按照供需关系原理,可能土地价格也就更高,预期将会与土地财政收入成正相关关系。将模型中各变量的含义汇总如表 8.7。

表 8.7　模型所用变量诠释表

变量名称	变量含义	变量衡量
被解释变量		
Y_{it}	土地财政依赖度	土地出让金收入/一般公共预算收入
解释变量		
FS_{it}	财政可持续性	打分分值
控制变量		
$FSGAP_{it}$	地方分权	(地方本级预算内支出—地方本级预算内收入)/地方本级预算内收入
GOV_{it}	地方官员晋升激励	地方房地产开发投资/地方全社会固定资产投资衡量
ED_{it}	地方经济发展水平	人均 GDP　GDP/地方总人口
DOP_{it}	人口密度	人口密度　地方每平方公里的人数

资料来源:笔者自制。

（三）描述性统计

本书选取了 31 个省、市、自治区 2015—2021 年的 7 年数据,其中 2021 年土地出让金收入数据根据 2020 年及以前的年增长率加权平均得来,共获得 217 个样本。其中,晋升激励、经济发展、人口密度 3 项变量的最大值超过平均值 3 个标准差,说明数据波动较大,相对平均值,使用中位数描述整体水平更适合。详细情况见表 8.8。

表 8.8 基础指标

名 称	样本量	最小值	最大值	平均值	标准差	中位数
可持续指数	217	78.047	90.491	83.838	2.360	83.481
土地财政依赖度	217	0.074	2.141	0.595	0.380	0.468
财政分权	217	0.002	0.135	0.034	0.026	0.027
晋升激励	217	0.016	10.125	0.536	0.877	0.355
经济发展	217	2.599	18.400	6.347	3.007	5.458
人口密度	217	2.686	3 951.476	461.297	708.689	277.401

资料来源:笔者运用 SPSS 计算得出。

(四) 相关性分析

利用相关分析研究可持续性指数与土地财政依赖度、财政分权、晋升激励、经济发展、人口密度共 5 项之间的相关关系,使用 Pearson 相关系数表示相关关系的强弱情况,得到如表 8.9 数据。

表 8.9 Pearson 相关分析

		可持续性指数	土地财政依赖度	晋升激励	财政分权	经济发展	人口密度
可持续性指数	相关系数	1					
	p 值						
土地财政依赖度	相关系数	-0.169^*	1				
	p 值	0.013					
晋升激励	相关系数	-0.092	0.183^{**}	1			
	p 值	0.178	0.007				
财政分权	相关系数	0.019	0.216^{**}	-0.022	1		
	p 值	0.780	0.001	0.742			
经济发展	相关系数	-0.010	0.207^{**}	0.255^{**}	0.625^{**}	1	
	p 值	0.882	0.002	0.000	0.000		
人口密度	相关系数	0.049	-0.046	0.097	0.545^{**}	0.725^{**}	1
	p 值	0.473	0.497	0.156	0.000	0.000	

注: $*$ $p<0.05$, $**$ $p<0.01$。
资料来源:笔者运用 SPSS 计算得出。

可见,可持续性指数与土地财政依赖度之间全部呈现出显著性,相关系数值是−0.164,小于0,意味着可持续性指数与土地财政依赖度之间有着负相关关系。同时,可持续性指数与财政分权、晋升激励、经济发展、人口密度相关系数值接近于0,没有呈现出显著性,说明可持续性指数与财政分权、晋升激励、经济发展、人口密度之间并没有相关关系。

(五) 回归分析

将可持续性指数、财政分权、晋升激励、人口密度、经济发展作为自变量,土地财政依赖度作为因变量进行线性回归分析,模型如图8.2。

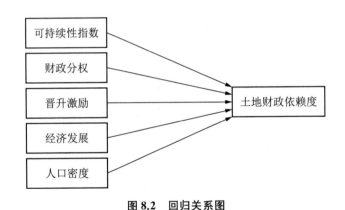

图 8.2 回归关系图

资料来源:笔者自制。

从表8.10中可以看出,模型R方值为0.188,意味着可持续性指数、财政分权、晋升激励、人口密度、经济发展可以解释土地财政依赖度的18.8%变化原因;并且D-W值在数字2附近,因而说明模型不存在自相关性,样本数据之间并没有关联关系,模型较好。

表 8.10 模型汇总(中间过程)

R	R^2	调整 R^2	模型误差 RMSE	DW 值	AIC 值	BIC 值
0.434	0.188	0.169	0.341	1.638	161.426	181.705

资料来源:笔者运用 SPSS 计算得出。

对模型进行 F 检验时发现模型通过 F 检验(F＝9.802，p＝0.000＜0.05)，也即说明可持续性指数、财政分权、晋升激励、人口密度、经济发展中至少一项会对土地财政依赖度产生影响关系，见表 8.11。

表 8.11　ANOVA 表格(中间过程)

	平方和	df	均方	F	p 值
回归	5.875	5	1.175	9.802	0.000
残差	25.295	211	0.120		
总计	31.171	216			

资料来源：笔者运用 SPSS 计算得出。

另外，针对模型的多重共线性进行检验发现，模型中变量的方差膨胀因子 VIF 值全部均小于 5，意味着不存在着共线性问题，见表 8.12。

表 8.12　回归系数(中间过程)(n＝217)

	非标准化系数		标准化系数	t	p	95% CI	VIF
	B	标准误	Beta				
常数	1.002	0.333	—	3.004	0.003**	0.348～1.655	—
可持续性指数	−0.009	0.004	−0.138	2.207	0.028*	−0.017～−0.001	1.014
财政分权	3.683	1.208	0.252	3.048	0.003**	1.315～6.052	1.780
晋升激励	0.058	0.029	0.135	2.027	0.044*	0.002～0.115	1.153
经济发展	0.040	0.013	0.320	3.071	0.002**	0.015～0.066	2.826
人口密度	−0.000	0.000	−0.422	−4.588	0.000**	−0.000～−0.000	2.204

注：因变量：土地财政依赖度。
　* $p < 0.05$，** $p < 0.01$。
资料来源：笔者运用 SPSS 计算得出。

最终，获得线性回归的结果，见表 8.13。

表 8.13　线性回归分析结果(n＝217)

	非标准化系数		标准化系数	t	p	VIF	R²	调整 R²	F
	B	标准误	Beta						
常数	1.002	0.333	—	3.004	0.003**	—			
可持续性指数	−0.009	0.004	−0.138	−2.207	0.028*	1.014			
财政分权	3.683	1.208	0.252	3.048	0.003**	1.780	0.188	0.169	F(5，211)＝9.802，p＝0.000
晋升激励	0.058	0.029	0.135	2.027	0.044*	1.153			
经济发展	0.040	0.013	0.320	3.071	0.002**	2.826			
人口密度	−0.000	0.000	−0.422	−4.588	0.000**	2.204			

注:因变量:土地财政依赖度。
D-W 值:1.638。
＊ $p < 0.05$，＊＊ $p < 0.01$。
资料来源:笔者运用 SPSS 计算得出。

具体分析可知：

可持续性指数的回归系数值为−0.009($t = -2.207$，$p = 0.028 < 0.05$)，意味着可持续性指数会对土地财政依赖度产生显著的负向影响关系。

财政分权的回归系数值为 3.683($t = 3.048$，$p = 0.003 < 0.01$)，意味着财政分权会对土地财政依赖度产生显著的正向影响关系。

晋升激励的回归系数值为 0.058($t = 2.027$，$p = 0.044 < 0.05$)，意味着晋升激励会对土地财政依赖度产生显著的正向影响关系。

经济发展的回归系数值为 0.040($t = 3.071$，$p = 0.002 < 0.01$)，意味着经

济发展会对土地财政依赖度产生显著的正向影响关系。

　　人口密度的回归系数值为－0.000(t＝－4.588，p＝0.000＜0.01)，意味着人口密度会对土地财政依赖度产生显著的负向影响关系。

　　模型公式为：土地财政依赖度＝1.002－0.009×可持续性指数＋3.683×财政分权＋0.058×晋升激励＋0.040×经济发展－0.000×人口密度，模型结果如图 8.3。

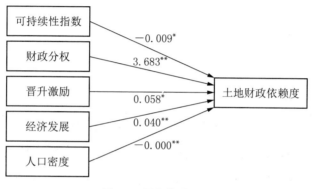

图 8.3　回归结果图示

资料来源：笔者自制。

　　总结分析可知：财政分权、晋升激励、经济发展会对土地财政依赖度产生显著的正向影响关系，可持续性指数对土地财政依赖度产生显著的负向影响关系，均符合本书最初预期。其中，财政分权和经济发展对土地财政依赖度的解释程度较高，这是因为经济发展水平较高的地区居民对基础设施和公共服务的需求更高，同时外界对当地投资吸引力也更大，而财政分权造成地方事权没有足够财政收入予以支撑，内需旺盛、外部刺激较强、资金需求较高的综合因素必然造成政府将目光投向土地财政，产生挖掘土地潜在经济价值的决策倾向。

　　但是与预期产生偏差的是，人口密度并未对土地财政依赖度产生正向影响关系，而是产生了显著的负向影响关系。从人口密度的数据来看，人口密度较大的上海、北京等地反而对土地的财政依赖几乎在全国排名最末位。这一方面是因为人口密度较高通常证明该地区经济发展程度在国内位于前列,政府财政收入质量更高,地方政府处于卖方优势市场,会以垄断地位抬高地价,或者通过吸引外资等方式得到巨额土地出让金收入,而对一般房地产投资产生挤出效应。另一方面,人口密度较高往往代表城市饱和、土地紧缺,政府会控制土地出让的速率,保留土地存量,从而尽量摆脱对土地的依赖。

三、稳健性检验

(一)变量冲击回归

为检验被解释变量(土地出让金依赖度)与解释变量(可持续性指数)之间的关系,是不是由其他变量导致的,本书将各变量按照可持续性指数、财政分权、晋升激励、经济发展、人口密度的分类顺序依次放入回归。若其他变量对被解释变量与解释变量之间的关系影响不大,则在加入这些变量的过程中,解释变量的系数和显著性的变化应不大。结果如表8.14所示,从列(1)至列(5)依次回归后,可持续性指数始终都是在1%水平上负显著相关,证实了可持续性指数与土地出让金依赖程度之间的关系是稳健的。

(二)替换变量的逐步回归

为了进一步测试回归的稳健性,替换掉除可持续性指数和土地财政依赖度之外的全部变量或变量的计算方式。其中,将变量"财政分权"的数值计算方法改为:人均地方一般公共预算支出/(人均中央一般公共预算支出+人均地方一般公共预算支出),将变量"晋升激励"替换为"投资驱动",数值采用固定资产投资(不含农户)增速;将变量"经济发展"改为"经济开放",数值采用经营单位所在地进出口总额;将变量"人口密度"替换为"城市化水平",计算方法为:城镇人口/总人口。

表 8.14　变量冲击回归分析结果

变量	(1)回归系数	(2)回归系数	(3)回归系数	(4)回归系数	(5)回归系数
常数	1.475**	1.387**	1.263**	1.246**	1.002**
	−4.209	−4.038	−3.694	−3.618	−3.004
可持续性指数	−0.011*	−0.011**	−0.010*	−0.010*	−0.009*
	(−2.518)	(−2.641)	(−2.424)	(−2.421)	(−2.207)
财政分权		3.209**	3.261**	2.885*	3.683**
		−3.345	−3.447	−2.306	−3.048
晋升激励			0.075**	0.070*	0.058*
			−2.663	−2.338	−2.027
经济发展				0.005	0.040**
				−0.461	−3.071
人口密度					−0.000**
					(−4.588)
样本量	217	217	217	217	217
R²	0.029	0.077	0.107	0.108	0.188
调整 R²	0.024	0.068	0.094	0.091	0.169
F 值	6.342	8.916	8.476	6.387	9.802
p	0.013	0.000	0.000	0.000	0.000
D-W 值	1.361	1.411	1.546	1.573	1.638

资料来源：笔者运用 SPSS 计算得出。

　　将可持续性指数、财政分权—支出、投资驱动、经济开放、城市化水平作为自变量，而将土地财政依赖度作为因变量进行逐步回归分析（逐步 stepwise 法），经过模型自动识别，最终余下可持续性指数、财政分权—支出、经济开放在模型中，R 方值为 0.154，意味着可持续性指数、财政分权—支出、经济开放可以解释土地财政依赖度的 15.4% 变化原因。模型公式为：土地财政依赖度＝1.183−0.012×可持续性指数＋2.746×财政分权—支出－0.000×经济开放。模型通过F检验（F＝12.948，p＝0.000＜0.05），说明有效；VIF值全部均小于5，意味着不存在着共线性问题。逐步回归分析结果见表8.15。

表8.15　逐步回归分析结果(n＝217)

	系　数		标准化系数	t	p	VIF	R^2	调整 R^2	F
	B	标准误	Beta						
常数	1.183	0.334	—	3.547	0.000**	—			
可持续性指数	−0.012	0.004	−0.185	−2.939	0.004**	1.003			
财政分权—支出	2.746	0.542	0.473	5.069	0.000**	2.197	0.154	0.142	$F_{(3, 213)}$ ＝12.948, p＝0.000
经济开放	−0.000	0.000	−0.195	−2.091	0.038*	2.195			

注：因变量：土地财政依赖度。
D-W值：1.227。
* $p<0.05$，** $p<0.01$。
资料来源：笔者运用SPSS计算得出。

从表8.15可以看出，可持续性指数的回归系数值为−0.012（t＝−2.939，p＝0.004＜0.01），意味着可持续性指数会对土地财政依赖度产生显著的负向影响关系；财政分权—支出的回归系数值为2.746（t＝5.069，p＝0.000＜0.01），意味着财政分权—支出会对土地财政依赖度产生显著的正向影响关系；经济开放的回归系数值为−0.000（t＝−2.091，p＝0.038＜0.05），意味着经济开放会对土地财政依赖度产生显著的负向影响关系。

综上，财政分权—支出会对土地财政依赖度产生显著的正向影响关系。另外，可持续性指数、经济开放会对土地财政依赖度产生显著的负向影响关系，证实了可持续性指数与土地出让金依赖程度之间的关系依然是稳健的。

第九章
政府综合财务报告财政可持续性审计评价创新

第一节　政府综合财务报告财政可持续性审计本质

　　为了保证政府综合财务报告信息的真实、完整和合规,从世界各国的经验来看,政府综合财务报告编制后,应按规定接受政府审计并建立信息公开制度,这是民主政治发展的必然趋势。2014年12月国务院批转了财政部《权责发生制政府综合财务报告制度改革方案》,提出了四项任务,其中任务之一是建立健全政府财务报告审计和公开机制。该机制要求政府综合财务报告和部门财务报告按规定接受审计。审计后的政府综合财务报告与审计报告依法报本级人民代表大会常务委员会备案,并按规定向社会公开。政府财务报告审计制度应当对审计的主体、对象、内容、权限、程序、法律责任等作出规定。

　　2020年,国家审计署也印发了《政府财务报告审计办法》(试行),把政府财务报告审计和公开机制提上日程。

　　政府综合财务报告的目标具有多重性,一是要满足政府内部财政管理的需求,二是要满足对外履行受托责任和向利益相关者提供决策有用信息的需要。其中财政可持续性以及履责能力信息是政府加强绩效管理、控制财政风险的重要依据,也是各级人民代表大会、社会公众、投资者和债权人等利益相关者评估政府受托责任履行情况并做出决策的重要依据。在这种多重财务报告目标下,也就形成了多重委托代理关系,第一重代理关系是以人大和社会公众为代表的利益相关方委托本级政府履行公共资源管理,提供公共服务等受托责任;第二重代理关系是本级政府委托下级政府或国有单位履行公共资源管理,并提供公共服务等的受托责任;第三(四)重代理则是本级政府或下级政府或国有单位内部管理层之间的委托代理关系,见图9.1所示。

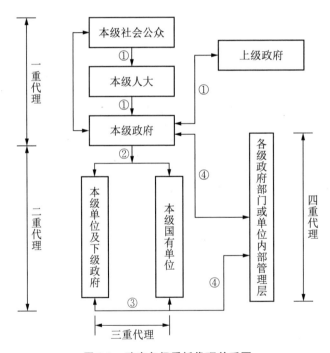

图9.1 政府各级委托代理关系图

在多重委托代理关系中,政府作为受托管理公共资源、提供公共服务的公共部门,应该有责任和义务向社会公众、上级政府等委托方报告公共资源使用状况,以及可持续性提供公共服务能力的真实、公允的信息。政府综合财务报告作为解除政府公共受托责任和满足社会公众需求的信息载体,其信息的真实性和公允性需要独立第三方审计鉴证。审计是这套委托代理机制中的重要组成部分,通过审计来发现政府作为代理人在履行受托责任中存在的问题,并推动解决这些问题,从而促进其更好地履行受托责任。财政可持续性及其履责能力是审计评价的重要内容之一,也是必不可少的内容。通过财政可持续性审计可以增强政府的公信力和财政透明度,可以更好地推动政府的可持续性发展。

第二节　政府综合财务报告财政可持续性审计目标和主体

一、审计目标

审计目标是审计的起点,只有明确了审计目标,才能进一步设计审计程序、明确审计内容、得出审计结论、提出审计建议。政府综合财务报告财政可持续性审计应是我国政府财务报告审计的重要内容,其目标应与我国政府财务报告的审计目标相协同。

根据 2020 年审计署印发的《政府财务报告审计办法》(试行)规定,政府财务报告审计工作应聚焦"政府财务状况和运行情况的真实、合法、效益,着力揭示问题和风险,促进提高政府财务报告可信性和透明度,推动完善权责发生制政府综合财务报告制度,助力防范财政风险,促进提升政府运行绩效,为财政与经济决策提供有用信息,推进国家治理体系和治理能力现代化"。可见,政府财务报告审计的总目标是:为财政与经济决策提供有用信息,推进国家治理体系和治理能力现代化。该总目标还可以分解为三个子目标:一是提高政府财务报告可信性和透明度;二是推动完善权责发生制政府综合财务报告制度;三是助力防范财政风险,促进提升政府运行绩效。因此,政府综合财务报告财政可持续性目标可以定位在第三个子目标,即助力防范财政风险,促进政府运行绩效。

二、审计主体

审计主体选择的核心问题是"谁来审计",在《政府财务报告审计》办法出台之前,有不少学者对此问题进行了研究。李越冬(2015)对世界48个国家最高审计机关在维护财政政策可持续性领域所发挥的作用进行系统分析,发现最高审计机关拓展了在维护财政政策长期可持续性领域的权限和范围,在维护财政长期可持续性领域发挥了重要作用。尹启华(2017)认为,"国家审计机关的法律地位较高且权威性较强,而会计师事务所审计的独立性和技术性较强,这种主辅相结合的审计模式能够充分发挥两类审计主体各自的优势,从而更好地履行政府的公共受托责任"。美国1994年的《政府管理改革法案》规定,财政部发布的政府合并财务报告于1997财年起,由美国审计署(GAO)审计(房巧玲,田世宁,2018)。郑石桥(2021)分别从委托人和代理人的角度,分析了政府财务报告的审计需求,并综合委托人和代理人的审计需求,认为政府部门财务报告审计主体是政府审计机关,也可以通过审计业务外包的方式引入民间审计机构,特殊情形下可以直接选择民间审计机构。

审计署《政府财务报告审计办法》(试行)中规定:审计署负责对全国政府综合财务报告、中央政府综合财务报告、中央政府部门财务报告进行审计;地方各级审计机关负责对本行政区政府综合财务报告、本级政府综合财务报告和本级政府部门财务报告进行审计。可见,国家和政府审计机关是政府综合财务报告的主力军,但具体实施审计时,审计机关可以根据工作需要,聘请具有政府财务报告审计相关专业知识的人员参加政府财务报告审计。我国尚未对引进民间审计机构辅助国家或政府审计机关完成政府综合财务报告审计做出规定。但无论如何,国家和政府机关都应主导政府综合财务报告审计,确保审计目标的实现。

第三节　政府综合财务报告财政可持续性审计模式创新

一、财务审计模式创新

　　财务审计是对政府综合财务报告财务信息的真实性和公允性发表审计意见,财务信息是否真实是政府部门财务报告审计的核心内容。政府综合财务报告财政可持续性评价是依据政府综合财务报告的财务报表信息和其他信息所进行的评价,所以财务信息的真实、可靠非常重要。

　　目前我国政府综合财务报告包括:政府综合财务报表(资产负债表、收入费用表和会计报表附注)、政府财政经济分析、政府财政财务管理情况。其中政府财政经济分析和政府财政财务管理情况属于政府综合财务报告的其他信息。审计署《政府财务报告审计办法》规定:政府财务报告审计应关注政府及其部门的资产、负债、收入、费用等情况的真实、合法、效益。政府综合财务报告审计的内容包括:政府财务状况和运行情况,政府综合财务报告编报披露情况,政府财政财务管理情况,相关电子数据及信息系统设计运行情况,以及其他需要审计的内容。对政府财务状况和运行情况以及政府综合财务报告编报披露情况的审计就是对政府综合财务报表及其附注进行审计,要对财务报表中的各会计要素的确认、计量、记录、报告按照政府会计准则的相关规定,对财务报表信息的真实、公允发表审计意见。资产负债表反映的是政府的财务状况,采用权责发生制的资产负债表列示了政府的所有资产和负债,特别是长期资产和长期负债,有助于审计对政府财政可持续性进行科学评估;收入费用表反映的是政府的运行结果和业绩情况,权责发生制下的收入费用表可以使收入和费用更好地配比,通过财务审计对收入和费用的真实性审计,可以为后续财政可持续性评价奠定基础。

财务审计模式下对会计信息的真实性、公允性的审计评价可以依据我国政府会计准则和相关制度,在此基础上进行财政可持续性评价。可以参考本书构建的财政可持续性评价体系从收入、债务和服务三个维度进行综合评价,指标可以选取政府综合财务报告中政府财政经济分析的 20 个参考指标,评价时可以采用结构分析、3—5 年甚至更长期的趋势分析等方法,对财政持续性进行综合评价。

二、绩效审计模式创新

最高审计机关国际组织(INTOSAI,1977)在《利马宣言》中指出绩效审计是对公共部门当局管理活动的绩效、效率、经济和效果性进行的审计。绩效审计有利于国家审计作用的发挥,为国家治理提供更为准确的信息,在各国中得到广泛运用(李越冬,2015)。政府综合财务报告财政可持续性审计,可以作为绩效审计进行开展。不仅可以关注公共资金和支出的经济性、效率性和效果性,而且由于权责发生制下财政支出披露得更加充分,可以通过绩效审计减少资金、资源的损失浪费、挪用、滥用的情况发生;还可以关注政府可持续性目标或战略目标是否达成,它不是只注重政府部门本身的管理、某个项目或某种服务的效果如何,而是它们如何共同发挥作用后所取得的成果或达到的一种效益。

政府综合财务报告实质是各级政府各部门的合并财务报表,政府综合财务报告财政可持续性绩效审计,可以依据权责发生制所提供的会计信息,对各级政府各部门的财政可持续性政策及其执行结果进行关注,还可以通过审计监督挖掘各级政府部门财政活动的违法违规行为、决策不当,以及损失浪费等低效益现象并加以警示。

绩效审计模式下的财政可持续性评价需要解决的关键是绩效衡量标准问题,绩效标准可以以政府当年的绩效目标为依据,也可以以历史平均水平或同级政府的绩效水平为依据。评价时可以重点依据政府综合财务报告收入费用表,结合预算信息对资源使用的效率性、经济性和效果性进行评价。效率性审计评价是依据资源的投入和产出的对比关系,衡量一定的资源的投入是否达到产出数量和质量的最大化。因此,效率性审计评价是以产出成果为目标的评价;经济性审计评价是评价资源的节约程度,依据资源的投入和产出的对比关系,衡量一定的目标产出是否投入的资源最少。因此,经济型审计评价是以投入节约为目标的评价;效果性审计评价是以预期目标为依据,通过投入和产出的对比,衡量预期目标完成的程度。因此,效果性审计评价是以预期目标完成程度为目标的审计评价。

三、风险导向审计模式创新

2008 年席卷全球的金融危机使冰岛政府濒临"破产",打破了传统认识中政府不会破产的神话,促使财政风险得到广泛关注。目前我国正在发展社会主义市场经济,政府不仅要承担公共财政的职能,还要防范化解来自市场的风险,如金融风险、债务风险、失业风险等。所有这些风险都可能威胁到财政的可持续性,危及国家政治、整个社会经济发展和人民生活。由于财政风险具有隐蔽性,因此通过政府审计揭示和防御财政风险,发挥政府审计的预警功能,对维护国家经济安全和财政可持续性至关重要。因此,以风险为导向的财政可持续性审计内容将放在影响财政可持续性的风险方面,可以重点关注和评价本书构建的财政可持续性评价体系中的风险因素,如财政赤字作为收入稳健性的风险因素、偿债保障作为债务负担的风险因素、单位 GDP 政府运转成本作为政府长期服务潜能的风险因素等。

风险导向视角下财政可持续性审计对风险的评价,应分析风险形成的原因,促进政府部门完善风险管理制度,加强内部控制建设,防范风险。审计可以通过对政府部门开展内部控制审计,揭示内部控制漏洞,促进政府部门内部控制建设,防范和应对影响政府财政可持续性的潜在风险。审计人员可以参考本书构建的财政可持续性评价体系及评价方法对财政可持续性及风险进行综合评价,也可以在此基础上对风险较大的因素,采用相关风险预警模型进行重点风险评价,如美国审计署开发了长期财政预测模型,分析政府未来中长期财政风险及可控程度,通过分析未来中长期收入、支出变化趋势,预测财政收支缺口以及相关负债占 GDP 比重,对政府财政不可持续的风险进行预警。

第四节　政府综合财务报告财政可持续性审计结果报告创新

　　由于我国政府财务报告审计刚刚起步,政府报告审计准则尚未颁布,因此本节探讨的政府综合财务报告财政可持续性审计评价结果以何种方式向社会传导具有前瞻性和探索性。根据上节对政府综合财务报告财政可持续性的审计评价不同视角分析的内容来看,财政可持续性审计评价结果可以纳入目前的政府综合财务报告审计结果中,政府综合财务报告的审计意见类型一般有无保留意见、带强调事项段无保留审计意见、保留意见、无法表示意见和拒绝发表意见。现阶段,政府财务报告审计主要关注政府及其部门的资产、负债、收入、费用等情况的真实性、合法性、效益性。如果财政可持续性审计评价结果表明财政不可持续或财政可持续性存在风险,根据影响程度,审计机关应该会发表带强调事项段无保留意见或者保留意见。财政可持续性问题虽然涉及信息的真实性问题,但也会涉及效益问题。因此,目前这种模式虽然没有专门对财政可持续性发表审计意见,不过一旦财政可持续性出现问题,审计还是应该能够将审计结果通过审计报告传递到国家、人大和社会公众等各利益相关方,并接受监督。如果采用创新模式,可以比照企业的可持续性经营审计报告的方式,在审计意见下对财政可持续与否单独予以强调。

　　基于其他两种绩效审计模式和风险导向审计模式下的政府综合财务报告财政可持续性的审计结果报告,可以比照美国审计署通过专项审计报告的形式进行发布。美国审计署对政府合并财务报表进行年度审计后,针对财政可持续性问题,通过单独发布财政可持续性全面报告或报表,实现对财政可持续性的监督。

　　随着未来我国政府综合财务报告的实践发展,如果我国政府能接受IPSASB的财政可持续性报告推荐实务指南的建议,能够依据政府综合财务报告单独编制财政长期可持续性报告,那么审计可以按照无保留意见、带强调事项段审计意见、保留意见、无法表示意见和拒绝发表意见的类型对该报告进行评价。

　　关于审计结果报告的传递路径,可以比照《政府财务报告审计办法》对政府财务报告审计结果的规定,对于全国政府综合财务报告财政可持续性审计结果和中央政府综合财务报告财政可持续性审计结果,可以通过专报的形式报中央审计委员会和国务院,同时报全国人民代表大会常务委员会。地方政府财务综合报告财政可持续性审计结果,可以用专报的形式报本级审计委员会、本级人民政府和上一级审计机关,同时报本级人民代表大会常务委员会。同时应当向社会公布政府综合财务报告财政可持续性审计结果,但法律、行政法规规定不予公布的内容除外。

第十章
研究结论与政策建议

第一节 研 究 结 论

本书构建了政府财政可持续性评价框架及评价指标体系,并采用德尔菲专家问卷评分法、AHP层次分析法对评价框架的准则层和次准则层赋予指标权重,然后通过功效系数法确定出我国2015—2020年财政可持续性综合指数,以得分高低,对我国财政2015—2020年的财政可持续性进行综合评价,最后为了验证本书构建的指标体系的有效性,选取全国31个省份的2015—2021年的数据,采用与全国整体综合评价同样的方法,确定31个省份的财政可持续性指数。将该指数作为解释变量,选取土地出让金收入依存度作为被解释变量,在控制了地方分权、地方官员晋升激励、地方经济发展和人口密度变量后,进行回归实证分析,本书的研究结论如下。

第一,从我国整体2015—2020年综合财政可持续性指数得分来看,2018年得分最高,财政可持续性最好。收入稳健性是财政可持续性最重要的影响因素,其次是财政赤字风险和债务负担,可见收、支、债仍是我国财政健康程度的最重要因素。随着经济下行和减税降费大规模实施,财政收入下滑与刚性支出增长之间的矛盾势必增加收支敞口进一步扩大的风险。

第二,从实证结果来看,财政可持续性指数与土地财政依赖度呈显著负相关关系,也就是说,地方财政可持续性越好,对土地财政依赖度就越低,相反,就越高,与实际情况完全吻合,说明本书构建的财政可持续性指标体系是有效的。可以用来评价财政可持续性状况。

第二节 政 策 建 议

根据本书对财政可持续性评价框架和指标体系构建以及利用本书数据做出的对我国 2015 年至 2021 年的财政可持续性综合评价结果,本书从两方面提出政策建议。

一、政府综合财务报告财政可持续性评价改进方面

财政可持续性评价关乎政府未来的生存与发展,如何利用政府综合财务报告做好财政可持续性评价,需要深入研究,本书提出如下建议。

（一）构建政府综合财务报告财政可持续性评价框架

为了做好我国财政可持续性评价,可以遵照 IPSASB 的建议,从收入、债务和服务维度综合评价,并充分考虑到对财政可持续性的驱动和风险因素影响,以系统的理念综合构建我国财政可持续性评价框架。构建评价框架能起到引领作用,以后未来无论实际情况发生何种变化,指标如何选取,但该框架可以相对固定。

（二）改进政府综合财务报告指标体系

目前我国政府综合财务报告编制指南中,有关财政中长期可持续性指标只有 5 个孤立的指标,尽管政府财务状况和政府运行情况的分析指标与财政可持续性相关,但尚未形成财政可持续性评价体系。

未来随着改革的深入,可以参照本书构建的指标体系,从收入、债务和

服务三个维度,选取影响我国财政可持续性的驱动因素指标和风险因素指标,构建指标体系,该指标体系既可以评价当前我国财政的可持续性,又可以评价我国政府的中长期财政可持续性,在构建指标体系时,要按照指标体系的构建原则,尽可能具有科学性和可操作性,并具有现实价值,这样才可以更加符合实际地全面评价财政可持续性。

指标体系的构建可以根据中央政府和地方政府的财政状况采用不同的指标,并且区分当期财政可持续性指标、中长期财政可持续性指标。当期财政可持续指标的数据来源应该是当期政府综合财务报告列报的数据,并结合当前国家的统计数据,如 GDP、出生人口、失业人数等;中长期财政可持续性指标需要使用预测数据,在必要时可以采用现值模型、数学模型、期权模型(如 Black-Scholes 模型)对相关指标进行预测。

关于相关指标的权重,可以采用本书所用的德尔菲专家问卷评分法、AHP 层次分析法、熵值法,也可以由国家统一组织专家进行打分,在不同时期对不同指标有所侧重,并赋予不同的权重。在各级政府进行财政可持续性评价时,可以采用统一的权重,这样评价结果才更具有分析价值和决策价值。

(三) 做好财政可持续性的综合评价

目前由于政府综合财务报告中有关财政中长期可持续性评价指标比较简单,而且未形成全面的评价体系,因此难以对财政可持续性做出综合评价。为了使各地方政府财政可持续性评价结果具有可比性和分析价值,国家可以研究出更加科学的方法,如本书采用的功效系数法,根据指标体系算出可持续性综合评价指数。由于财政可持续性综合评价指数的一大关键是需要多年的数据,以及各指标的标准值,这就需要构建同级别地方政府指标的横向对比机制和历年指标数据的纵向对比机制,或者采用国际标准,结合国内情况进行调整确定。

(四) 创新财政可持续性评价呈报方式

根据国际上代表性国家有关财政可持续性评价报告列报的经验和

IPSASB 关于财政长期可持续性信息在政府财务报告中列报的方式的建议,对我国财政可持续性评价可以将政府长期可持续能力表作为政府综合财务报告的基本财务报表,然而,财政长期可持续性的评价需要延展预测期限,美国预测未来 75 年的财政可持续性,英国和澳大利亚都是预测未来 50 年的财政可持续性,我国政府综合财务报告还在试编阶段,预测未来几十年的财政可持续性时机尚不成熟,但可以循序渐进,现阶段可以将政府目前或 3—5 年的"可持续能力报表"作为政府综合财务报告基本报表,未来再逐渐过渡到 10—20 年,20—30 年,30—50 年,逐步与国际接轨。在此过程中,需要中国政府研究和探索适合中国国情的预测模型。

除了与政府综合财务报告相结合呈报中国财政可持续性报告外,未来还可以借鉴澳大利亚《代际公告》、新西兰《长期财政状况报告》、英国《长期财政公共报告》等独立报告的方式,将长期财政可持续性作为政府综合财务报告的补充信息,独立报告可以从国家宏观政策、经济发展、财政可持续性和财政风险再评估等方面对中国政府财政可持续性进行评价,揭示我国财政长期可持续性可能存在的问题和风险,对未来财政可持续性进行预测和预警。

（五）充分发挥评价结果的应用价值

首先,政府综合财务报告信息作为政府行使权利、履行公共受托责任的体现,也是评价政府财政风险、进行绩效管理的重要依据。利用政府综合财务报告的信息,做好政府财政可持续性分析和评价,并依据评价结果找出影响我国政府可持续发展的负面因素和风险因素。一般影响财政问题的因素通常是相互关联的,财政压力的程度也会因时因情况的不同而不同。如严重的预算不足,可能会造成资金短缺,进而影响服务水平。所以根据评价的驱动因素和风险因素的表现结果,对驱动因素存在的问题要及时调整财政政策,对风险因素产生的问题,及时采取控制措施,切实防范风险的发生。

其次,财政可持续性评价结果,还可以用于对地方政府官员进行经济责任评价的指标之一,可以将地方政府官员的政绩与长期财政可持续性发展相挂钩,以避免政府官员的短视行为,也就是说,可以避免官员可能会为了追求自身政绩,大举借债或将当前债务通过再融资手段转嫁于未来,造成代际公平问题。

最后,财政可持续性评价指标结果,也可以为政府审计评价提供参考价值依据,反之,政府审计评价可以促进财政可持续性评价的真实性和准确性。政府审计可以通过审计财政可持续评价指标所用的财务数据的真实性和准确性,确保财政可持续性评价结果的真实、可靠。

(六)合理建立国家层面的制度保障机制

为了使以上建议能得以实现,必须在国家层面建立一个财政可持续性分析的制度保障机制,对指标框架、指标体系、指标选取、综合指数、评价结果运用等方面给出指导性意见,确保做好我国各级政府财政可持续性综合评价,能够切实以评价促进风险防范,以评价促进财政可持续发展。

(七)进一步完善政府财务报告审计监督机制

我国政府财务报告审计刚刚起步,如何开展政府财务报告审计并做好财政可持续性分析,需要从审计理念、技术方法以及体制机制和制度上进一步提升和完善。因此,需要深入理论研究并推动实践发展,借鉴国外经验,进一步完善《政府财务报告审计办法》,加快制定政府财政报告审计准则,将财政可持续性作为审计监督评价的内容之一,对财政可持续性审计报告做出规定,确保财政可持续性审计成果能够切实发挥促进国家财政安全和经济发展的作用。

二、促进财政可持续性发展方面

通过本书前述对全国和地方政府财政可持续性综合分析的结果,现针对财政可持续性综合指数的几个重要指标因素,如收入稳定性、债务负担、财政赤字风险、偿债保障等提出如下建议。

（一）夯实物质基础，促进经济增长，提升财政汲取能力

财政收入从根本上是源于经济发展所带来的税基增长，要继续加强宏观调控，多措并举地促进各种所有制经济健康发展。要营造相对稳定的货币、市场和国际经济环境，积极推进价格改革，稳定发展预期，提振市场信心。在经济新常态的背景下，继续深化贯彻落实供给侧结构性改革，提高全要素生产率的基础上优化资源配置和结构调整。注重创新和抢抓各项机遇，着力培养经济发展新的增长点，坚持"实业立国"和"乡村振兴"等国家战略规划，一方面夯实经济发展之基，另一方面补足经济发展短板。要协调好"减税降费"和"稳定财政收入"之间的关系，在经济下行压力加剧的情况下，在涵养税源的基础上维持恰当的财政收入体量和弹性，辅之以可控的债务和赤字安排，确保国家用于国计民生和长治久安的刚性财政支出得到平稳提升。要关注经济增速与财政收入增速之间的动态调整关系，既不能使财政收入相对国家（地区）生产总值比重过低而制约基础设施建设，也不能因过高而给涵养税源带来阻碍。要在扩大经济总量的同时，因地制宜、因时制宜地优化产业结构，有选择性和目标性地调节三大产业的投入，实现最好产出。要深化财税体制改革，加强财政收入结构改革。要通过设置资源税、房产税、遗产税、赠与税等税种在增加公共财政收入的同时，直接作用引导经济行为，起到调节社会公平，弘扬科学发展的作用。

（二）合理控制和安排赤字规模，防范与化解各类政府债务风险

在经济下行压力较大的背景下，可以进一步采取积极的财政政策，合理安排、控制和利用赤字规模，在维持财政用于国计民生的刚性支出的基础上，发挥财政支出的引导、支持和带动作用，进一步刺激并激发市场潜能。在国债发行模式中引入市场竞争机制，逐步试行国债利率市场化，发挥利率传导机制的灵敏作用，更好地通过债务和赤字调节宏观经济运行。灵活调整债务期限结构，既要缓冲债务压力，也不能过多过早透支未来利益。可以进一步创新债务清偿方式，必要时减持、变现或与社会力量共同运营部分国

有资产,用收益代偿债务。进一步增强地方政府自身的偿债能力,理顺政府间收入划分,明确偿债主体责任,挂钩地方信用评级。确保地方政府债务规模,尤其是隐性债务得到合理控制,用低成本和管理规范的显性债务有序置换高成本、高风险的隐性债务,构建合理完整的指标监督体系,加强债务的预算管理,促进专项债券的项目实现自平衡,以便增强财政可持续性发展的决策依据。通过建立代际账户等方式专户存储和单独核算国债偿债基金,减轻偿债负担,缓冲债务风险。在新预算法法规的基础上,要对地方政府债务加强监督管理,一方面要进一步公开债务发行和使用情况,为人民群众行使对政府决策知情权、评议权和监督权搭建平台;另一方面将债务管理情况与地方官员经济责任挂钩,建立问责追责长效机制,防止个别官员的政绩思维和投资冲动将偿债负担延伸。

(三)调整优化财政支出结构,提高公共服务质量和均等化水平

在构建完善的现代财政制度的过程中,各级政府必须建立中央和地方事权与支出责任相适应的机制,按照相关工作部署,转变政府职能和财务管理理念。根据财政支出范围的界定,优化支出结构,妥善解决"吃饭""建设"和"民生"问题,合理控制一般公共服务支出,科学配置经济发展支出,增加社会事业、社会福利等支出,保障政府机构正常运行和经济发展、民生资金需求,为经济社会可持续性发展提供资金支持。加快中央和地方财政事权和支出改革,强化中央财政维护国家安全、抵御全面风险和处理全国人民共同事务的权力,提高辖区政府在市政工程、社会事业、社区事务等地域性公共服务中的政府经营权,明确划分中央和地方在教育医疗卫生、社会保障等普适性、跨地域、基础性、均等化的公共服务中的共同财政事权,加快省级及以下财政事权和支出责任划分改革,明确省、市、县等地方财政事权和支出责任,确保地方及时有效落实国家政策和上级政府决策,并确定和实施合理有效的资金配套保障机制。要根据地方经济发展水平的差异,以提供全地区、各民族以及全民共享的平等基本公共服务为工作目标,调配东、中、西部

资源倾斜力度,为欠发达地区"输血",进一步补足其发展短板。要在基础设施方面,继续巩固城镇保障性安居工程建设、农林基础设施。进一步加大对科技创新和战略性新兴产业的支持力度,为经济发展注入新的活力,积极培育经济新增长点,实现产业结构的升级改造。政府要改革公共服务提供的模式,进一步按照公共产品属性的划分,适当引入社会力量和鼓励多元力量共同提供非基本公共服务和生活服务,进一步规范完善公共服务的政府采购和招标竞争机制,提供更好的公共服务产品质量。要严控行政性开支,严肃财经纪律,杜绝铺张浪费,提高政府运行效率和质量,打造人民满意的服务型政府。

第三节　研究不足与未来展望

第一,本书构建的指标评价体系中的指标的选取,虽然遵循一定的原则,但仍具有主观臆断,不排除某些指标选取的不合理,特别是某些指标由于无法获取数据进行验证,所以选取了一些替代指标,如政府长期服务潜能由于固定资产成新率和基础设施成新率数据无法获取,就用了人均公共基础设施、单位 GDP 综合运转成本,以及财政投资性支出占比来替代,诸如此类,可能会影响到评价结果,所以这也是本书为何对指标体系构建的有效性进行实证验证的原因。未来随着我国政府综合财务报告信息的公开,可以使用公开数据对并对某些指标进行替代,重新加以验证。

第二,本书对财政可持续性评价采用的是历史数据,虽然某些指标考虑了政府的长期服务潜能,但由于缺乏预测数据,无法对我国财政长期可持续性进行评价,根据国外经验,如果能预测未来几十年,如美国预测 75 年的财政长期可持续性,会更有战略意义。由于预测需要多年的历史数据,然而,目前我国政府财务报告编制刚刚起步,数据积累尚须过程,造成本书不足在所难免,未来一旦时机成熟,可以在本书的基础上加以改进。

总之,我国政府综合财务报告尚在试编阶段,关于政府综合财务报告财务指标评价体系的建设还是一个长期工程,希望本书的研究能起到抛砖引玉的作用。

参考文献

［1］安丰琳,周咏梅,张乐乐.政府综合财务报告财务分析体系研究综述[J].财会研究,2016(9):8—12.

［2］白晓丽.论地方财政如何走出"土地财政"困局实现可持续发展[J].中外企业家.2016(11):59.

［3］陈小悦,陈璇.政府会计目标及其相关问题的理论探讨[J].会计研究,2005(11).

［4］常丽.新公共治理、政府绩效评价与我国政府财务报告的改进[J].会计研究,2008(4):19—24.

［5］昌忠泽.土地财政隐藏的风险及相关的对策建议[J].山东财政学院学报,2011(1):24—26.

［6］陈建奇.中国财政可持续性研究:理论与实证[J].经济研究参考,2012(2):34—51.

［7］陈宝东,邓晓兰.财政分权、金融分权与地方政府债务增长[J].财政研究,2017(5):38—53.

［8］财政可持续发展研究课题组.张东玲,何洲娥.新常态下地方财政可持续发展研究[J].公共财政研究,2017(1):49—61.

［9］曹斯蔚.新形势下的我国财政可持续性问题研究[J].区域金融研究,2020(12):63—69.

［10］陈越.浅析地方政府综合财务报告编制中存在的问题及其对策[J].财经界,2021(9):129—130.

［11］财政部政策研究室.公共财政管理国际手册[M].北京:中国财政经济出版社,2021.

［12］邓子基.财政平衡观与积极财政政策的可持续性[J].当代财经,2001(11):22—25.

[13] 邓晓兰,陈宝东.经济新常态下财政可持续发展问题与对策——兼论财政供给侧改革的政策着力点[J].中央财经大学学报,2007(1):3—10.

[14] 杜威,姚健.地方政府债务风险——基于可持续性研究[J].东北财经大学学报,2007,(5):43—46.

[15] 邓力平.可持续公共财政研究[J].财政研究,2008(7):8—10.

[16] 邓力平.可持续财政观及其对地方财政发展的启示[J].东南学术,2008(5):13—18.

[17] 邓晓兰,黄显林,张旭涛.公共债务、财政可持续性与经济增长[J].财贸研究,2013.24(4):83—90.

[18] 弗雷德里克森(Frederickson,H.G.).公共行政的精神(1997)[M].北京:中国人民大学出版社,2003.10.

[19] 丁鑫,荆新.财政可持续性视角下政府财务报告的改进研究[J].财务与会计,2015(16):49—51.

[20] 伏润民.政府债务可持续性内涵与测度方法的文献综述——兼论我国地方政府债务可持续性[J].经济学动态,2012,(11):86—93.

[21] 郭代模,杨涛.论可持续发展财政[J].财政研究,1999(10).

[22] 广东省财政厅课题组.政府财务状况分析指标问题研究[J].预算与管理会计,2013(1):29—31.

[23] 广东省财政厅课题组.政府综合财务报告应用与分析指标体系研究[J].预算管理与会计,2016(4):39—43.

[24] 郭代模,杨涛.可持续发展财政[J].财政研究 2019(10):24—27.

[25] 贾凯,王海霞,刘占双,等.编制政府综合财务报告问题及对策研究[J].当代会计,2021(14):155—157.

[26] 黄静,吴群,王健.经济增长、制度环境对地方政府土地财政依赖的影响机理[J].财经论丛,2017(12):12—21.

[27] 海南省财政厅课题组.政府财务报告分析体系构建研究[J].预算管理与会计,2016(3):16—20.

[28] 荆新,何淼.香港特区政府综合财务报告体系建设的借鉴与启示[J].财务与会计,2015(15):66—68.

[29] 刘尚希.财政风险:一个分析框架.[J].经济研究,2003(5):23—31.

[30] 刘秋明.基于公共受托责任理论的政府绩效审计研究[D].厦门:厦门大学博士学位论文,2006.

[31] 刘笑霞.论我国政府财务报告制度的构建——基于财政透明度的考察[J].当代财经,2007(2):20—28.

[32] 李兰,景宏军.我国政府财务报告目标研究[J].学术交流,2008(7):122—125.

[33] 刘笑霞.国外政府财务报告的发展及其启示[J].经济问题探索,2008(10).

[34] 李晓嘉.金融危机背景下我国财政可持续性的实证研究[J].煤炭经济研究,2010(6):25—28.

[35] 刘骏,应益华.代际公平、财政可持续发展与政府会计改革[J].当代财经,2012(11):119—127.

[36] 刘国艳.积极财政政策转型与财政可持续性研究[J].经济研究参考,2012(2):3—33.

[37] 罗建国.经济转型中的财政可持续发展研究[J].经济研究参考,2014(4):56—63.

[38] 刘立峰.地方政府的土地财政及其可持续性研究[J].宏观经济研究,2014(1):3—24.

[39] 李建发,张国清.国家治理情境下政府财务报告制度改革问题研究[J].会计研究,2015(6):8—17.

[40] 罗伯特·C.所罗门.财务管理分析[M].北京:北京大学出版社,2015.

[41] 李建发,张津津,张国清,赵军营.基于制度理论的政府会计准则执行机制研究[J].会计研究,2017(2):3—13.

[42] 李燕,彭超.加大财政资金统筹使用,促进财政可持续发展[J].财政监督,2017(6):5—10.

[43] 李宗彦.权责发生制政府财务报告审计制度探讨——英、澳两国实践经验及启示[J].审计研究,2018(1):51—57.

[44] 刘冠亚.中国政府财务报告审计制度研究[D].中国财政科学研究院,2018.

[45] 罗星,周曙光.政府财务报告审计主体界定研究[J].财务与会计,2020(19):70—72.

[46] 李定清,廖洪斌,江雪真,刘怡.政府财务报告分析理论框架构建[J].财会月刊,2020(15):65—71.

[47] 刘群洋.中国地方公共财政及债务的可持续性研究[J].中国经贸导刊,2020(27).

[48] 陆晓晖.国家审计主导政府财务报告审计研究[J].国家审计,2020(1):

79—83.

[49] 马拴友.中国公共部门债务和赤字的可持续性分析[J].经济研究,2001(8):15—24.

[50] 马蔡琛,张慧芳,赵铁宗等.公共财政管理及其新兴架构[M].大连:东北财经大学出版社,2017.

[51] 马光荣,吕冰洋.中国各地区财政发展指数报告[M].北京:中国人民大学财税研究所,2021.

[52] 邱慧饶.土地财政与地方财政可持续发展问题研究[D].首都经济贸易大学硕士学位论文,2015:20—40.

[53] 孙正.金融生态、信贷资金配置与财政可持续性[J].山西财经大学学报,2017(4):54—64.

[54] 王建新.培育与塑造有中国特色的共同会计价值观[J].会计研究,2008(7):25—33.

[55] 吴灿燕,陈多长.浙江省土地财政问题实证研究[J].财经论丛,2009(3):3.

[56] 王学凯.中国政府债务可持续性研究:基于E29的财政反应函数[J].国际金融研究,2016(8):38—47.

[57] 万敏.我国政府综合财务报告分析应用体系构建的研究综述[J].财会研究,2019(11).

[58] 武龙,张静.政府综合财务报告的国际比较与启示[J].会计之友,2021(20):14—18.

[59] 王成春.编制权责发生制的政府综合财务报告问题研究[J].当代会计,2021(4):135—136.

[60] 武彬,赵玉洁.减税降费背景下地方债务与财政可持续性问题探究[J].当代经济,2022(2):46—51.

[61] 辛波,于淑俐.对土地财政与地方经济增长相关性的探讨[J].当代财经,2010(1):43—47.

[62] 袁泉.我国政府综合财务报告分析指标体系研究[D].北京,首都经济贸易大学硕士学位论文,2018:1—43.

[63] 王晓霞.财政可持续性研究迷评述[J].中央财经大学学报,2007:23—27.

[64] 王彦,建立权责发生制政府综合财务报告制度[J].中国财政,2015(3).

[65] 汪娟娟.关于我国财政可持续性的观点综述[J].经济研究参考,2016(48):38—45.

［66］王悦.PPP 模式对地方政府财政可持续性的效应研究［D］.首都经济贸易大学硕士学位论文,2017.

［67］于国旺.我国预算会计环境与权责发生制政府会计基础改革问题思考［J］.中华会计学习,2007(2):36—39.

［68］杨志宏."可持续财政"理念辨析［J］.地方财政研究,2010(7):38—40.

［69］于长革."土地财政"路径下经济增长的不确定性及相关政策建议［J］.地方财政研究,2012(10):4—8.

［70］苑雪芳.基于政府财务报告视角的财政长期可持续性分析［J］.预算管理与会计,2017(3):17—21.

［71］尹启华.政府综合财务报告审计框架的构建研究［J］.南京审计大学学报,2017(1):95—101.

［72］尹杰.地方财政可持续性问题研究［J］.中国农业会计,2019(12):57—59.

［73］应益华.财政可持续性评估与政府会计改革研究［J］.财会月刊,2020(24):77—85.

［74］闫坤,于树一.中国财政持续发展报告［M］.北京:中国时代经济出版社,2020.

［75］闫坤,于树一.论发展格局下我国的财政可持续发展［J］.审计观察,2021(7):14—18.

［76］张国生.改进我国政府资产负债表的思考［J］.财经论丛,2006(5):74—78.

［77］张曾莲,曹敏.政府财务报告之分析方法［J］.财会月刊(综合),2007(9):13—14.

［78］张琦.我国政府会计主体与信息使用者——基于我国公共受托责任特点的思考［J］.会计研究,2007(12):29—34.

［79］赵合云,陈纪瑜.公共财务受托责任、绩效评价与政府财务报告改革［J］.财经理论与实践,2008(9):84—87.

［80］朱军,聂群.跨期预算约束条件下中国财政可持续性研究［J］.中南财经政法大学学报,2014(5):51—58,159.

［81］张传洲.我国土地财政可持续发展路径选择［J］.天水行政学院学报:哲学社会科学版,2016(2):85—90.

［82］张绘.支出结构优化助力地方财政可持续发展——基于东北经济特征的分析［J］.地方财政研究,2019(6):54—59.

［83］张亚茹.地方政府土地财政可持续性分析与风险评估——以宁夏为例［J］.金

融发展评论,2021(1):57—69.

[84] 朱义令.政府综合财务报告分析应用体系构建——基于需求导向[J].财会月刊,2021(2):82—87.

[85] 郑石桥,贾云洁.论政府部门财务报告审计本质[J].会计之友,2021(1):147—152.

[86] 郑石桥,贾云洁.论政府部门财务报告审计需求[J].会计之友,2021(2):150—154.

[87] 郑石桥.论政府部门财务报告审计主体[J].会计之友,2021(3):141—146.

[88] 郑石桥.论政府部门财务报告审计内容[J].会计之友,2021(5):157—160.

[89] 郑石桥.论政府部门财务报告审计目标[J].会计之友,2021(6):156—160.

[90] Andrés Navarro, Francisco José Alcaraz, David Ortiz. La divulgación de información sobre responsabilidad corporativa en administraciones públicas: un estudio empírico en gobiernos locales[J]. Revista de Contabilidad, 2010(2).

[91] Allison Marie Loconto. Sustainably Performed: Reconciling Global Value Chain Governance and Performativity[J]. Journal of Rural Social Sciences, 2010 (25):1—2.

[92] Andrés Navarro-Galera, Manuel Pedro Rodríguez-Bolívar, Laura Alcaide, Muñoz & María Deseada López-Subires. Measuring the financial sustainability and its influential factors in local governments, Applied Economics[J]. 2016(6):1—14.

[93] Buiter W. H., Minford P. A Guide to Public Sector Debt and Deficits [J]. Economic Policy, 1985(4):3—6.

[94] Buiter, W.H. Guide to public sector debts and deficits[J]. A European Forum, 1985(11):13—79.

[95] Buiter W. H., Minford P. A Guide to Public Sector Debt and Deficits [J]. Economic Policy, 1985(4):3—6

[96] Blanchard, Diamond. The cyclical behavior of the gross flows of U. S. workers[J]. Brookins Papers on Economic Activity, 1990(2):85—143.

[97] Beck, T., Levine, R., and Loayza, N. Finance and the Sources of Growth [J]. Journal of Financial Economics, 2000.

[98] Buiter, W.H. The Fical Theory of Price Level: A Critique[J]. Economic Journal. 2002(481):459—480.

[99] Barnhill, Theodore M. Jr, George Kopits. Assessing Fiscal Sustainability

Under Uncertainty[J]. IMF Working Paper, 2003(03):79.

[100] Burnside, Willem H. Fiscal Sustainability in Theory and Practice[M], U.S.: World Bank, 2005.

[101] Bebbington, J., C. Higgins, and B. Frame. Initiating Sustainable Development Reporting: Evidence from New Zealand. Accounting[J]. Auditing &. Accountability Journal, 2009. 22(4):588—625.

[102] Caroline Aggestam. A Project Management Perspective on the Adoption of Accrual-Based IPSAS[J]. International Journal on Governmental Financial Management Vol. X, 2010(2):49—66.

[103] Broadbent Jane, Laughlin Richard. Accounting Control and Controlling Accounting[M]. 2013.

[104] C. S. Maher, K. Nollenberger, Revisiting Kenneth Brown's "10-Point Test" Government Finance Review, 2009(Vol.25):61—66.

[105] Cabaleiro, Roberto, Enrique Buch, Antonio Vaamonde. Developing a Method to Assessing the Municipal Financial Health[J]. The American Review of Public Administration, 2013. 43(6):729—751.

[106] Checherita-Westphal, C., A. Hallett, and P. Rother. Fiscal Sustainability Using Growth-Maximizing Debt Targets [J]. Applied Economics 2014. 46(6): 638—647.

[107] Easterly, W., and S. Rebelo. Fiscal Policy and Economic Growth. An Empirical Investigation[J]. Journal of Monetary Economics, 1993. 32(3):417—458.

[108] Ewan, Ferlie, Andrew Pettigrew, et al. The new public management in action[J]. Long Range Planning, 1996. 30(1):145—146.

[109] EU(European Union). Fiscal Sustainability Report. Brussels: EU, 2012.

[110] GASB. Concepts Statement No. 1 Objectives of Financial Reporting [M]. United States: GASB, 1987.

[111] GASB(Governmental Accounting Standard Board). Concepts Statement No.11: Measurement Focus and Basis of Accounting—Government Fund Operating Statements. Norwalk: GASB, 1990.

[112] GASB. Statement 34. Basic Financial Statements—and Management's Discussion and Analysis—for State and Local Governments[M]. United States: GASB, 1999.

[113] Guthrie J. An investigation into Australian annual reporting practices of intellectual capital[M]. KNOW '99 UTS Knowledge management conference, Sydney, 1999.

[114] Guthrie, J., and F. Farneti. GRI Sustainability Reporting by Australian Public Sector Organizations [J]. Public Money & Management, 2008. 28(6): 361—366.

[115] Greco, G., N. Sciulli, and G. D'Onza. The Influence of Stakeholder Engagement on Sustainability Reporting: Evidence from Italian Local Councils[J]. Public Management Review 2015. 17(4):465—488.

[116] http://ifac.org.cn.

[117] https://wiki.mbalib.com/wiki/.

[118] IFAC. Accountability, Sustainability, and Growth Recommendations for the G-20 Leaders' Summit[M]. New York: IFAC, 2013b.

[119] IFAC PSC. Financial Reporting by National Governments[M]. München: IFAC, 1991.

[120] IFAC. Reporting on the Long-Term Sustainability of an Entity's Finances [M]. New York: IFAC, 2013a.

[121] Isabel Brusca, Eugenio Caperchione, Sandra Cohen, Francesca Manes Rossi. Public Sector Accounting and Auditing in Europe—the Challenge of Harmonization[M]. 2015.

[122] J.M. Keynes: speech to the Liberal Party[J]. The Collected Writings of John Maynard Keynes XIX, 1923(Vol I):158—159.

[123] John Dumay. Sustainability Accounting and Integrated Reporting. Social and Environmental Accountability Journal[J]. 2018(39):70—71.

[124] King, Robert G. and Levine, Ross. Finance, Entrepreneurship, and Growth: Theory and Evidence[J]. Journal of Monetary Economics, 1993b(12).

[125] Krueger, R., and J. Agyeman. Sustainability Schizophrenia or Actually Existing Sustainabilities? Toward a Broader Understanding of the Politics and Promise of Local Sustainability in the US[J]. Geoforum, 2005. 36(4):410—417.

[126] Laporta, Rafael, Lopez-de-Silanes, Florencio; Shleifer, Andrei; and Vishny, Robert W. Law and Finance[J]. Journal of Political Economy, 1998, (12).

[127] Lüder K.Research in comparative governmental accounting over the last

decade—achievements and problems[M].Innovations in governmental accounting, 2002:1—21.

[128] Miguel Almeyda and Sergio Hinojosa. Revision of State of the Art Contingent Liability Management[J]. Word Bank Policy Research Working Paper, Washington DC, May 2001.

[129] Mendoza, Enrique G., Pedro Marcelo Oviedo. Fiscal Solvency and Macroeconomic Uncertainty in Emerging Markets:The Tale of Tormented Insurer[M], U.S: University of Maryland, 2004.

[130] M. Gapen. Y. Xiao. Measuring and analyzing sovereign risk with contingent claims[J]. IMF Working Papers, 2005(55).

[131] M. Gapen. Y. Xiao. Measuring and analyzing sovereign risk with contingent claims[J]. IMF Working Papers, 2005(55).

[132] Miguel Almeyda and Sergio Hinojosa. Revision of State of the Art Contingent Liability Management[J]. Word Bank Policy Research Working Paper, Washington DC, May 2001.

[133] Manuel Pedro Rodríguez Bolívar, Andrés Navarro Galera, Laura Alcaide Muñoz & María Deseada López Subirés. Risk Factors and Drivers of Financial Sustainability in Local Government: An Empirical Study[J]. Local Government Studies. 2015(42):29—51.

[134] Osborne D., Gaebler T. Reinventing Government: How the Entrepreneurial Spirit is Transforming the Public Sector[J]. Reading, MA: Addison-Wesley, 1992.

[135] Osborne, S.P., Radnor, Z., Vidal, I., & Kinder, T.G. A Sustainable Business Model for Public Service Organizations? [J]. Public Management Review, 2014. 16(2), 165—172.

[136] Peters B.G., Pierre J. Governance Without Government? Rethinking Public Administration[J]. Journal of Public Administration Research and Theory, 1998. 8(2):223—243.

[137] Pollitt, C., Bouckaert. G. Public Management Reform—A Comparative Analysis: New York: Oxford University Press Inc, 2000:101—105.

[138] Pezzy, J., and M. Toman. Making Sense of Sustainability[J]. Resources for the Future Issue Brie, 2002(02—25).

[139] Pezzey J, M.A. Toman. The Economics of Sustainability: A Review of Journal Articles[J]. Resources for the Future, 2002. 2(3):1—36.

[140] Rodríguez Bolívar MP, Navarro-Galera A, Alcaide Muñoz L, et al. Factors influencing local government financial sustainability: an empirical study[J]. Lex Localis J. Local Self Gov 2014. 12(1):31—54.

[141] Rodríguez Bolívar, M., A. Navarro Galera, and L. Alcaide Muñoz. New Development: The Role of Accounting in Assessing Local Government Sustainability [J]. Public Money and Management 2014. 34(3):233—236.

[142] S.M. Groves, W.M. Godsey, Shulman, M.A. Financial Indicators for Local Government, Public Budgeting and Finance, 1981(Vol.I):42—60.

[143] Stavins, R., A. Wagner, and G. Wagner. Interpreting Sustainability in Economic Terms: Dynamic Efficiency plus Intergenerational Equity[J]. Economics Letters, 2003. 79(3):339—343.

[144] Schick, A. Sustainable Budget Policy: concepts and approaches. OECD Journal on Budgeting, 2005(1):107—126.

[145] Von. Bertalanffy L. general system theory: foundations, development, applications[J]. New York: George Braziller, 1968.

[146] WCED (World Commission on Environmental and Development). 1987. Our Common Future. London: Oxford University Press.

[147] Windmeijer, F. A Finite Sample Correction for the Variance of Linear Efficient Two-Step GMM Estimators[J]. Journal of Econometrics 2005. 126(1):25—51.

[148] Williams Belinda, Wilmshurst Trevor, Clift Robert. Sustainability reporting by local government in Australia: Current and future prospects[J]. Accounting forum, 2011. 35(3):176—186.

[149] Xiaohu Wang, Lynda Dennis, Yuan Sen(Jeff) Tu, Measuring Financial Condition: A Study of U.S. States, Public Budgeting & Finance, 2007(Vol.27):1—21.

[150] Yuri Biondi. Accounting representations of public debt and deficits in European central government accounts: An exploration of anomalies and contradictions [J]. Accounting Forum, Taylor & Francis Journals, 2016. 40(3):205—219.

[151] Zhu, L. Panel Data Analysis in Public Administration: Substantive and

Statistical Considerations [J]. Journal of Public Administration Research and Theory，2013. 23(2):395—428.

[152] Zhu，L. Panel Data Analysis in Public Administration：Substantive and Statistical Considerations [J]. Journal of Public Administration Research and Theory，2013. 23(2):395—428.

附录
X 国际组织 IPSAS 会计改革、预算改革经验和启示

一、IPSAS 会计改革

（一）改革背景

自 1993 年以来，X 国际组织一直采用《X 国际组织系统会计准则》（以下简称 XSAS）。该准则基于"修正的收付实现制"，主要服务于 X 国际组织以预算为导向的财务信息系统。进入 20 世纪后，由于该准则未能与迅速变化的会计发展保持同步，而国际公共部门会计准则（以下简称 IPSAS）已经成为政府和国际组织进行会计和报告的最佳做法，X 国际组织系统内部和外部关于会计改革的呼声越来越高。

2005 年 8 月，时任秘书长在 X 国际组织大会上做了《加强 X 国际组织问责制的措施》的报告，指出由于 X 国际组织系统遇到一系列挑战，有必要重新审查 X 国际组织问责机制，并提出了加强监督、确保行为合乎道德和提高透明度的具体措施。其中，透明度是最重要的一项，因为透明度是任何问责制不可缺少的特质，一个透明的 X 国际组织可以向外界有效传递决策进程、业绩数据、往来处理等一般信息，使 X 国际组织对会员国、工作人员和国际社会更加负责。而在提高透明度过程中，重要环节之一便是编制透明的财务报告，这些报告必须以明确的会计准则为基础，现行的会计准则已经不能满足这一需求。

2005 年 11 月,X 国际组织管理问题高级委员会提出采用 IPSAS 的建议,2006 年 5 月,在 X 国际组织第六十届大会上,时任秘书长发表了题为《着力改革 X 国际组织:构建一个更强有力的世界性组织》的演讲,具体阐述了 X 国际组织需要改革的六个方面,其中针对财务信息不够透明完备,致使会员国或秘书处管理人员无法清晰了解 X 国际组织财政情况的问题,做出了改进财务管理制度的决定。大会正式通过决议,批准 X 国际组织各机构不迟于 2010 年采用 IPSAS。

IPSAS 是国际会计师联合会(IFAC)下的国际公共部门会计准则理事会(IPSASB)颁布的,基于完全权责发生制的会计准则,至今已有 43 个具体准则。该准则基本与国际财务报告准则(IFRS)趋同,并体现公共管理部门特点,制定的初衷是推动公共部门的透明度与问责,鼓励政府部门采用完全权责发生制,改进财务管理并增进财务透明度,从而更加全面准确地反映政府部门财务状况全貌,促进加强对政府资源使用效益的监管,遏制政府腐败和资源浪费现象的发生,使政府部门能更好地履行公共受托责任。X 国际组织 IPSAS 改革,将使成本和收入的信息更为全面和一致,更透明地向外界展示其资产和负债的管理,提高财务报告的质量、一致性和可比性,从而提升 X 国际组织财务报告的公信力,提升会员国、捐助方和公众对 X 国际组织的信心,推动 X 国际组织实现良治。然而,需要说明的是,X 国际组织为了资金管理的需要,许多机构采用的是基金会计的概念,但这并不影响整个 X 国际组织执行 IPSAS。从某种意义上来说,IPSAS 的采用,也弥补了基金会计的不足。

（二）改革进程

X 国际组织自 2006 年提出会计改革,到各机构按照目标节点付诸实施,可谓步履艰难。由于实施 IPSAS 意味着要对原有会计政策、财务制度和程序,以及信息系统进行翻天覆地的变革,至少要在目标实施日前的两年完成预算审批、详细项目计划编制、信息系统变更评估等关键工作。如果在

2010年1月实施IPSAS,各机构必须在2008年1月前完成这些关键工作,然而,截至2008年1月,25%的机构没有收到预算批复,30%的机构没有编制详细的时间表和项目计划,35%的机构未完成信息系统变更评估。除此之外,还有35%的机构的管理信息系统改造时间表与其实施IPSAS时间表不一致。

由于这项重大变革带来巨大的成本和不确定性,有些机构低估了改革任务、有些机构缺乏专门知识,还有些机构没有符合要求的管理信息系统等,不少机构推迟了IPSAS目标实施日。最终实施情况及进程见表1。

表1 X国际组织改革IPSAS的进程

年 份	改革进程
2005年11月	管理问题高级委员会建议不迟于2010年实施IPSAS。
2006年2月	确立支持协调X国际组织系统实施IPSAS的框架。
2006年5月	X国际组织大会决议批准实施IPSAS,投入资源开始实施进程;23个机构中有3个机构的目标执行日为2008年,其余机构目标执行日为2010年。
2008年1月	世界××计划署开始实施IPSAS。
2008年4月	X国际组织秘书处发布了第一份从2006年8月到2008年3月的IPSAS进展报告。
2008年	大多数X国际组织机构低估了改革任务,管理问题高级委员会要求这些组织重新审查计划并做相应调整。
2009年5月	世界××计划署收到外部审计师的财务报表符合IPSAS的无保留审计意见。
2009年9月	X国际组织秘书处发布第二份从2008年4月到2009年7月的IPSAS进展报告。
2009年12月	10个机构修订了其实施IPSAS的时间。
2010年1月	8个机构开始实施IPSAS,并收到无保留审计意见。
2010年6月	又有3个机构修订了其实施IPSAS的时间。
2010年8月	X国际组织秘书处发布第三份从2009年8月到2010年7月的IPSAS进展报告。

续　表

年　份	改革进程
2011 年 1 月	2 个组织开始实施 IPSAS。
2011 年 9 月	X国际组织秘书处发布第四份从 2010 年 8 月到 2011 年 7 月的 IPSAS 进展报告。
2012 年 1 月	有 9 个组织实施 IPSAS
2013 年 1 月	有 1 个组织实施 IPSAS
2014 年 1 月	有 2 个组织实施 IPSAS

资料来源:笔者自制。

（三）X国际组织 IPSAS 改革项目管理

X国际组织会计改革的成功实施,离不开 X国际组织管理问题高级委员会的战略部署、对项目全方位的管理和监督。会计改革项目管理可分为五大部分:一是确立项目治理结构,二是制定项目章程,三是编制实施计划,四是进行风险控制,五是接受审计监督,见图 1。

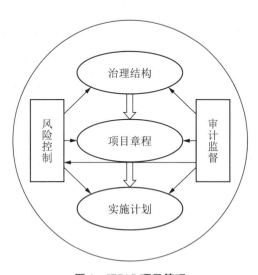

图 1　IPSAS 项目管理

1. 确立项目治理结构

IPSAS项目治理结构分两个层次,一是整个X国际组织系统层次的治理结构;二是各机构层次的治理结构。前者由行政首长协调理事会、管理问题高级委员会、会计准则工作组和IPSAS项目小组组成,主要负责整个X国际组织系统实施IPSAS的协调、沟通和监督工作;后者一般是在各机构管理委员会或执行理事会领导下,成立IPSAS指导委员会,下设IPSAS小组,这些小组可根据各机构特征,自上而下层层设立,以确保实施IPSAS落实到基层。以该国际组织A办事处为例,该办事处负责其所属8个机构IPSAS的实施,其中所属B机构内部成立了IPSAS支持小组,与A办事处的IPSAS小组协同工作,B机构下属有15个分支机构,这些分支机构又分别设立了各自的IPSAS支持小组,解决自身IPSAS实施中的问题,并保持与B机构IPSAS支持小组的联络。其治理结构见图2。

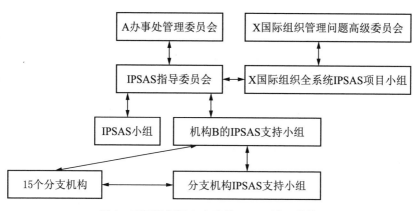

图2 X国际组织A办事处IPSAS治理结构

2. 编制 IPSAS 项目章程

IPSAS项目章程是实施IPSAS的重要文件,内容一般包括项目战略、项目目标、项目预算、项目成果、项目限制和关键成功因素等。

（1）项目战略。包括五个部分，一是采用"两层次"法分配资源，即 X 国际组织系统层次和各机构层次；二是通过 X 国际组织系统内各机构的协商制定一套会计政策和指南；三是分阶段推进 IPSAS 的实施，鼓励条件好的机构先行实施，并从中总结经验与教训，使其他机构受益；四是采用渐进式过渡法，逐步由 XSAS 过渡到 IPSAS；五是将 IPSAS 实施过程与 X 国际组织信息系统升级改造相结合，以确保企业资源计划（以下简称 ERP）满足成功实施 IPSAS 的需要。

（2）项目目标。一是目标日生成一套符合 IPSAS 要求的财务报告；二是在现有的系统下，利用 IPSAS 允许的过渡条款尽可能地逐步引进 IPSAS；三是制订应急方案以备 ERP 不能按时完成而导致的项目延迟。

（3）项目预算。项目预算包括资金来源和项目支出。项目支出对项目所需要的人员、专家、培训，以及系统改造和调查活动等方面分年度进行详细估算。

（4）项目成果。项目预期应提交的成果包括 XSAS 和 IPSAS 的差异分析报告、对 ERP 的要求、培训资料、IPSAS 政策框架、更新财务规则和细则、编制模拟财务报表、编制基层实施框架、编制期初财务状况表、编制符合 IPSAS 的财务报表和实施 IPSAS 的评价报告等。

（5）项目限制和关键成功因素。按时完成 ERP 改造是成功实施 IPSAS 的前提假设和限制因素。ERP 改造需要信息技术部门的紧密配合以及周密的战略。此外，按时获得期初余额特别是资产的期初余额，得到利益相关方的有效认可，机构为应对 IPSAS 带来的变化所做的准备，特别是资产或负债确认要采用"权责发生制"等是实施 IPSAS 的关键成功因素。

3. 制定 IPSAS 实施计划

X 国际组织 IPSAS 实施计划分为三个阶段：初始阶段、执行阶段和最后阶段。初始阶段的工作有：成立指导委员会、组建项目小组、进行新旧准则差异分析、编制沟通和培训计划，以及完成 IPSAS 政策框架等；执行阶段的工作有:选择 ERP 延迟的备选计划、完成财务报表的格式、编制详细的执行计划、审计委员会审阅会计政策、更新和批准财务规则和细则、更新财务指南、IPSAS 的进展报告和更新会计手册等;最后阶段的工作有:产生期初余额、用真实数据演示符合 IPSAS 的财务报表、成功编制符合 IPSAS 的财务报表。

4. 进行风险控制

X 国际组织对 IPSAS 项目的风险控制采用的是风险识别、项目跟踪和项目进展报告三种方式。风险识别是对 IPSAS 实施过程中遇到的所有可能风险进行确认,将风险分为以下几类:ERP 风险、会计政策和程序风险、人员风险、执行层面抵制变革风险、有保留审计意见的风险和资金风险。风险识别表详细描述了每一类风险的表现形式、风险对预算、计划和项目质量的影响以及降低风险的策略和备选方案,并对风险程度进行打分,风险程度较高的风险应重点关注并积极解决。项目跟踪是要求基层 IPSAS 协调人员用项目跟踪工具跟踪本单位 IPSAS 的实施过程,并每月向总部 IPSAS 小组汇报。项目进展报告是总部 IPSAS 小组每年向 X 国际组织大会提交的报告,至今为止已提交了四份。

5. 接受审计监督

除了内部审计师应对整个项目的实施情况进行定期检查外,包括中国审计师在内的该国际组织审计委员会,每年要对该国际组织实施 IPSAS 情况进行专门审计,并将审计结果和建议提交 X 国际组织大会参考。IPSAS 审计的重点是审查各关键节点是否按照预期目标进行,审计内容主要包括机构的各要素是否健全、IPSAS 小组人员是否专业以及资源是否充分、有无详细的基层实施计划、有无详细的基层行动方案、有无详细的培训计划、有无收益实现和变革管理计划、有无风险管理机制、有无 ERP 应急方案、IPSAS 政策文件准备如何、财务规则和细则是否更新、会计政策和指南是否更新、资产和负债的期初余额准备是否充分、是否采用过渡条款、旧系统数据迁移是否完成、IPSAS财务报表是否真实公允等。

（四）经验与启示

1.改革经验

（1）强有力的领导问责机制。IPSAS的实施是一项重大改革,需要投入很多的人力物力来对会计信息进行转换、清理和披露,需要财务部门、资产管理部门以及所有的业务部门的密切配合。转换的准备工作可能在数年前就开始,单凭财务部门的力量是无法推动的。从X国际组织的经验看,在项目初期,由于有些机构未能建立由最高行政长官主导的工作组来协调推动,使得工作进展大大落后于预期,IPSAS小组也无法获得充分的资源开展工作。尽管高级主管可能看到会计政策转换将为组织带来预期收益,但是由于没有明确问责,高级主管可能会将资源和力量用于他们有明确问责的领域和任务,因此从一开始就应当明确由部门的高级主管来主导会计准则的转换,并建立明确问责机制。

（2）可靠的实施计划路线表。在实施IPSAS过程中,X国际组织许多机构,设计了用于管理和监控下属机构的实施计划路线表,列明了每项具体工作的负责人和时间节点。路线表的制定过程就是各个部门预估工作任务、配置工作资源、确定工作进度的过程。尽管在实施过程中,由于准备不充分和资源不足,很多工作存在延期,但这样的项目管理模式对于大型组织的变革管理还是非常值得参考的。通过定期更新上报路线表,管理层可以较为全面地了解工作进展,并对延迟的工作予以特别关注,增配工作力量。此外,对于内部外部监督而言,实施计划路线表也提供了一个追踪变革进展、识别业务风险的途径。

（3）充分的培训和人才保障。会计改革过程需要一个组织所有部门的全面配合。例如资产的完整准确的披露,在XSAS下资产不在表内披露,因此非消耗性资产的计量不完整,很多自建资产、捐赠资产等都没有进行估价;对于消耗性资产,由于记录不全,干脆就直接不披露。转换到IPSAS

后,必须对资产进行准确计价和披露,因此对资产进行全面盘点并计价成为最重要的工作之一。加之 X 国际组织很多行使扶贫和援助的机构,其所在地区的不动产估价没有成熟的市场参考,如何计价需要总部制定明确的指南,并对所有资产管理人员、财务人员乃至所有的资产持有者和使用者进行相关培训,或者提供人才保障,使组织中每个机构都有相应的人才来依据统一的标准准确地完成这项工作。

(4) 对于相关政策的全面理解和统一的指南。会计政策的变更需要全组织在新的准则框架下以一个统一的、可被广泛接受的标准进行财务信息披露。当不同部门对于政策的理解和执行程度不一致时,必然会影响到会计信息的质量。如 IPSAS 指南中允许采用新准则的单位有一个五年的过渡期来全面地披露不动产、厂房和设备。审计发现对于这个过渡条款的理解,部分内部机构存在着很多分歧。如其中一些机构上述资产数量巨大且原来的会计信息中并不完全记载,因此在有限的人力下要全面盘点非常困难,审计发现多个所属机构的相关盘点工作落后于计划路线表,资产部门常常用五年过渡期条款来解释工作落后但仍然符合要求。审计认为,过渡条款的使用必须建立在确实必要并制定统一的行动计划的基础之上,而不应该作为推迟实施某项工作的理由。对于这样的政策,总部在变革管理初期应做出明确解释,并统一各所属单位的认识。

2. 对我国的启示

(1) 信息公开是改革成功的先决条件。通过 X 国际组织会计改革的经验可以看到,政府信息的公开透明是会计改革的先决条件,没有公开透明信息,高层管理者很难获得有效的信息进行决策,也将会制约信息使用者参政议政的能力。然而,公开透明的信息需要得到高层管理者的意愿推动,权责发生制的会计改革,绝不仅是会计信息披露内容的改变那么简单,关键是政府本身要有意愿和决心支持信息的公开透明。否则,纯粹的会计改革是没有前进动力的,很难提到改革日程上去。

（2）问责和绩效是改革成功的动力。X 国际组织会计改革的动力是为了加强问责、完善治理，提高工作效率和组织效益。我国政府肩负着服务人民和履行公共受托责任的使命，政府信息只有公开透明，才能接受人民对其职能履行情况的监督和评价，才能推动中国政府的问责制改革，实现良好国家治理。

（3）以过渡的方式推动实现完全的权责发生制是改革成功的路径选择。许多学者提出，我国未来政府会计改革应该采用渐进的过渡方式，即先从收付实现制过渡到修正的权责发生制，然后再过渡到完全的权责发生制。然而，从 X 国际组织的经验上看，以向完全的权责发生制转型为指导思想，对某些项目难以按照 IPSAS 的要求进行会计披露的，如固定资产的会计确认与核算，可以采用 IPSAS 的过渡条款，是比较好的改革选择。因为这样的模式可以使组织一开始就有变革意识，可以自上而下的组织管理这种变革，并可以全面分析变革的利弊，使得改革能够有条不紊地进行。

（4）全方位的项目治理和组织管理是改革成功的关键。X 国际组织从提出改革到部分机构改革完成，离不开 X 国际组织系统层面的战略规划和实施计划，以及各机构的行动计划，还有在此过程中对进程的跟踪、控制和监督管理以及报告制度等，所以自上而下的全方位的项目治理和组织管理是改革成功的关键。

（5）审计推动是改革成功的助推器。无论是 X 国际组织的 IPSAS 会计改革，还是成果预算制改革，都离不开审计的推动。在 X 国际组织 IPSAS 会计改革中，审计推动了 IPSAS 改革项目的治理架构的完善和风险控制，推动了项目的资源配置和人员保障，推动了项目的过程控制和 ERP 的加速改造，以适应新的权责发生制会计的要求。在成果制预算改革中，审计推动了预算编制从投入式向产出式转换，推动了资源使用的目标和绩效标准的确立，推动了预算执行的动态跟踪和报告机制。

二、X 国际组织预算改革的经验及启示

（一）X 国际组织预算改革的背景

X 国际组织 1945 年至 1974 年采用的是投入式的预算模式（Input Budget），即一种量入为出的预算模式。在这种模式下，预算只是用可分配的资源去做某些项目或开展某种活动，因此只注重投入核算，而不能将投入资源与资源的使用结果相联系，也不能满足信息使用者对资源使用透明化以及披露是否达到预期成果的需求。尽管自 1974 年以来 X 国际组织就方案规划、预算编制、评价过程等做了各种改进，但在确定成果方面仍未有较大改善。

1994 年，X 国际组织为了进一步改革，X 国际组织秘书长向 X 国际组织大会做了"革新 X 国际组织：改革方案"的报告，在报告中秘书长提出了一系列改革措施，以改进战略管理、提高资源使用效率、加强 X 国际组织问责制。1997 年，秘书长又在其提交的具体改革方案中提出，为了加强对预算的战略指导，建立更好的考核标准和业绩报告，加强问责，要求 X 国际组织大会对现有预算编制过程进行审核，改变重投入核算的预算方式，向以成果为导向的预算方式，即成果预算制（Result-Based Budget，简称 RBB）方式转换。至今，成果预算制在 X 国际组织经历了二十多年的改革历程，积累了丰富的经验。

（二）成果预算制及其逻辑框架

1. 成果预算制

所谓成果预算制就是直接将资源分配到具体、可测量的产出和成果之上的预算过程。它是将预算的重点放在所需资源的产出及其成果之上，而不是资源的投入上。其基本思想是将一个组织的资源需求与预期产出和成果相挂钩，旨在取得预期成果的前提下，有效地使用资源，并达到以成果为驱动从而全面控制开支的目的。

所以,成果预算制不仅可以使预算更加透明,并且能使组织在达到战略目标的情况下,提高资金的使用效率。

2.逻辑框架

逻辑框架是一个概念工具,需要在一个连贯和相互联系的结构中设计预算的各组成部分,每个部分之间都具有一种上下层次的因果关系,可以用图3所示。

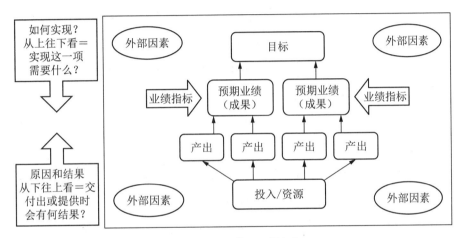

图3　成果预算制逻辑框架

(1)逻辑关系。

在图3的逻辑框架中,从上往下看,包括目标、预期业绩、产出和投入。在编制预算时,通常采用自上而下的顺序,首先是要实现目标,就必须达到预期的业绩(成果);其次是要实现预期的业绩,必须有具体产出,最后根据产出确定所需要的资源。所以目标、预期业绩、产出和投入这些要素之间是"如果……那么……"的关系。也就是说下级要素是实现上级要素的条件。

这一逻辑框架中还包含有业绩指标,可以用来衡量预期业绩是否实现的尺度,也是成果预算制的一项极为重要的因素。除此之外,还有外部因素,这些因素通常是人为难以控制的因素,在编制预算时也应考虑任何不可预见的外部因素的影响。

（2）功能定义。

a. 目标。目标是指想要的，或者想要做到的事情。其中涉及一个改变的过程，可以通过做出某些业绩，来达成目标。例如，针对实体的使命，其目标可能是在某一国家或地区恢复持久和平和安全，并协调国家之间的冲突。

b. 预期业绩或成果。预期业绩是指这些产品或服务带来的影响或改变，并促成目标的实现，通常用业绩指标来衡量已实现或实现的程度。接上例，上述实体为达到目标，其预期业绩就是改善该国家的公共治安和秩序。

c. 业绩指标。用来衡量预期成绩是否已经完成或完成到何种程度的一种形式或特征。业绩指标同用来衡量业绩的预期成绩直接或间接挂钩。继续接上例，为了衡量上述业绩，需要增加在该国警察的数量，从而表明业绩的实现。

d. 产出。产出是指一个方案或次级方案向最终用户所能交付或提供的产品或服务。继续接上例，为了实现上述业绩，需要培训 1 000 名警察。

e. 投入。交付产出和取得的成绩所需要的人力和其他资源。继续接上例，投入就是派遣和培训 1 000 名警察所需要的资源。

图 4 列示了成果预算制逻辑框架与投入式预算逻辑框架的区别。

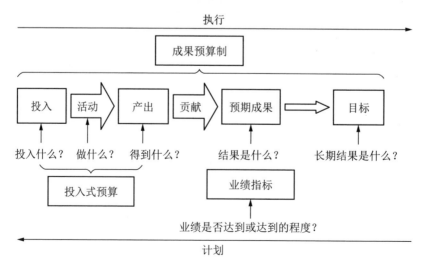

图 4　成果预算制与投入式预算逻辑框架的区别

（3）预算报告及业绩报告的格式。

表 2 和表 3 列示了成果预算制预算报告格式及业绩报告格式。

表 2　成果预算制预算报告　　　　表 3　成果预算制业绩报告

（4）应注意的问题。

逻辑框架在考虑到 X 国际组织工作的性质以及打算开展的活动的时间限制后，将目标和预期业绩定在适当水平。各项目标不应过大（如表明 X 国际组织将在一两年期内铲除贫困或对妇女的歧视），但也不应过小（如表明 X 国际组织只是编写资料手册，事实上这只是一项活动）。

在实际中，目标和预期业绩很难制订，因为二者都包含有结果或成果的意义。按照定义，目标是指想要的或想要做到的事情。就编制方案预算而言，目标是指要实现的全部结果，可以用做出的成绩来衡量。而预期业绩是指一种想要达到的有利于最终用户的结果，可以用标准、价值或比率来表示。业绩是产出的直接后果或效果并导致实现某项目标。为了便于衡量预期业绩，预期业绩的制定必须符合"SMART"原则。即预期业绩要具体的（Specific）、可衡量的（Measurable）、可实现的（Attainable）、相关的（Relevant）并有时限（Time-bound）的。

（三）成果预算制在 X 国际组织方案预算中的运用

1. 预算编制

将成果预算制运用到 X 国际组织的方案规划、预算编制、监督和评估循环过程之中，就是将"业绩""成果"和"指标"这些概念在方案规划开始，即预算编制阶段就加以运用，通常采用自上而下的预算编制方法，这样可以促使方案管理人员在设计方案时，把考虑范围从产出扩大到所要实现的成果，从而可以使方案管理人员在预算实施阶段，将资源用在能实现最终成果的活动上，并使方案管理人员在实现成果方面履行更多的职责。

2. 预算实施

预算实施期间，在不超越核准的总体预算经费及既定权利的情况下，放松某些限制，将使方案管理人员能够在方案实施过程中采取纠正行动，把重点放在怎样最好地实现成果上。所以可以把逐项开支方面的权利下放到方案管理人员，这并不意味着放松约束，而是在既定的权利范围内，便于执行决策。在逐项开支方面下放权力并不意味着免除上层的责任，或是放松约束，而是在既定的权利范围内，在方案或预算次一级方便决策的一种手段。

成果预算制下的责任制并不意味着如果成果没有按预期实现，资源就应被消减，它对于预算和人员经费的增减保持中立。如果成果预算框架是以连贯一致的方式制订，根据预期成果进行的业绩测量就可能反映出预期成果为何没有实现，因此能够让会员国和方案管理人员在下个预算期间的方案制订中改进不足。

3. 监测、评估与报告

方案成果的监测和评估将采取对预期业绩进行评价的形式，业绩指标将与方案预算中所列的预期业绩相联系，因此预测和评估也将按照《方案规划条例和细则》所设想的那样，充分纳入预算过程之中。

在预算期结束 6 个月内，方案管理人员根据业绩指标衡量所取得的成绩。为此,要求方案管理人员在整个两年期内检测评估其工作,成果报告将提交给方案协调委员会和行政与预算问题咨询委员会。目前的方案业绩报告(涉及对产出执行进行量的分析)最终将同关于支出的资料一起纳入业绩报告。这将全面概括和分析所取得的业绩、交付的产出,以及为实现这些成果所动用的资源。

使用成果报告可以使方案管理人员了解方案执行的情况,为方案管理人员提供反馈信息,使其改善方案设计,并能更好地了解最终用户的需求,以便从战略角度进行管理。

可见,按成果编制预算是一种改良的方案规划、预算编制、监督和评估的方法,是能促进问责制的一种战略预算管理工具。

4.运用中存在的问题

(1)目标不清晰。制定的目标有时过于含糊、不够清晰、不可计量。有些目标过于绝对,使用"确保"而不是"改进"来表述。还有一些目标不切实际,例如使用"充分利用"的表述。

(2)预期业绩与目标缺乏联系。预期业绩与对应目标之间的联系有时难以辨认,甚至根本不存在。预期业绩往往过于一般化,因此难以衡量,例如,有些预期业绩提到"高质量",而不是采用"进展"的概念。

(3)缺乏衡量预期业绩的绩效指标。有时绩效指标往往与预期业绩之间缺乏必然联系,甚至根本不存在联系。这些指标由于表述不够准确,使得用户无法充分理解其含义。此外,还要考虑有些绩效指标的变动是否受本组织无法控制的因素的影响。例如,降低与会议有关的投诉的数量是"会议管理"方案的绩效指标之一,但这一降低可能归因于与会议服务无关的其他因素。

(4)外部因素不清晰。用于解释为什么没有实现目标的外部因素过于含糊,以致失去作用,结果是方案管理人员可以有多种办法把这些因素作为没有取得绩效的理由。

（四）经验与启示

1. 经验

从 X 国际组织实施成果预算制的过程来看，要成功实施成果预算制，有如下经验可以借鉴：

（1）锁定成果预算制的战略管理地位。

成果预算制不纯粹为了预算而预算，应将其视为战略管理工具，目的是更好地进行成果预算管理、改进业绩评价和加强问责。全面的成果制管理战略应具备三大支柱：一是规划—方案编制—预算编制—监测—评价—报告周期；二是必要的人力资源管理政策；三是支持全面落实成果预算制的管理信息系统。

（2）建立有效的业绩监测和评价机制。

完成预算编制后，还需要对预算的执行进行监测，以便管理人员能够发现实践中的偏差并采取必要的纠正措施，还可以通过及时的监测报告或反馈意见，有效地使用监测结果和建议。这些结果和建议必须用作下一个规划、方案拟订、预算编制、监测、评价和报告周期及政策制订的主要基础。

此外，建立有效的评价机制，也是实现成果预算制的重要环节。评价机制包括自我评价、外部评价和实时评价。预算执行者的自我评价，可以使管理人员在执行预算进程中纠正偏差、采取纠正行动以实现预期结果。自我评价是在执行阶段之后由同执行没有直接关系的独立单位或个人进行的一项工作，可以核实所报告的成绩，并以一种方式核对以往自我评价工作的准确性。外部评价是通过外部途径对内部评价进行验证。自我评价和外部评价都是事后评价，除此之外，还应加强业务过程中的"实时"评价，以便实现具体的预期结果。

为了实现有效的监测和评价，还必须建立执行监测和贯彻落实评价结果和建议的机制，以及交流各种评价结果和经验教训的"共享机制"。

（3）重点管理报告系统。

重点管理报告系统是为便利决策进程而提供关于重点执行指标的分析信息。该系统的数据来源除其他信息系统以外，还有综合管理信息系统。该系统是围绕对于方案管理人员至关重要的领域设计的，这些领域称为"重点"，包括经常预算和预算外开支、空缺职位管理、监督机构所提建议的执行，以及在工作人员中实现和保持恰当的性别平衡和地域分布。重点管理报告系统使用色码标识，每天在互联网上更新，突出显示所需要采取的管理行动。例如，招聘情况追踪显示红灯，就是提请管理人员注意招聘中的延误；性别平衡页上显示绿灯，就表示某单位达到性别平衡的目标。

（4）制定知识管理战略，增进工作人员的知识和技能。

方案管理人员必须掌握自己方案成果的各项目标、预期成绩和成绩指标，因此 X 国际组织注重对方案管理人员提供培训，以加强对成果预算制基本概念（包括逻辑框架）的理解，并协助他们制定数据收集方法。培训着重预期成绩或结果，提供与方案的广泛目标和实施过程的关键联系。此外，可以制定知识管理战略，提高人员的知识和技能，以支持成果预算制。

（5）有效地实施成果预算制。

为了有效地实施成果预算制，必须做到以下各点：一是明确指派本组织内一个具体确定的机构负责协助和监督成果预算制的实施，并确保在本组织内部协调一致地执行；二是制定培训战略，促进整个组织内的变革管理，并通过培训使各级管理人员和工作人员熟悉成果预算制的概念和要求，以及对自己工作的影响；三是审查和修订本组织各项工作和管理的规则条例；四是制定有关的人力资源政策，促进成果制文化；五是系统核查包括调查各级工作人员和管理人员对成果预算制的了解和应用情况。

2. 启示

从 X 国际组织成果预算制改革的经验，我们可以得出如下启示：

（1）改革是一项战略举措。改革不是一次性的工作而是一个进程，有意义的改革进程应视为一种长期工作,其中的每一个组成部分都应经过慎重考虑、设计、结合并纳入一个符合逻辑的框架,最终服务于战略目标。

(2)预算不能孤立单行。X国际组织预算改革从设计到完成,都不是单方面、孤立的改革预算,而是将规划、方案管理、预算编制、检测、评价和报告作为一个相互关联的完整周期进行通盘考虑。规划是目标,方案管理是手段,预算编制是工具,检测和评价是过程控制,报告是结果。这些环节都是进行预算必不可少的,以避免盲目预算,或预算执行偏差等现象发生。在这一完整循环过程中,使用成果预算框架,并需要人力资源和信息系统管理的配合。

(3)放权放利,有效问责。成果预算制改革是以成果为导向,强调目标和业绩,这就需要赋予管理人员在执行预算时有更大的灵活性和更多的权利使用预算资源,不能使预算成为一种僵化的模式用于指导行动。强调资源的使用成果,也可以在问责时,以考核达到成果的业绩为目标,而不是以投入的资源是否按照预算的用途进行花费为目标,这样才能通过问责更有效地实现组织目标。

后　记

　　政府会计改革的实质是采用完全的权责发生制,基本与企业会计准则接轨。本书第一作者上海财经大学杨忠莲副教授从事会计教育和研究30余年,谙熟企业会计准则,并于2008年、2020年两次被国家选入X国际组织＊审计人才库,参加了第一轮X国际组织审计,且正在参加第二轮X国际组织审计,具有近10年国际组织审计实务经验,见证了X国际组织第一轮改革——从收付实现制向权责发生制转换的IPSAS会计改革,以及第二轮改革——可持续发展改革,切身体会了权责发生制会计对公共部门改革的意义,尤其是对公共部门财务管理和可持续发展的影响。

　　目前正值中国政府如火如荼的会计改革中,作者参与的X国际组织IPSAS会计改革的成功和可持续发展的审计经验,非常值得中国政府会计改革借鉴。如何将这种宝贵经验运用到中国,推动中国政府会计改革,激发了作者写书的愿望。本书第二作者天津财经大学财政学博士生、天津市审计局主任科员郭宏宇具有政府工作经验和财政专业知识,并参与了X国际组织的第二轮审计,对国际组织的会计改革和可持续发展改革也有很深的感悟,因此,成就了两人的合著。希望本书出版后,能如所愿为中国的政府会计改革助一臂之力,也希望能激发相关学者的兴趣,为后人的进一步研究奠定基础,为推动中国政府综合财务报告和审计制度的进一步改革贡献学

　　＊　由于某种原因,这里不便写明作者所参加的某国际组织审计的名称。

术力量。

由于相关探究尚有先行性，涉及学科交叉的视角和研究方法，作者才疏学浅，难免研究不透，本书可能未能达到读者期望的水平，某些观点也难免偏驳，还有很多方面值得深入探讨，书中表述若有纰漏和错误，敬请读者批评指正，只希望本书作为本领域的开篇之作，能起到筑巢引凤、抛砖引玉之功效，也期待未来有更多、更深入相关研究的著作问世。

感谢上海财经大学会计学院薛爽教授对本书实证研究的指导；感谢上海财经大学公管学院徐曙娜副教授对本书财政可持续性评价指标体系给予的建议；感谢上海财经大学科研处陈正良副处长对本书写作和出版给予的鼓励和建议；感谢天津财经大学财税与公共管理学院博士生导师焦建国教授、院长陈旭东教授、副院长李伟教授对本书结构和内容提出的建议；感谢天津财经大学办公室、发展战略研究室杨东主任对本书给予的关心；感谢上海财经大学会计学院硕士生李济含为本书收集的研究资料和相关数据；感谢来自政府部门、高校的诸多专家们在问卷调查中给予的大力支持；感谢两位作者的家人给予的精神鼓励和支持！

本书终能定稿出版，还要感谢上海人民出版社的领导和编辑老师们，特别感谢本书责任编辑王琪的辛勤劳动！

本书在写作过程中，参考了大量学者的相关文献，尽管在参考文献中尽力全部列出，但难免会有疏漏，敬请谅解！

杨忠莲　郭宏宇

2022 年 8 月于上海、天津

图书在版编目(CIP)数据

政府综合财务报告改革与财政可持续性评价创新/
杨忠莲,郭宏宇著.—上海:上海人民出版社,2022
ISBN 978 - 7 - 208 - 17940 - 0

Ⅰ.①政…　Ⅱ.①杨…　②郭…　Ⅲ.①国家机构-财
务管理-研究报告-中国　Ⅳ.①F812

中国版本图书馆 CIP 数据核字(2022)第 172036 号

责任编辑　　王　琪
封面设计　　谢定莹

政府综合财务报告改革与财政可持续性评价创新
杨忠莲　郭宏宇　著

出　　版　**上海人民大版社**
　　　　　　(201101　上海市闵行区号景路 159 弄 C 座)
发　　行　上海人民出版社发行中心
印　　刷　上海商务联西印刷有限公司
开　　本　720×1000　1/16
印　　张　16
插　　页　2
字　　数　207,000
版　　次　2022 年 10 月第 1 版
印　　次　2022 年 10 月第 1 次印刷
ISBN 978 - 7 - 208 - 17940 - 0/F · 2773
定　　价　78.00 元